墨香财经学术文库

"十二五"辽宁省重点图书出版规划项目

Cooperative Competition and Private Order

Research on the Development
Model of Construction Industry

合作竞争与私立秩序
建筑业发展模式研究

杨智璇 ◎ 著

东北财经大学出版社
Dongbei University of Finance & Economics Press

大连

图书在版编目（CIP）数据

合作竞争与私立秩序：建筑业发展模式研究 / 杨智璇著. 一大连：东北财经大学
出版社，2019.11

（墨香财经学术文库）

ISBN 978-7-5654-3510-2

Ⅰ．合… Ⅱ．杨… Ⅲ．建筑业-经济发展模式-研究-中国 Ⅳ．F426.9

中国版本图书馆CIP数据核字（2019）第078818号

东北财经大学出版社出版发行

大连市黑石礁尖山街217号 邮政编码 116025

网 址：http：//www.dufep.cn

读者信箱：dufep @ dufe.edu.cn

大连永盛印业有限公司印刷

幅面尺寸：170mm×240mm 字数：213千字 印张：14.75 插页：1
2019年11月第1版 2019年11月第1次印刷
责任编辑：李 彬 王 斌 责任校对：惠恩乐
封面设计：冀贵收 版式设计：钟福建
定价：48.00元

本书

　　得到教育部人文社会科学研究项目资助，项目编号为：15YJC630158

前言

改革开放 40 多年以来，中国建筑业先后经历了由计划经济体制向商品经济体制的转变，由商品经济体制向社会主义市场经济体制的转变，以及完善建筑业市场经济体系、走科学发展之路三个阶段。在此过程中，我国建筑业运行机制不断完善，对国民经济的拉动作用不断增强。统计数字显示，1980 年至 2016 年，我国建筑业总产值由 286.93 亿元增长到 193 566.78 亿元，从业人数由 648 万人增加到 5 185.24 万人，建筑业已经成为国民经济的支柱产业之一，并持续发挥重要作用。我国政府为了应对全球金融危机，进一步扩大国内需求，出台了加快建设保障性安居工程，加快农村基础设施建设，加快铁路、公路和机场等重大基础设施建设的措施，这些措施的实现与建筑业的参与密不可分，一定程度上也体现了建筑业对经济增长的拉动作用。

巩固和提高建筑业对国民经济的贡献，必须加大力量完善建筑业运行机制，确保建筑业健康持续、稳定有序运行。然而，目前我国建筑业仍处于从探索到完善的转轨时期，市场运作过程中的竞争机制仍不健全，竞争无序现象较为严重，具体表现为：施工领域中建筑企业差异性小，恶性竞争情况严重；总分包体系不健全，合作与竞争难以并存；建筑市场秩序混乱，不公平竞争行为依然存在；行业监管方式有待进一步改进，竞争环境亟需公平公正；行业与地方壁垒并存，地区间难以展开竞争与合作等。上述诸多问题的存在严重阻碍了建筑业有序竞争的开展，不利于行业合作竞争机制的建立和运行，从而极大制约了建筑业长期、稳定、持续和健康的发展，影响了建筑业在国民经济中发挥其支柱产业的推动作用。

为了保证建筑业保持稳定的发展势头，持续发挥国民经济支柱产业作用，并在新世纪经济建设中发挥重要的推进作用，建设部等六部委2005年颁布了《关于加快建筑业改革与发展的若干意见》，同年，提出建立市场经济社会信用体系，从法律和道德两个层面规范建筑业市场竞争秩序，这为历经近40年改革进程的建筑业，提出了指导实践和持续改进的新思路。2014年，住房和城乡建设部出台了《关于推进建筑业发展和改革的若干意见》，将建筑业全面深化改革又向前推进了重要的一步。但遗憾的是，此方面的理论研究相对欠缺，无法适应建筑业快速发展的形势需要，也不能满足实践工作的要求，难以服务实践和指导实践。因此，当前必须在学术领域内深入探讨目前我国建筑业存在的问题，尤其应针对建筑业无序竞争、恶性竞争和非法竞争等问题，提出规范行业竞争秩序的对策和建议。在此背景下，从合作竞争角度分析我国建筑业存在的无序竞争等问题，并提出相应解决建议和完善措施，既具有必要性又具有现实紧迫性。

本书力求在建筑业合作与竞争二者的矛盾之间，寻求一种平衡和统一。本书认为建筑业合作竞争是指在建筑业内部，围绕业主项目或建筑企业长期战略目标，以承包商与分包商的合作为核心，通过合作，承包商与分包商共同创建市场机会，获得竞争优势，并通过衡量合作中不同企业的贡献力量，对合作剩余进行分配的过程。建筑业合作竞争过程是一个较为长期的过程，合作机会的产生源于建筑企业在行业内的网络资源及信誉。

对此问题，目前国内外学者尚无完整的论证，多将研究的重点置于业主与承包商间伙伴关系的培育上，而对作为建筑业主体的承包商与分包商间的合作竞争问题研究较少。近年来，少部分国外学者对承包商与分包商间的合作问题进行了实证分析，对本书有较强的借鉴作用，但总体上学者们对承包商与分包商间的合作问题的研究尚处于起步阶段。鉴于此，本书主要从两个角度对国内外研究成果加以借鉴：一是从管理学角度对企业合作竞争的研究成果加以借鉴，二是从建筑业角度对合作伙伴关系研究成果加以借鉴。

本书对理论基础的研究视角比较独特，基于制度经济学、新经济社会学和管理学等理论，提出了建筑业合作竞争理论假设（长期经济理性假设和竞争行为镶嵌假设）和以建筑业目标研究环境的建筑业合作竞争理论基础（交易费用与资产专用性是促进建筑业合作竞争的内在要求；建筑业组织镶嵌于行业环境是促进合作竞争的外在条件；建筑业组织间的强连带和弱连带优势是促进合作竞争的纽带；建筑业组织融入社会合作系统是实现合作竞争的动力），将具有现实借鉴意义的理论与我国实际紧密联系，既扩展了合作竞争管理学理论的研究范畴，又丰富了其研究内容，并紧密结合建筑业实践，从而提出建立建筑业合作竞争理论的构想。同时，运用信息经济学和博弈论技术方法，尤其应用合作博弈理论研究我国建筑业合作竞争问题，并对建筑业合作竞争机制的生成机理、运行条件和保障体系做了研究和设计，为今后研究相关问题提供了可供借鉴的研究思路和技术路径。

本书对于建筑业合作竞争问题的研究从建筑业弹性生产力谈起，原因在于建筑业弹性生产力的实现决定着建筑业的产能与效率，而作为建筑业主要生力军的分包商对提高建筑业的产能与效率起到关键作用。分包商与承包商通过相互合作竞争不但可以提高建筑业产能与效率，而且可以实现建筑业弹性生产力要求。在传统竞争框架下，通常承包商分包工程旨在转移主合同风险，结果造成承包商与分包商间相互对抗，难以合作；而分包商的同质化导致分包商间相互排挤或恶性竞争，丧失与承包商长期合作的优势。因此，在我国建筑业承包商与分包商相互对抗现象较为普遍，由此引发了建筑业"逆向选择"和"道德风险"问题。相比之下，英国建筑业合作伙伴协议，尤其是ACAPPC2000和SPC2000关系契约的应用，推进了承包商与分包商的长期合作关系；日本建筑业内，承包商与分包商通过培养紧密合作关系，使其工程项目的质量远优于英国和美国。因此，建筑业合作竞争关系的实现既具有必要性，又具有可行性。

近年来，我国建筑业大力推广业主与承包商间的合作伙伴关系（Partnering模式），在北京、上海、香港等地都已有较为成形的应用实例，但由于过于注重业主与承包商的合作伙伴关系，使得作为建筑业重要力量的分包商无法参与到业主的决策中，致使Partnering模式未能缓解建筑业内承包商与分包商对抗性或敌对的问题。本书对于建筑业合作竞争问题的研究可以弥补传统意义上的合作伙伴关系研究的不足，以承包商和项目主要分包商的合作为核心，将其作为长期关系模式的重要组成部分，同时兼顾业主利益，使传统意义上的伙伴关系间的合作扩展为两个方面：承包商与分包商的合作，以及业主与承包商的合作。由于业主是项目的发起者，在项目建设过程中具有主动权，所以业主是推动建筑业合作竞争关系的动力，其对不同层次的承包商与分包商的整合起着关键作用，因此业主应积极促进和培育合作竞争关系的形成。通过拓展合作伙伴关系研究的外延，本书将分包商融入传统意义上的合作伙伴关系中，形成承包商-分包商合作竞争模式，进而形成业主-承包商-分包商合作竞争模式。

建筑业合作竞争模式得以建立后，本书从合作促进机制、利益分配机制、互为监督的监督机制、奖惩机制、信誉机制以及剩余分配的激励机制等六个方面构建其运行机制。通过运用博弈论方法予以建模分析后，得到六点结论：

1.在承包商与分包商间构建一个促进合作的机制是合理和可行的。

2.合作利益在承包商与分包商间可以进行有效分配。

3.互为监督的监督机制在一定条件下可行并有效。

4.罚金与监督方式构成有效的奖惩机制。

5.信誉将成为企业长期生存的关键指标，没有信誉的企业会被淘汰。

6.团队内剩余份额的分配比例与承包商、分包商在团队产出中的相对重要性相一致。

通常，建筑业合作竞争主要围绕某具体项目而展开，但是这还达不到合作竞争的最佳境界，合作竞争更注重长期利益和企业长久发展，对建筑业合作竞争问题的研究需要上升到战略的高度，通过建筑业具有独特性的建设方式——虚拟建设，建筑业合作竞争得以从项目型向战略型拓展，实现虚拟化，从而形成建筑业合作竞争的两个阶段——项目型合作竞争和战略型合作竞争。二者具有不同的优势：项目型合作竞争有利于项目团队建设，并能充分发挥企业层面的核心竞争力；战略型合作竞争不仅能够促进企业核心竞争力形成战略弹性，避免核心刚性，而且可以形成长期持续竞争优势，提高企业的生存和发展能力，从而推动建筑业持续、健康、长期发展。二者之间的过渡和虚拟化过程使得建筑业竞争环境更为稳定、有序；同时，建筑企业在此过程将获得更为广阔的发展空间和更为持续的市场机遇与发展前景。

为了确保建筑业合作竞争模式顺利运行，建立相应保障路径十分重要。由于建筑业合作竞争机制更多体现的是建筑企业的自发性和自我执行性，它的保障更多依赖于"私立保障"，即建筑业自发形成私立秩序，并持续自我执行，从而对合作竞争机制的运行进行有效的保证和维护。从私立秩序出发，契约、信任、担保以及行业协会等都是保证建筑业各主体以共同长期利益为目标进行合作竞争的有力保障。因此，本书认为我国建筑业应从形成强化关系契约、促进行业信任和完善工程保证担保体系、有效发挥行业协会作用等四个方面入手，保障建筑业合作竞争机制的有效运行，并针对四部分内容分别提出相应的保障措施和建议。

主要创新点包括：

1.拓展了建筑业合作竞争理论

在管理学研究范畴内，借鉴了制度经济学及新经济社会学理论，拓展得到建筑业合作竞争的管理学理论，提出交易费用与资产专用性是促进建筑业合作竞争的内在要求，建筑业组织镶嵌于行业环境是促进合作竞争的外在条件，建筑业组织间的强连带和弱连带优势是促进合作竞争的纽带，以及建筑业组织融入社会合作系统是实现合作竞争的动力等命题。

2.构建了传统竞争模式下的建筑业"逆向选择"与"道德风险"模型及合作竞争模式下的承包商与分包商间的利益分配模型

由于合作竞争问题涵盖了合作和非合作两方面，因而，在研究中分别考虑了合作和非合作两种情况。通过对合作博弈理论和非合作博弈理论的运用，引入了适当的博弈论分析模型，更为合理地解释了现实中建筑业存在的问题，并针对传统竞争模式和合作竞争模式分别构建了分析模型：运用委托-代理理论，构建在传统竞争模式下，业主、承包商与分包商间的"逆向选择"和"道德风险"模型；运用合作博弈论中的Shapley值，构建在合作竞争模式下，承包商与分包商间的利益分配模型。

3.提出了建筑业合作竞争的私立保障路径

合作竞争更多地需要各经济主体自发进行维护，从这一角度分析，建筑业合作竞争的保障更多依赖于私立保障，即通过建立私立秩序对合作竞争机制的运行进行有效的保证和维护。在建筑业，长期的合作竞争关系若要得以维系，必须通过关系契约的执行、交易中奉行的信任准则、工程担保保障方式以及散布信息的行业协会网络共同构建。基于此点，本书提出我国建筑业应以强化关系契约、建立行业信任、重视工程保证担保和完善行业协会为私立保障路径，维护建筑业合作竞争模式顺利运行。

作者

2019年2月

▌目录

1 引论

1.1 问题的提出

1.1.1 研究背景

改革开放40年以来，我国建筑业先后经历了由计划经济体制向商品经济体制的转变（1978—1991年），由商品经济体制向社会主义市场经济体制的转变（1992—2000年），以及完善建筑业市场经济体系、走科学发展之路（2001年至今）三个时期。在改革初期，建筑业企业实现了放权让利、利改税和承包经营，其中以1987年建筑业推广"鲁布革"管理经验为代表，实现"管理层与劳务层分离"为标志，建立企业内部模拟市场，推行"项目法施工"。在此基础上，我国建筑业吸取大量国外施工管理经验，并取得了巨大的发展。在改革中期，在十四届三中全会、党的十五大、党的十八大和党的十九大会议精神的倡导下，经济体制从传统的计划经济体制向社会主义市场经济体制转变；经济增长方式从粗放型向集约型转变，从而坚定了建筑业市场化改革的方向，并促进了建筑业对产业发展新模式的探索。在此时期，我国改革国有建筑企业体制，并开始积极探索建立现代企业制度，同时推进以民营经济为主的非公有制经济发展和深化建筑业市场化改革。2001 年中国加入WTO，推进了建筑业对外开放和经济市场化进程，为建筑业带来先进的经验和难得的发展机遇。实践证明，建筑业已成为国民经济的支柱产业之一。2016 年，我国全社会固定资产投资 606 465.66 亿元，比上年增长 7.91%，大量投资通过建筑业转化，促进了国民经济和社会的稳定发展，提高了人民居住水平和生活水平，有效地增加了农民收入，促进了城乡统筹发展。具体表现在：

（1）建筑业产值平稳增长，建筑业总体规模持续扩大

2016 年，全国建筑企业（指具有资质等级的总承包和专业承包建筑业企业，不含劳务分包企业）完成建筑业总产值 193 566.78 亿元，比上年增加 12 809.31 亿元，增长率为 7.09%；建筑业企业个数 83 017 个，比上年增长 2.6%（见表 1-1）。

表 1-1　　　　2009—2016 年建筑业企业主要经济指标比较

年份 项目	2009	2010	2011	2012	2013	2014	2015	2016
建筑业企业个数（个）	70 817	71 863	72 280	75 280	78919	81 141	8 0911	83 017
建筑业总产值（亿元）	76 807.74	96 031.13	117 059.65	137 217.86	160 366.06	176 713.4	180 757.47	193 566.78
建筑业增加值（亿元）	15 619.80	18 983.54	22 070.98	26 583.31	33 071.5	35 270.15	36 064.66	37 626.82
利润总额（亿元）	2 718.76	3 409.07	4 168.2	4 776.14	5 575	6 407.13	6 451.23	6 986.05
税金总额（亿元）	2 653.69	3 351.31	3 864.41	4 388.88	—	5 547.12	5 673.41	5 977.45
劳动生产率（按总产值计）（元/人）	185 087	203 962	233 104	296 424	324 842	317 633	324 026	336 991
产值利润率（%）	3.5	3.5	3.6	3.5	—	3.6	3.6	3.6
产值利税率（%）	7.0	7.0	6.9	6.7	—	6.8	6.7	6.7

资料来源：国家统计局. 中国统计年鉴（2016）[M]. 北京：中国统计出版社，2016.

2009年至2016年，建筑业总产值逐年增加，各项指标呈现出良好发展势头，但发展速度存在一定的波动性。建筑业总产值年度增长率分别为23.81%、25.03%、21.90%、17.22%、16.87%、10.20%、2.29%和7.09%，年均增长15.55%（如图1-1所示）。

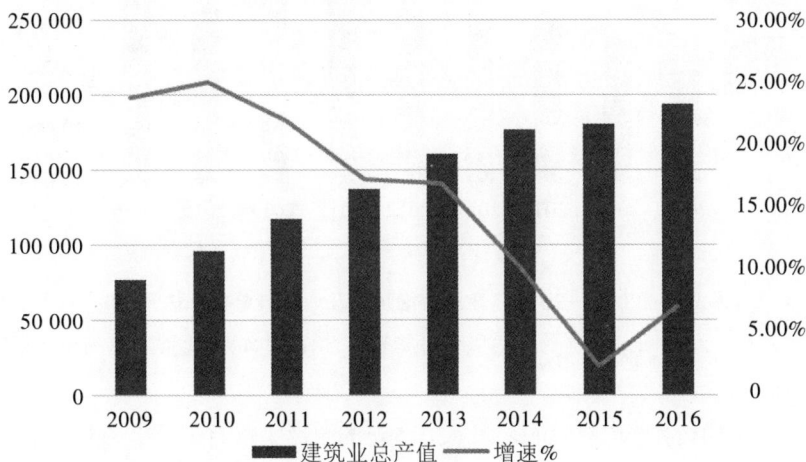

图1-1　2009—2016年建筑业总产值及增速（单位：亿元、%）

资料来源：国家统计局. 中国统计年鉴（2016）[M]. 北京：中国统计出版社，2016.

（2）建筑业增加值稳步增长

2008年至2016年建筑业增加值逐年增长，增长率分别为88.5%、19.5%、18.1%、-16.6%、20.4%、24.41%、6.65%、2.25%和4.33%，年均增长18.62%。其间由于2008年4万亿元政府投资的刺激，使得当年建筑业增加值出现大幅提升，随后几年，建筑业进入相对稳定发展阶段（如图1-2示）。

（3）支柱产业作用较为突出，产业贡献率平稳

建筑业是我国国民经济的支柱产业之一[①]，在经济增长、解决就业、促进农村劳动力转移、加快城市化进程、提高城乡人民生活水平、实现城乡统筹发展等方面，做出了巨大的贡献，在推动经济建设高速发展中具有非常重要的地位和作用。统计数据显示，2016年，建筑业增

---

① 关于建筑业是国民经济支柱产业的论证，请参见金维兴2006年的相关著作。

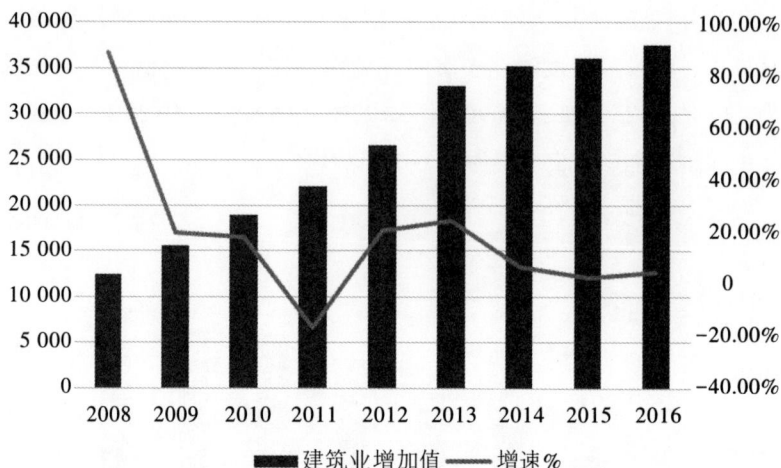

图1-2 2008—2016年建筑业增加值及增速（单位：亿元、%）

资料来源：国家统计局. 中国统计年鉴（2016）[M]. 北京：中国统计出版社，2016.

加值占 GDP 的比重为 **5.06%**，比 2015 年的 **5.23%** 略有下降，全国大部分地区建筑业增加值占 GDP 比重在 **4%～8%** 之间，建筑业支柱产业地位表现较为突出。建筑业已成为对我国经济发展和社会进步起到基础作用、带来巨大效益、产生深远影响的支柱性产业。产业贡献率①是指某一部门或产业的增加值的增加对 GDP 增长的直接贡献比率，用产业增加值的增量与 GDP 增量的比值作为测算定义。2010 年至 2016 年建筑业产业贡献率大致在 4% 至 6% 之间（如图1-3所示）。

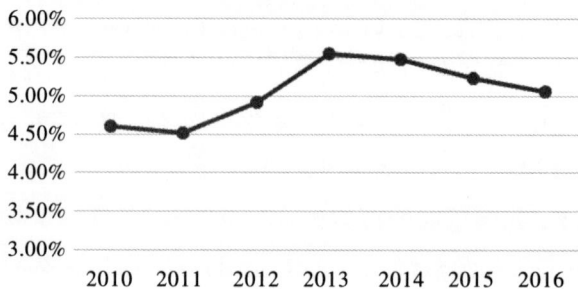

图1-3 2010—2016年建筑业产业贡献率

资料来源：国家统计局. 中国统计年鉴（2016）[M]. 北京：中国统计出版社，2016.

---

① 姚宽一. 中国建筑业产业竞争力研究 [D]. 西安：西安建筑科技大学，2006：58.

经过多年的不断发展，建筑业取得巨大的进步，对我国经济增长和社会进步起到举足轻重的作用。但是，由于我国建筑业仍处于从计划经济向市场经济的转轨期，市场运作过程中体现出竞争机制仍不健全，竞争无序问题较为严重。其具体表现为：

（1）施工领域中企业差异性小，恶性竞争现象严重

建筑业产业链上下游收益差距较大，施工行业几年来一直处于微利状态，建筑业位于第二产业的末端，竞争力较差，企业差异性小是导致此状况产生的重要原因。其一，建筑企业一味追求竞争，认为只有"做大"才能"做强"，过度地强调企业规模，导致企业竞争能力降低。据统计，我国建筑企业平均人数为340人，而美国仅为9人。虽然两国在生产力水平方面存在较大差异，但这一对比足以说明了我国建筑企业平均规模偏大的事实。其二，建筑业市场集中度、进入壁垒和移动壁垒都很低，大、中、小型建筑企业差异性小，核心竞争能力不突出，最终在市场结构中趋同①，不同规模的企业具有相似的竞争实力，为了分得同一块"蛋糕"，不得不展开恶性竞争，导致行业竞争无序。为了扭转这一局面，一大批施工企业必须面对战略转型，否则，施工领域的可持续发展能力将难以为继。

（2）总分包体系不健全，合作与竞争难以并存

早在20世纪90年代初，我国就提出建立规范合理的综合总包、专业承包、劳务分包工程建设总分包管理体系。但截至目前，总分包体系仍不健全。在施工领域中，相对于承包商而言，建筑业缺乏对分包商的合理保护，尚未制定专门针对分包层次的法律、法规，分包企业的权益无法得到有效保障；同时，建筑业二级市场发育不完善，分包商在建筑行业中处于劣势地位，难以与承包商相互协作与合作。为了承揽分包工作，分包商必须承担部分本应属于承包商承担的不合理风险。这些导致整个建筑行业专业协作无法真正建立。

建筑业统计年鉴显示：2008年至2016年我国总承包建筑企业承包

---

① 对于建筑业企业规模的概念界定可参见：1995年，英国伦敦大学的学者 I. Stumpf 对英国建筑业超大型、大型、中型以及小型建筑业企业的标准进行了界定（STUMPF I. Competitive pressures on middle-market regional contractors [M]. MSC Report, Bartlett School, University Collge London. 1995：4-25）。

工程情况见表1-2，其中，分包商承担的工作占总承包商的比例分别为：2.73%、2.98%、2.85%、2.89%、2.64%、2.55%、2.78%、2.52%和2.71%。此数据并不符合建筑业行业现状，也与国外发达的建筑市场大相径庭。随着建筑一、二级市场的不断发展与完善，工程项目大部分工作的具体实施由分包商完成，承包商的职能更似一个管理公司，将主要精力集中于管理与协调工作。由此，对不符合项目建设实际要求的统计数据存在两点疑问：其一，大部分总承包商的分包工作是与不具备资质的小型分包企业私下商定，分包工作的数据不计入统计资料；其二，国内分包商所承揽的工作比例确实较小。目前我国正处于经济转轨期，国内建筑业市场曾一度出现"大而全、中而全、小而全"的建筑企业。因此，向国际工程承包惯例看齐，注重调整专业性分包企业与综合性承包企业的比例，加强双方的合作是必要的。

表1-2　　　**全国总计总承包建筑企业承包工程完成情况**　　　单位：万元

年份	2008	2009	2010	2011	2012	2013	2014	2015	2016
直接从建设单位承揽工程完成的产值	611 543 548	758 794 517	948 279 432	1 154 001 376	1 357 267 258	1 577 008 129	1 750 457 057	1 787 473 920	1 912 295 458
其中自行完成施工的产值	594 871 380	736 165 747	921 283 151	1 120 657 222	1 321 455 192	1 536 784 471	1 701 813 854	1 742 488 274	1 860 406 462
分包出去工程的产值	16 672 167	22 628 770	26 996 281	33 344 155	35 812 066	40 223 658	48 643 204	44 985 646	51 888 996

资料来源：国家统计局固定资产投资统计司. 中国建筑业统计年鉴（2016）[M]. 北京：中国统计出版社，2016.

（3）建筑市场秩序混乱，不公平竞争行为依然存在

在建筑规模不断扩大的同时，建筑企业工程款拖欠和农民工工资拖欠现象日益严重，2003年国家开始实施三年"清欠"工作，住房和城乡建设部（原建设部）会同财政部等16个部委先后召开多次联席会议解决问题，2006年初见成效。但拖欠"顽疾"并未根治，"边清边欠"情况仍然存在。2008年2月29日，《河南商报》报道了"民工讨账被扔门外，见记者被打下跪求情"的新闻，再次引发社会关注。2017年，

国务院办公厅印发《保障农民工工资支付工作考核办法》，决定自2017年至2020年，对各省（区、市）人民政府保障农民工工资支付工作实施年度考核，推动落实保障农民工工资支付工作属地监管责任，切实保障农民工劳动报酬权益。

此外，业主方面规避招标、虚假招标和迫使投标人以低于成本的价格竞标的现象严重。一些工程项目还存在着业主以不合理的条件限制或者排斥某些潜在投标人，对其参加投标实行歧视性政策的问题。投标人之间相互串通，一家投标，几家陪标，利益均沾现象也是屡见不鲜。承包商违法转包、违法分包，层层瓜分工程款，层层剥削管理中介费，相互出具虚假资质证明，挂靠、出借、出卖证照、阴阳合同等信用缺失现象日益严重。这些问题有着很强的隐蔽性，危害性极大，不仅严重扰乱了建筑市场秩序，使严格的市场准入制度与资质管理规定形同虚设，而且导致工程建设管理混乱，直接危及工程质量和安全生产。

（4）行业监管方式有待改进，竞争行为亟须公正

建设审批程序烦琐。尤其是一些较大型的工程项目，审批程序要求从市县级管理部门到住建部，从住建委到财政局层层审查。由于审核各部门标准不一，程序烦琐，报送资料繁多，严重影响审批效率。

项目腐败监管不力，行贿受贿、贪污腐败问题渗透于招投标、项目审批、设备和材料采购过程中。这些导致了利用项目建设进行钱权交易，不具备资质的企业进入建筑市场，扰乱市场秩序。

监管力度不足与管理资源浪费并存。行业内存在多头管理，分工不明确，不同类别的工程项目存在交叉管理，致使一些工程管理失控，工程项目游离于行业监管之外。尚未确立私人项目与公共项目不同的市场管理制度。

建筑业市场管理制度中有关保证建筑市场公平、公正交易，加强对中小型建筑企业的权益保护，促进新型市场主体发育等方面的制度建设还比较薄弱；合同管理，法规制度建设也难以适应当今行业要求。

此外，行政干预过深，行业内难以合作。政府的直接管理在建筑市场运行中还发挥着主导作用，不同投资性质的建设工程（政府投资项目、私人投资项目）其市场准入、工程发包、市场交易等大多由政府采

用同样的监管方式进行监管，政府对于市场运行介入过深，影响市场供需机制、风险机制的发育，影响市场中介机构和组织的发展，市场主体间合作竞争的经济关系难以建立。

（5）行业与地方壁垒并存，地区间难以展开竞争与合作

一直以来，我国各级主管部门分别建立了国营的承包建筑安装机构，形成了政府部门分散化的建筑业的管理体制。地区分割出现在经济转轨过程中，地方和各部门出于本位利益考虑，直接或间接参与了市场竞争过程，人为地制造了各种各样的行业壁垒和地区障碍，分割了市场。地方保护、行业壁垒不同程度地存在，一些地方变相出台地区封锁政策，要求外地施工总承包企业在该地营业必须在当地市场监督管理机关注册登记并设立独立法人。很多地方在招标投标工作中存在着地方规避、行业分割等问题，这极大阻碍了建筑企业跨地域竞争，难以实现建筑业地区间合作，这与统一开放、竞争有序的市场建设目标相悖。

目前，我国各地方建筑业虽都有较快发展，但地区发展不平衡，各地完成的建筑业总产值呈东中西部梯级分布。建筑业总产值增长速度最快的地区是东部地区（包括京津沪、东部沿海省份和东北三省）；其次是中部地区（按国家统计局地理位置分组分类三：包括山西、江西、安徽、河南、湖北、湖南六省区）；最后是西部地区（包括西藏、新疆、青海、甘肃、宁夏、陕西、四川、云南省区）。不可否认，地区经济发展不平衡，一定程度决定了建筑业地区发展的不平衡。据数据统计，2016年江苏省GDP为77 388.28亿元，建筑业总产值为25 791.76亿元，而西藏自治区GDP为1 151.41亿元，建筑业总产值为111.28亿元。经济较为发达地区与相对落后地区的建筑企业在资金实力、人力资本、技术水平、设备能力等诸多方面存在较大差异，这些客观上也影响了建筑业地区间的合作与竞争。

综上，竞争无序问题是目前我国建筑业存在的主要问题，亦是制约其完善发展的重要因素。国家对此问题非常重视，出台了诸多措施。建设部等相关部门2005年颁布的《关于加快建筑业改革与发展的若干意见》（建质〔2005〕119号）提出"当前我国建筑业和工程建设管理体制还存在不少问题"，特别指出"现代市场体系发育不成熟"，并在加快

建筑业改革与指导思想和发展目标中明确指出：要"通过有序竞争……建立健全现代市场体系，创造公平竞争、规范有序的建筑市场环境……更好地发挥建筑业在国民经济发展中的支柱产业作用"，并指出"创新政府监管体制，维护良好的市场环境……努力转变政府职能……彻底打破行业垄断和地区封锁，维护全国统一、开放、竞争、有序的建筑市场环境"。同年，提出建立市场经济社会信用体系，从法律和道德两个层面规范市场竞争秩序。这为历经改革30年的建筑业提出了持续改进的新思路。2014年7月1日，住房和城乡建设部出台了《关于推进建筑业发展和改革的若干意见》（以下简称《意见》），将建筑业全面深化改革又向前推进了重要的一步。其中，针对建筑业竞争激烈，整体利润率较低，无序竞争状况普遍存在，严重影响了行业发展与企业积极性的情况，《意见》要求"各地要严格执行国家相关法律法规，废除不利于全国建筑市场统一开放、妨碍企业公平竞争的各种规定和做法"。

为了保证建筑业保持稳定的发展势头，持续发挥国民经济支柱产业作用，并在新一轮经济振兴规划中发挥重要的推进作用，必须深入探讨建筑业存在的问题，重视建筑业无序竞争问题，提出具有现实意义的对策建议。在此背景下，在合作竞争角度下分析我国建筑业无序竞争问题，提出相应完善措施，既具有必要性又具有现实紧迫性。

1.1.2 研究意义

目前，国内外学者对于"建筑业竞争"的研究多见于从产业经济学角度研究建筑业竞争问题，而对建筑业竞争机制的研究较少。国内理论界对我国建筑业竞争无序问题反思不够充分，以建筑业内的竞争与合作作为研究对象的尚无先例。建筑业内合作的必要性和可行性研究多针对业主与承包商间的合作伙伴关系，而对于承包商与分包商能否真正展开合作，避免恶性竞争这一问题，国内学者的研究甚为有限。以往的实践证明，过分注重竞争，而忽视合作对行业发展的重要性和必要性，往往会导致竞争无序，必将极大地影响效率。因此，开展合作可以成为对建筑业竞争机制问题的解决思路之一。深入探讨建筑业合作竞争问题具有重大意义：

基于实践角度考虑：

1.建筑业合作可以促进国民经济发展与社会和谐，是市场经济发展的必然要求

建筑业是国民经济的支柱产业之一，建筑业能否有序、健康、高效地运行，关乎国民经济能否平稳、快速和健康增长，也关系到社会能否稳定与和谐发展。同时，建筑业对于缓解农村剩余劳动力就业压力也具有重要作用。建筑业能否健康有序地运行影响整个国民经济和社会的稳定发展。

在计划经济体制下，有基建任务就要成立施工单位，众多建筑企业就是在这种情况下，以部门或政府的附属基建单位之名义成立起来的。从改革初期的"谁投资，谁建设"的自营模式到投资与建设逐步分离的承包模式，形成了以建筑工程部为主，各部门都有建筑队伍，多层次、分头发展的建筑业发展状况。那时，建筑业条块分割的状况使得各企业间联系并不紧密，其附属于政府的关系决定着它的生存和发展都依靠政府，而不是依靠自身。

在市场经济浪潮下，政企逐渐分离，企业的自主发展决定着未来的机遇和方向。从行业角度看，各企业间一味追求竞争而不讲求合作是不现实的，也是不可能的。尤其在全球经济一体化的格局下，企业间寻求合作，以合作促进竞争，成为不可逆转的趋势，建筑业亦融入此环境中。市场经济选择的是顺应经济潮流的、有生存和发展能力的行业，这对建筑业的发展提出了新的要求。因此，建筑业竞争机制改革是关乎国计民生的大课题，是社会主义市场经济发展的必然要求。

2.建筑合作促进建筑业自身完善和健康发展

目前，我国建筑业存在的问题已经危及整个行业的健康发展。行业内恶性竞争与无序竞争、效率低下和资源无效损失成为制约建筑业发展的大问题。究其根源，行业内部竞争机制的缺陷是关键因素。因此，建筑业竞争机制的完善是我国建筑业振兴的必由之路。完备有效的合作竞争机制的建立，必将极大促进建筑业解决自身存在的问题和不足，保证整个行业持续、有序、健康发展，发挥国民经济支柱产业的重要作用。

3.合作竞争是建筑企业的必然选择

企业是产业的主体和机制的参与者，机制的可行性和有效性需要由行业内众多企业参与评价，也是众多企业共同选择的结果。合作竞争机制是建筑业企业的必然选择。

首先，合作竞争避免了无序竞争造成的危害。竞赛式竞争在市场监管不力的情况下很容易导致无序竞争、恶性竞争和非法竞争。无序竞争正是一种不合作的竞争，亦是一种低级且低效的竞争，它对企业造成的危害是巨大的，无序竞争的结局往往造成"双输"，甚至"多输"。合作竞争是抵制无序竞争的良方，合作竞争使企业恢复理性，使竞争的结果能够达到竞争的真正目的，合作竞争必然成为抵制无序竞争的最佳选择。

其次，合作竞争促进了建筑业企业效益的长期稳定和提高。经济和技术的发展会使更多的企业共同生存在一个相同的"商业生态链"中，在这种环境下企业要想生存和稳步发展，就要协同合作、互相妥协以共享资源和共渡难关，从而使围绕和使用这一资源的所有企业都能"有利可图""互利互惠"，共同壮大和发展。在合作中营造有利于本企业的"游戏环境"和"游戏规则"，掌握竞争的主动权，获得合作者之间的成功运作和共赢。合作竞争的真谛是"互利互惠"、共同提高。长期的合作竞争可使建筑企业成为利益伙伴，避免无谓的争耗，避免为了竞争而形成的资源浪费，使企业得到稳定而有效益的发展。因此可以说合作竞争是企业在新的环境下的更好的选择。

总之，对于建筑企业而言，通过开展合作竞争，不仅能够提升个体间的网络协作能力，而且能够整合稀缺资源，对于行业的稳定、快速发展起到关键作用。同时，通过合作竞争，企业能增强自身核心竞争力，快速锁定市场机会，建立稳固、长期的合作关系，有利于其摆脱因微利而尴尬的生存境遇，实现可持续发展。

4.建筑业开展合作是项目规模与特殊性的必然要求

建筑项目具有不同于一般产品的特点。其一，它对生产的协作性有较高的要求。因为受不同规模要求的影响，建筑项目通常具有一定的规模性，对于大型项目而言，对不同工种和技术的要求广泛，只有通过不同专业背景的人员的协作才能顺利完成项目建设。通常，每个建筑企业有其独特的专业技能和技术人员，但是这种专业背景是单一的，单凭企业自身的技术能力是无法完成整个工程的，所以，各企业间只有相互协作才能充分调动不同专业资源和技术，最终完成项目建设。其二，建设项目生产周期长、风险大。项目建设一般都在一年以上，容易受经济周期波动、原材料价格变动，以及市场机会等因素影响。通过建立相对稳固的合作关系，行业各主体间能够轻松应对经济变化对其产生的影响，合理规避风险，谋求长远发展。

5.建筑业开展合作是吸取国内外先进管理经验的必然结果

我国项目管理技术大幅度提高始于鲁布革水电站项目。在此项目建设中，我国引进世行贷款，引入国外先进施工队伍，运用先进管理技术，最终顺利完成项目建设。20年来，我国的项目建设取得了巨大成就。事实证明，学习和借鉴先进管理经验是促进我国建筑业发展的有力手段，而这种方式背后则是国内外拥有此种技术经验的队伍的相互合作、共同协作发展。2008年北京奥运会场馆建设的成功背后，正是对先进经验的重视和实践的结果，同时也是与国内外拥有先进技术能力和管理经验的企业和队伍相互合作的结果。

基于理论角度的考虑：

本书题为"合作竞争与私立秩序——我国建筑业发展模式研究"，力求在合作与竞争二者的矛盾之间，寻求一种平衡和统一。通过运用制度经济学、新经济社会学、管理学等理论及博弈论方法，本书旨在研究中国建筑业合作竞争问题，将具有现实借鉴意义的理论与我国实际紧密联系，既扩展了合作竞争管理学理论的研究范畴，又丰富了其研究内容；同时，引入合作博弈论、镶嵌理论和新制度经济学研究我国建筑业合作竞争问题，为今后研究相关问题提供了可供借鉴的方法和研究思路，提出了建立建筑业合作竞争理论的构想。同时，由于合作竞争问题涵盖了合作和非合作两方面，因而，在研究方法上应分别运用合作和非合作两种方法。通过对合作博弈理论和非合作博弈理论的运用，为建筑业合作竞争问题引入了适当的分析模型，更为合理地解释了现实中的建筑业存在的问题，并构建了展开合作竞争后建筑业的运行机理。

针对当前我国建筑业存在的问题，解决的关键在于，思考行业未来发展走向，促进建筑业健康、有序和持续发展，提升建筑业的整体竞争力，有机整合建筑业承包商与分包商的资源及技术力量。应以长远的眼光看待建筑业的竞争机制问题，用长久的发展来衡量行业竞争实力和企业生存价值。在全球经济一体化，商业氛围趋同化的大环境下，谋求合作与发展是提升行业实力的有效手段，建筑业的长久发展不能背离这一宏观经济环境。2007年，建筑业内部分企业已经开始注重加强与其他行业（金融业、房地产业、科研机构等）的战略合作，致力于追求战略认同、业务融合、共同发展的战略合作目标，优化资源配置，从而实现互惠互利，合作共赢①。应以此为契机，大力倡导建筑业内企业间的合作竞争，寻求合作竞争的市场机制，在竞争的同时谋求合作，以合作促进竞争，以竞争推动合作，充分利用各企业特有的资源和技术实力，通过合作竞争整合资源，谋求共同发展，实现"双赢"甚至"多赢"，这是解决我国建筑业既有问题，提升整体竞争力，谋求长期发展的根本出路。

1.1.3　研究概念及内容的界定

1.研究概念的界定

英国是最早形成现代建筑业的国家，建筑业概念在英国的演变历程具有代表性。在英国，建筑业传统的定义是"建成环境（built environment）的生产、运营、维护、更新和处置""从摇篮到坟墓"（cradle-to-grave）的过程（Lorch，2003）。随着社会形态和经济环境的变迁，建筑业所涉及的对象与内容变化的同时，人们对建筑业的认识也在发生变化。Saxon（2002）提出，建筑业的任务是"创造建成环境，增进绩效和福利，给社会带来增值（adding value to society）"。在东半球的日本，建筑业被称为建设产业，主要指在政府、金融和行业协会的扶持以及产业政策支持下的承包业，是国民经济的支柱产业之一。第二次世界大战后，日本根据国情，对劳动密集型产业实施支持性产业政

---

① 住房和城乡建设部政策研究中心. 中国建筑业改革与发展研究报告（2008）[M].
北京：中国建筑工业出版社，2008：64.

策，使得建筑业发展十分迅速。近年来，日本在规范国内建筑市场、促进行业竞争的基础上，积极支持建筑企业开拓国际建筑市场，使日本建筑企业在国外获得合同额居世界前列。

在我国，建筑业是国民经济的一个独立产业部门，对其概念有三个层次的界定。第一个层次涵盖最广，按照 2002 年 10 月 1 日起实施的新的行业分类标准——《国民经济行业分类》（GB/T4754-2002），建筑业门类为 E，大类赋码为 47～50。与 1994 年制定的标准（GB/T4754-94）相比，2002 年分类标准按照国际通行的经济活动同质性原则划分行业，进一步打破了部门管理界限，基本实现了与国际标准的兼容。根据新标准所赋予的产业范围角度，建筑业是国民经济中将各种不同类型的资源转换成经济与社会基础设施和其他设施的一个产业部门，涵盖了房屋建筑工程和土木工程建筑业、建筑安装业、建筑装饰业，以及其他建筑业（参见表 1-3），包括了该转换过程中的所有阶段，即规划、设计、筹资、采购、施工和维护阶段。第二个层次的建筑业概念是指建筑业的施工建造环节、安装环节以及装饰装修环节（规划、勘察设计环节除外），在第一个层次概念的基础上缩小了建筑业涵盖的范围，主要涵盖房屋建筑工程和土木工程建筑业、建筑安装业，以及建筑装饰业。第三个层次的建筑业概念则进一步缩小涵盖范围，按原国标的规定，是指建筑产品的施工建造环节，专指房屋建筑工程和土木工程建筑业。本书从第三个层次角度定义建筑业，即研究范围仅包括在房屋建筑工程和土木工程建筑业中，建筑产品整个生产过程中的施工建造环节。近年来，建筑施工行业总体规模不断扩大，并处于上升轨道中，对施工建造环节予以研究具有现实意义。

第三个层次建筑业的主体通常包括承包商与分包商。承包商（contractor）[1]通常指承担工程项目施工及设备采购的公司、个人或几个公司的联营体。若业主将一个工程分为若干独立的合同，并分别与几个承包商签订，则凡直接与业主签订承包合同的都叫承包商。如果由一家公司与业主签订合同将整个工程或其中一个阶段的工作全部承包下来则

---

① 何伯森. 工程项目管理的国际惯例 [M]. 北京：中国建筑工业出版社，2007：19.

表1-3　　　　　新《国民经济行业分类》中关于建筑业的分类

大类	名称	中类	名称	小类	名称
47	房屋和土木工程建筑业	471	房屋工程建筑		
		472	土木工程建筑	4721	铁路、道路、隧道和桥梁工程建筑
				4722	水利和港口工程建筑
				4723	工矿工程建筑
				4724	架线和管道工程建筑
				4725	其他土木工程建筑等
48	建筑安装业	480	建筑安装业		
49	建筑装饰业	490	建筑装饰业		
50	其他建筑业	501	工程准备		
		502	提供施工设备服务		
		503	其他未列明的建筑活动		

资料来源：国家信息中心中国经济信息网. 中国行业发展报告——建筑业 (2004)［M］. 北京：中国经济出版社，2005：4.

称为总承包商（general contractor，main contractor，prime contractor）[①]。分包商（subcontractor）[②]是指那些直接与承包商签订合同，分包一部分承包商与业主所签订合同中的任务的公司。业主和工程师不直接管理分包商，他们对分包商的工作产生要求时，一般通过承包商进行处理。

此外，业主参与项目建设在建筑业实践中较为常见，因此，研究建筑业相关问题时，不能忽略业主对建筑业发展的影响。本书所指的建筑业业主是以投资者或者项目最终使用者身份参与建筑项目建设过程的集体或个人。

---

① 此处意指施工总承包，施工总承包有别于项目总承包，关于项目总承包和施工总承包的区别参见：孙继德. 项目总承包模式［J］. 土木工程学报，2003（9）：51-54.
② 何伯森. 工程项目管理的国际惯例［M］. 北京：中国建筑工业出版社，2007：19.

2.研究内容的简要诠释

建筑业的合作竞争是本书的主要研究内容。通过考察国内外学者关于合作竞争的文献发现，对于合作竞争的含义，理论界始终是一种模糊的界定。合作竞争属于管理学范畴，大多学者将其应用于产业经济学研究领域，主要指不同的竞争主体之间，出于战略角度的考虑，进行有限时期的协调与合作，目的是保证长期收益和远期发展的最优化。他们认为，合作竞争是介于合作与竞争两极端的中间体，在商业运作的不同阶段体现出不同的特性。在创建市场时，应更多考虑合作；分配市场剩余时，竞争成为决策的主题。当然，其存在统一共识，即合作与竞争互为包含，不可分离。

由于建筑业市场结构的特殊性，建筑业合作竞争也具有其特殊性。首先，从合作竞争主体角度考虑，建筑业合作竞争具有结构差异性。以往研究中提及的合作竞争主体基本为具有同等经济地位的企业，属于横向合作关系；而建筑业合作竞争主体的经济地位和市场力量存在差异。业主、承包商与分包商分别掌握项目的所有权、管理权和建设权，其属于纵向合作关系。其次，从合作竞争客体角度考虑。一般意义上的合作竞争主要应用于不同项目或企业长期战略规划，其客体为多个相关项目、某个大型项目组或企业远期发展规划；而建筑业合作竞争客体基本限制在单一项目范围内，即使考虑参与各方远期利益，亦是建立在当前项目是否顺利完成基础上。最后，从合作竞争紧密程度角度考虑，由于一般意义上的合作竞争主要发生在同等地位的不同经济体之间，其合作的基础相对较为松散，合作紧密程度较弱；而在建筑业内部，合作竞争的主体之间具有明显的经济依附关系，其合作的基础牢固，紧密程度较强。从这一角度分析，建筑业的合作更为稳固，更易避免福利损失。

本书中建筑业合作竞争的概念是指在建筑业内部，围绕业主项目或建筑企业长期战略目标，以承包商与分包商的合作为核心，通过合作，承包商与分包商共同创建市场机会，获得竞争优势，并通过衡量合作中不同企业的贡献力量，对合作剩余予以分配的过程。建筑业合作竞争过程是一个较为长期的过程，合作机会的产生源于企业在行业内的网络资源以及信誉。由于建筑业承包商与分包商间的合作竞争行为完全基于业主项目而展开，因而，对此问题的研究不能脱离业主及建设项目，业主对承包商与分包商间的合作竞争具有一定的影响。因此，在对建筑业合作竞争问题加以研究时，以承包商与分包商的合作竞争为核心，同时涵盖了业主，将合作竞争模式扩展为二阶问题，即承包商–分包商、业主–承包商两部分，从而形成承包商–分包商合作竞争模式，进而形成业主–承包商–分包商合作竞争模式。

1.2 文献综述

1.2.1 管理学视角的企业合作竞争理论研究现状

1.国外研究情况

对于企业间合作竞争关系的早期研究主要集中在研究市场交易和纵向一体化之间的选择。威廉姆森以交易费用为理论基础的研究对理解企业边界及内部结构做出了显著的贡献。他对介于完全市场交易和纵向一体化之间的中间组织进行了分析和论述，指出中间组织是为了解决资产专用性投资中由机会主义所导致的交易不稳定性而形成的。这些研究很好地解释了企业的产生、作用及其边界，说明了企业纵向兼并的原因和动机。

随着社会分工协作范围的不断扩大以及深度的不断加深，企业越来越重视合作在其管理经营中的重要作用，因此，管理学中关于合作的研究逐渐增多。

（1）由专注竞争转向重视合作，提出多种合作方式，合作竞争概念始现

管理学家彼得·德鲁克（1995）指出，以合作伙伴关系为基础的企业关系的加速度增加，企业间的合作经营成为最近20年来世界企业管理的四大发展趋势之一。

美国剑桥战略咨询公司董事长兼总裁——詹姆斯·穆尔（1996）提出了企业竞争管理不是为了击败竞争对手而是要建立与发展商业生态系统的最新竞争管理理论——企业生态系统合作演化理论。该理论的一个

贡献是超越了20世纪90年代以前的战略管理理论偏重竞争而忽视合作的缺陷，给出了在产业融合环境下理解企业经营的整体生态系统的基本框架以及企业如何在其中发展并取得领导地位的战略管理方法。

合作竞争（co-opetition）一词首次出现在美国耶鲁大学管理学院的拜瑞·J.内勒巴夫（Barry　J. Nalebuff）和哈佛商学院的亚当·M.布兰登勃格（Adam M. Brandenburger）合著的《合作竞争》（1996）（该书于2000年在中国出版了中译本）一书中。作者在此书中提出了一个全新的理念："当共同创建一个市场时，商业运作的表现是合作；而当进行市场分配的时候，商业运作的表现即为竞争。换句话说，商业运作是战争与和平的综合体，但不是托尔斯泰式的永无止境的战争与和平的循环。正如Novell公司创始人雷鲁达所说'你不得不在竞争的同时与人合作'，这种竞争与合作的结合要比'竞争（competition）'与'合作（cooperation）'这两个词所单独表达的含义更能生动地表达出他们之间的联系。这也是为什么我们采用雷鲁达所创造的词汇'合作竞争'，并将其作为本书书名的原因。"①

（2）对于合作竞争原理的解释

本特森（Maria Bengtsson）和科克（Soren Kock）（1997）将既包含竞争又包含合作的现象称为合作竞争。他们共同研究了企业网络的合作竞争。

普瑞斯（Kenneth Preiss）、歌德曼（Steven L. Goldman）、内格尔（Roger N. Nagel）在其合著的《以合作求竞争》（1997）一书中提出，新型企业没有明确的界线划分，其作业过程、运行系统、操作及全体职工都应与顾客、供应商、合作伙伴竞争对手相互作用和有机联系在一起，企业必须走出孤立交易的圈子，进入相互联合的王国，获取竞争优势。

拉多（Augustine A. Lado等，1997）提出融合的寻租行为来解释企业通过竞争和合作怎样产生经济租金。在此之前，竞争和合作被视为一个连续过程的两端。作者通过将竞争和合作看作虽有差异但相互关联的两部分，建立寻租战略行为四方格象征图谱。提出关于融合的寻租行为假设、组织能力假设和商业行为假设，引导未来理论发展和研究方向。

---

① 内勒巴夫，布兰登勃格. 合作竞争［M］. 王煜全，王煜昆，译. 合肥：安徽人民出版社，2000：4-5.

本杰明·古莫斯·卡瑟尔斯在《竞争的革命：企业战略联盟》（邱建等译，2000）一书中认为，现代概念的合作过程并未弱化竞争，而是在动态合作中产生了新型竞争者、构筑了新的行业体系、创造了新的竞争类型。

马尔（Mar，2003）等认为，合作中利益主体把其他利益群体的活动视为正外部条件，竞争中利益主体则将其他活动视为负外部条件。

（3）对合作竞争模式的研究

①合作竞争的组织内模式

豪斯肯（Hausken，2000）研究了团队间的合作竞争，认为利益主体间的竞争有利于利益主体内部成员积极性的提高，其他利益主体内的合作竞争情况也影响该利益主体内部的合作竞争程度。

蔡（Wenpin Tsai，2002）以社会网络观点考虑组织协调为出发点，调查了组织内网络知识分享协调机制的有效性，组织内网络包括组织单位间的合作和竞争层次。

②合作竞争的组织间模式

本特森（Maria Bengtsson 等，1999）认为，除了竞争和合作关系外，企业可以共同存在其他关系，或者同时存在合作竞争关系。因此，一个成功的企业为了取得与其他水平企业的四种关系带来的收益，需要专注于关系管理。

勒贝克（Loebbecke，2005）等研究了基于合作竞争的知识转移及合作竞争组织间的知识分配理论。

罗伯特·洛根和路易斯·斯托克司（2005）指出，无论是组织还是个人都必须通过竞争去合作，同时也必须通过合作去竞争；认为建立合作关系是一种新兴的商业范式，并主要解决一些关键性问题：如何创建合作性组织以及如何在与同事、供应商及顾客之间培养合作精神，如何将因特网技术应用于促进合作制中等问题。

惠（Encon Y.Y. Hui）和臧（Albert H.C. Tsang）（2006）研究了商业领域中，在多承包商业网内，主顾和承包人间的合作关系。研究发现，决策的不确定性对合作关系具有负向作用，资产权属明确对合作关系具有正向作用，并且这种关系可被失误的风险所调整。

国外学者自1996年正式提出合作竞争这一概念至今，在管理学研究范畴内对企业合作竞争问题做出大量的研究，取得了较多有价值的成果，他们对于合作竞争的原理、特征和模式等方面都进行了较为深入的研究。然而，他们的研究也存在一定的缺陷。他们对于合作竞争的研究以单个企业自身的商业利益为出发点，合作的前提是企业自身利益能否得到长期保障，并将合作竞争行为归结为单个企业的战略选择和对具体商业运作的专注，具有一定的局限性和片面性，并未考虑合作竞争深层次的经济学和经济社会学理论根源。

2.国内研究情况

国内学者对合作竞争的研究起步于20世纪90年代末，合作竞争问题受到理论界的高度关注，一些知名经济学家对此提出看法。成思危（1998）对企业间的"竞争-合作"问题给予了很大的关注。他提出了"从竞争转向竞争-合作"应作为管理科学的重要发展趋向。2000年他将"企间竞争-合作策略"纳入未来十年中国管理科学发展重点的三个领域。黄少安（2000）提出了构建一个与传统的竞争经济学抗衡的、系统研究合作现象的合作经济学的构想，将合作的地位进一步提高。该文章的发表立即引起了学术界的热烈讨论，也掀起了对合作竞争领域探讨的又一个高潮。

目前国内学者的研究内容涉及合作竞争的诸多方面，并做出一定的理论贡献：

（1）在交易费用的基础上展开对合作竞争的研究

胡雄飞（1996）认为企业集团属于威廉姆森所说的中间组织。

吴永林、朱伯伟、陈良酞（1997）将交易费用理论及中间组织的观点应用于企业集团的研究。这些介于市场和企业之间的中间组织其实就是企业之间的合作形式。

文豪（2006）指出合作竞争的制度前提是，在新制度经济学交易成本理论中，交易费用是合作竞争方式选择的经济依据。他认为通过合作竞争机制可使租值消散降到最低程度。

（2）从合作竞争的原理、机理角度进行研究

汪涛（2002）首次系统地研究了竞争的演进过程，对合作竞争的内

在根源和主导机制进行了分析。

钟映丽、侯先荣（2002）提出，合作竞争是由系统的固有特性决定的，"系统所具有的整体性、目的性、稳定性和适应性等特性，决定了企业必须进行合作竞争"。

桂萍、吴涛（2002）提出了竞争力聚合的说法，他们认为"合作"意味着"双赢"，企业间进行合作不是简单的"1+1=2"，合作使竞争力发生了聚合，达到了"1+1>2"的效果。

陈耀（2003）指出，市场经济是竞争经济，也是合作经济或协作经济。在市场经济条件下企业的运作、竞争与合作不可分割地联系在一起。随着环境变化和技术发展，竞争的含义已经不再是完全意义上的零和博弈式的竞争行为，而是突出多赢的非零和博弈，企业在社会经济网络中以相互依存为特征相互合作并展开竞争，此种关系依存的核心是企业对其他企业核心能力的依赖。

龚敏、张婵（2003）分析了企业间合作竞争的内涵与动因，即基于资源共享和优势互补需要的合作竞争、基于市场竞争需要的合作竞争、基于规模经济的合作竞争。合作竞争的进程就是能动的合作与进化的合作两者之间相互促进与转化的螺旋式演进过程。

衡朝阳（2004）指出，对抗性竞争向合作竞争发展已经成为一种共识。然而，大多数的研究仅说明了合作是一种必然，但对究竟什么才是真正意义上的合作竞争以及如何进行合作等问题却提及较少，而这往往是企业间建立持久合作的关键。

吴昊、杨梅英、陈良猷（2004）从企业间合作竞争关系的复杂性出发，讨论了市场系统自组织演化的基本条件，并引用自适应模型说明了市场系统的演化过程，最后给出了在超竞争环境下企业应对复杂性的战略选择。

王信东（2006）认为，合作竞争是一种新的竞争理念，它有着特定的意义和价值。从无序竞争造成的危害来看，合作竞争是企业的必然选择；从企业效益的长期稳定和提高来看，合作竞争是企业的更好选择；从消费者需求的日益增长和期望来看，合作竞争是真正满足消费者利益的选择。

李振华、赵黎明（2006）研究发现，企业合作竞争系统自组织演化的方向是内生的，企业合作竞争系统的自组织演化，就是该系统作为非线性并远离平衡态的开放系统，在外界条件达到一定阈值时，通过系统内各企业主体之间的相互作用，在时空或功能上从原来状态向新的有序程度演变的动态过程。在合作竞争系统中，合作的主要作用是使企业主体之间产生相互依存关系，并通过合作收益的反馈而改变它们相互依存的程度；竞争的主要作用是为企业主体带来生存和发展的压力，这种压力不仅可以促使企业主体以价值创造环节为基础进行协同发展，还会使企业主体之间就合作收益的分配而展开激烈的争夺。

郭鸿雁（2008）首先将合作竞争划分为经济系统的低层次竞争和高层次合作两个层次，然后深入分析合作竞争的资源整合机理；在此基础上，运用"资源位"概念进一步从哲理和数理两个层次构建合作竞争的理论模型，从而完成关于合作竞争内在机制的定性分析和合作竞争资源整合的定量描述，具体的模型包括竞争排斥模型、合作代替竞争排斥模型以及合作竞争的数理特征模型等。

吴晓伟、楼文高（2010）研究了基于社会网络分析的企业合作竞争，通过对合作竞争的主要形式——战略联盟的社会嵌入性研究，提出基于社会网络分析的合作竞争情报研究基本思路，最终可获得合作竞争态势和战略联盟体中的合作关系模式。并对国内上市公司的合作竞争模式进行实证分析，结果发现国内上市公司基于参股关系的社会网络密度、群聚系数比较小，战略联盟的地域性较强，合作动机多样，联盟体间的合作关系缺乏，联盟内成员地位差异性较大，结构空洞丰富。

曹征、孙虹（2011）研究了隐性知识传递之间的博弈关系对知识传递稳定性的影响，其借鉴共生理论，分别就主体均势和主体非均势隐性知识传递之间博弈的关系进行了论证。研究结果表明，合作与竞争的能力影响均衡值的大小；在主体非均势隐性知识传递中，劣势组织在博弈中相对被动，对合作溢出的吸收能力较弱；组织要根据自己的博弈能力决定在知识传递中的博弈策略。

（3）应用博弈论与信息经济学方法对合作竞争问题展开研究

杨海轮（2002）通过建立两个企业间的博弈模型，对双方合作策略概率进行分析。

曹文彬、何建敏（2002）通过博弈模型分析和数学演算表明在什么情况下合作收益将大于竞争效果。

孙利辉、徐寅峰、李纯青（2002）对比了合作与竞争博弈的优劣，建立了合作竞争博弈模型，并用 Minimax 定理导出求解合作竞争博弈的算法。

李向东、夏云飞（2002）认为，合作竞争已经成为适应社会、经济和环境新变化的企业竞争理念。其从博弈论的角度理解合作竞争的含义，并且论述了在合作竞争理念指导下企业采取的供应链管理模式。

宋冬梅、张云宁（2004）从参与人有限理性出发，建立了企业合作竞争的模型，采用生物学中的"复制动态"机制来模拟参与人的学习与调整机制，用"进化稳定策略"来描述企业合作竞争博弈的长期进化趋势，探讨了企业合作竞争博弈中的复杂性存在的根源，并提出了相应的解决方案。

戴跃强、黄祖庆、达庆利（2008）利用信息经济学理论，从投入产出的角度对一个制造商和一个销售商构成的供应链的营销创新能力进行了分析研究，研究结果表明，制造商与销售商不合作时，为了自身的利益，也会进行营销创新投入，但分别比合作时的投入少。

邓文潇、张汉江（2008）认为供应链的合作竞争已经成为企业战略的首要选择。文章主要研究两条供应链之间信息不对称时的供应链合作竞争问题，采用博弈论的规范方法研究上游企业以合同菜单形式提供的信息甄别模型，试图得到两条供应链上的企业的最优策略，并由此分析不同类型的合同菜单的经济效率。建立了一个包含两条相互竞争的供应链的信息甄别模型用于研究链间信息不对称情形下的信息共享与机制设计，然后讨论了在供应链内信息共享而供应链间信息不共享的情形下的优化合同设计。

李振华、赵黎明、温遇华（2008）基于价值网这种非线性拓扑结构，建立了具有直接供需关系的多个制造商和供应商之间合作竞争的两阶段动态博弈模型，在上下游企业之间采取四种策略组合（非合作-非合作、合作-非合作、非合作-合作和合作-合作）的情况下，对制造商同时独立进行产量决策和联合进行产量决策的情况进行了对比分析，并对制造商独立进行产量决策和联合进行产量决策的情况进行了纵向比较。结果表明，在制造商独立决策的情况下，合作-非合作策略的集体效率最高；在制造商联合决策的情况下，只有合作-合作策略组合有可能成为提高集体效率的有效途径。

高璟（2010）研究了供应链企业间合作关系博弈研究，针对供应链成员企业存在协议松弛的情形，提出了一个新的收益共享期望博弈模型，以探讨供应链系统成员企业合作的生成与改进。得出的结论是：当新博弈的解用于供应链上下游企业间的一般博弈时，可反映出博弈企业双方的最初目标，有助于帮助企业决策者在合作与非合作的共同影响下理性地做出决策。

张晶（2011）研究了产业集群内部企业间的竞合博弈，认为集群内部企业之间，由于存在地理上等多种联系，决定了竞争与合作是这些企业间的必然发展战略。其分析了产业集群内企业间竞争和合作的动机，讨论了集群内企业之间竞合共生的关系和长期发展中的动态竞合博弈。

（4）对具体的合作竞争模式予以探讨

安强身、张守凤（2006）指出，超竞争条件下的企业战略应放弃对抗竞争，走双赢的合作竞争道路。动态的战略联盟是最有效的能够获得双赢的合作方式。

李娟、高爱雄（2007）认为在目前企业之间的合作竞争关系凸显的情况下，网状供应链组织模式更能适应环境迅速变化的时代发展要求，它在交易成本的节约、企业间优势力量的互补方面都有其独特的比较优势。

虽然，国内学者对于合作竞争做了大量的研究，但认识程度还不够充分、全面，对合作竞争的研究也大多停留在简单的分析阶段；大多局限于从经济学或管理学的角度将合作竞争与对抗性竞争相比较，它的理念、推广的必然性和推广形式，或是通过模型分析和数学演算表明影响合作稳定性的因素，分析在何种情况下合作收益将大于竞争效果，从而对合作竞争机制的有效性加以探讨。同时，国内学者并未研究具体行业的合作竞争问题，对实践的指导作用略显不足。

张彤、顾庆良（2010）研究了量子合作竞争演化与仿真，他们通过量子化个体合作竞争状态来分析合作竞争纠缠机制，建立量子合作竞争模型，最终对量子合作竞争演化机制进行理论分析与计算机仿真实验分析。研究结果表明，量子合作竞争机制能够通过合作状态纠缠建立理性个体间稳定的合作关系。

闫莹（2010）研究了基于合作竞争的网络组织演化，探讨了网络组织演化的动力机制以及获取竞争优势的途径，构建了二维竞合战略框架，并基于突变理论构建了组织演化势能模型和网络组织运行轨道模型，明确了网络组织演化的复杂性特征，重新界定了网络组织为一种由多个独立实体（该实体具有主动性和适应性）在竞合共同作用下组成的具有网络结构和复杂演化特征的组织系统，构建了网络组织演化的动力学模型，同时构建了合作意愿在网络组织成员获取竞争优势中作用机制的理论模型。

卓翔芝、王旭、王振锋（2010）研究了基于Volterra模型的供应链联盟伙伴企业合作竞争关系，就主体均势和主体非均势供应链联盟伙伴企业之间合作竞争关系建立了Volterra模型，得出合作与竞争的能力影响均衡值的大小；在主体非均势供应链联盟中，劣势企业在合作竞争中相对被动，对合作溢出的吸收能力较弱；企业要根据自己的合作竞争能力决定在联盟中的合作竞争策略。

阮亚杰、李金玉（2010）研究了基于战略网络的企业竞争优势，认为战略网络是对竞争战略理论、资源基础理论和社会网络理论等三种理论的批判、整合，能从资源和能力因素、结构因素、关系因素以及认知因素四个维度全面、系统地解释企业竞争优势的来源问题。

1.2.2 建筑业视角的合作伙伴关系理论研究现状

1.国外研究状况

在20世纪70年代早期，随着建筑市场的全球化及其不断发展，美国建筑业开始下滑。美国面临着迫切提高竞争力的要求，建筑业被迫需要彻底改变传统的管理方式，建立起一种新型的管理方式，需要寻求一种新的战略管理模式以降低成本和增强在市场中的竞争力。

Partnering 模式定义是美国建筑业协会（CII）在 1991 年提出的，将 Partnering 模式的成效与建筑业的目标密切联系在一起。CII 认为 Partnering 模式是"在两个或两个以上的组织之间为了获取特定的商业利益，最大化地利用各组织的资源而做出的一种长期承诺"。这一承诺要求使传统组织间孤立的关系转变成一种不受组织边界约束，能够共享组织资源、利益的融洽关系。这种关系建立在信任、追求共同目标和理解各组织的期望和价值观的基础之上。期望获取的利益包括提高工作效率、降低成本、增加创新机遇和不断提高产品和服务的质量。

（1）从原理角度探讨建筑业合作伙伴关系的形成与展开

洛兰（Robert K. Loraine，1994）认为美国的项目伙伴关系大多建立于以项目为中心的独立合同中，而不是以双方持续合作形成战略伙伴。通过对英国伙伴关系的借鉴，以建筑项目的特殊工程为对象，对美国伙伴关系提出建议。

龙科（William Ronco，1998）指出，虽然伙伴关系与联盟在组织中被广泛使用，但是许多联盟都以失败告终。促进伙伴关系成功可以从四方面入手：①将所有的关键成员都集中，尤其是要解决沟通交流的问题时；②通过签订"目标陈述"明确伙伴目标；③建立明确具体的沟通程序；④建立共同理解和信任的工具和手段。

程（Eddie W.L. Cheng）、李（Heng Li）等（2001）建立起建筑业伙伴关系观念模型。研究结果表明有以下关键性因素对项目型伙伴关系和战略型伙伴关系起作用，包括：高层管理者的支持、沟通信任、开放的交流以及有效的协调。

沃克（Derek H.T. Walker）、汉普森（Keith Hampson）等（2002）将项目联盟与项目伙伴关系相对比，发现联盟比伙伴关系更易于保护各成员利益，使之不被其他成员牺牲或削弱，联盟中的成员注重分享共同利益，并通过案例分析对项目联盟的本质和如何构建联盟予以分析。

琼斯（Keith Jones）、卡鲁阿奇（Yamuna Kaluarachchi）（2007）通过对注册的社会土地拥有者（Registered Social Landlords）和它的承包商持续四年的战略伙伴关系的研究，发现忠诚和信任是伙伴关系的重要因素。他们通过三种方法对此加以研究：深入的案例分析、KPI 指标分析以及对伙伴关系建立初期的工作小组的调查。

加德（Lars-Erik Gadde）、迪布瓦（Anna Dubois）（2010）研究了伙伴关系在建筑业的应用以及相关问题。从战略层面研究为何一直难以实现潜在的合作伙伴利益，得出了采取有步骤的战略合作伙伴关系，将要修改一些基本假设和规范的行业效率。同时建议区别对待合作伙伴。

（2）从方式角度探讨建筑业合作伙伴关系的展开

海姆斯（Paul E. Himes，1995）指出高级项目管理人员如何在计划阶段和施工阶段建立一种伙伴关系模式，此模式主要包括业主、工程师和总承包商。

马修斯（Jason Mattews）、泰勒（AlanTyler）（1996）提出半项目伙伴关系的方法。

彭（Low Sui Pheng，1999）首先对伙伴关系对建筑业的发展作用予以肯定，然后提出关系营销与伙伴关系存在共同点。他比较了建筑业关系影响与伙伴关系，并从建筑业伙伴关系的实践中汲取经验，应用于关系营销中。

马修斯（Jason Mathews）、珀柳（Leah Pellew）（2000）通过对英国建筑业伙伴关系的近期研究的回顾，以及从建筑质量、项目管理角度加以讨论，他们提出一种标尺形式和实际的伙伴关系方式。

程艾迪（Eddie W.L. Cheng）、李（Heng Li）等（2004）强调学习型组织文化对建筑业战略伙伴关系具有重要作用。学习型文化有利于组织学习以及知识整合，反之又强化了组织文化，并建立三个分析模型。

彼得斯（Lee A. Peters）等（2011）认为，现实项目建设中项目各方投入太多的精力用于解决争端，但缺乏对如何预防产生争端的关注和思考。其认为应该加强伙伴关系训练，奠定项目团队。促进团队卓越的控制设计和施工。这些都证明强化伙伴关系有利于团队的和谐和协作，提高团队实践技能。

（3）通过案例分析方式对建筑业合作伙伴关系进行实证探讨

巴洛（James Barlow）、贾沙帕拉（Ashok Jashapara）（1998）通过对包括大型项目的业主与超过40家承包商与供应商的伙伴关系的案例分析，讨论了知识在组织间的转移对伙伴关系的作用与影响。

奥洛伦尼沃（Fetus Olorunniwo）、哈特夫（Tony Hartfield）（2001）发现在供求关系中，只有被调查的27%的需求方置身于伙伴联盟中，大部分需求方都持有温和、否定甚至敌对的态度。多数的供应方无论是否在伙伴关系中，都愿意向需求方提供相同的利益，因而降低了需求方对形成伙伴关系的积极性。

汉弗莱斯（Paul Humphereys）、马修斯（Jason Mattews）（2003）指出分包商是项目的实际建设者，承包商在职能上更接近于一个管理公司。文章介绍一种利用有限竞争，由英国主要承包商实施，目的在于改进其与分包商的关系的项目采购方式，这种方式会为业主、承包商、伙伴关系分包商以及专业咨询机构提供诸如降低成本、改善团队、减少冲突等许多帮助。

库尔森–塔玛斯（Colin Coulson-Thaomas，2005）通过问卷调查和访谈发现组织中的管理者、协调者对促进伙伴关系与合作发挥重要作用。

福琼（Chris Fortune）、塞蒂亚万（Setiawan）（2005）试图通过对2003年英国住房委员会的100个大项目进行问卷调查，对现行项目采购中的伙伴关系模式加以概括。研究揭示了伙伴关系的两种形式："供应方"和"需求方"伙伴关系。

（4）对前期研究的回顾以及对博弈论方法的运用角度

李（Heng Li 等，2000）认为虽然研究者和实践人员对建筑业的伙伴关系已做出大量研究，但是没有文章对已发表的关于伙伴关系的文献资料予以总结并做出评论。他回顾了美国排名前四的期刊所载的文章，总结出对建筑业伙伴关系的实证研究有四大主题：项目伙伴模式、双重关系的检验、国际伙伴关系培育以及对伙伴关系的特殊应用。非实证研究包括：伙伴关系的种类、伙伴关系模型、伙伴关系的运行过程以及伙伴关系的架构。

埃里克松（Per Erik Eriksson，2007）运用博弈论方法解释施工与设施管理过程供–需双方缺乏合作，存在囚徒困境的尴尬局面。

国外学者对于业主与承包商间的合作伙伴关系在原理、方式方面已做了较为翔实的研究，并通过大量实证分析，进一步阐释了合作伙伴关系在实践中的作用和意义，并提出相应的改进措施及建议。

2.国内研究情况

随着伙伴关系模式成为工程管理界的研究热点，我国大陆学者最近几年对伙伴关系的研究也逐渐增多。

（1）对已有合作伙伴关系模式的借鉴

吕文学、马萍萍等（2003）分析了伙伴关系在中国香港建筑业中的应用情况、实施效果和一般实施程序，总结了中国香港建筑业中的实施特点并提出了国内实施伙伴关系的借鉴意见。

郑其兵、赵修卫、王米娜（2005）认为 Partnering 模式在美国、日本、欧洲及中国香港已经得到广泛使用，与传统项目建设方式相比有较大的优越性，更利于实现项目的目标。

范冰辉、高志瀚、陈栋灿（2011）研究了闽台建筑企业伙伴评估模式，基于德尔菲法，设计了财务、顾客、经营管理、学习成长等四个一级指标，以及各一级指标相应的共计 22 个指标，运用层次分析法，筛选出两地企业在合作中各自对对方的需求，明确合作的目的性，以便提高合作效率，从而为两地建筑市场合作提出实质性的策略与建议。

（2）对合作伙伴关系原理、运行特征的研究

毛友全（2004）对多种项目管理模式进行了对比研究，详细论述了伙伴关系模式的产生背景、运行特征，设计了具有实践指导意义的建设冲突处理系统。

赵振宇、刘伊生（2006）认为 Partnering 是一种有益于项目目标实现的科学的管理方式。Partnering 管理环境下的项目管理以信任、合作、协调、沟通、激励五大机制为特征，提出了一个为实现共同目标所应采取措施的重要度排序的结构化方法。

高辉、杨高升等（2006）分析了伙伴关系模式成功的关键因素。

唐文哲、强茂山等（2006）描述了伙伴关系模式如何组织风险管理体系以及项目风险管理与激励之间的紧密结合。

孟宪海、李誉魁（2006）、孟宪海，李誉魁，李小燕（2006）对伙伴关系模式的组织结构作了一般性探讨。

董传杰、王进（2007）通过对概念和构建步骤的进一步分析，指出

影响伙伴关系模式的主要因素，并给出了克服这些影响因素的建议。

陆绍凯、阎洪（2007）提出适用于中国内地工程项目的伙伴关系应用评估模型，指出影响伙伴关系实施成功与否与项目、组织和管理机制密切相关。

吕文学、陈茜等（2007）运用制度经济学中的交易成本理论分析了建设项目管理过程中传统管理模式与伙伴关系管理模式的区别及伙伴关系模式下的交易成本构成。

万礼锋（2007）指出伙伴关系模式以信任、合作、沟通为特征，将项目实施过程中的风险转嫁、利益对抗发展为通过建立合作实现双赢。运用博弈论对伙伴关系模式中相互信任行为进行研究，指出我国引入伙伴管理模式需要的制度安排。

赵宪博、王姚（2009）在阐述构建集成化项目伙伴关系团队必要性的基础上，提出了项目伙伴关系团队业主主导性、成员动态性和信息交流复杂性的特点。同时，从合同角度，对非合同化与合同化伙伴关系中集成化项目伙伴关系团队的构建进行了分析。

（3）对合作伙伴关系的模式及运作方式进行探讨

张连营、王争朋、张杰（2006）指出，国内建设管理学界对伙伴关系模式的研究既缺乏数量，又缺乏深度和质量，这不仅与我国建筑业体制本身的特点有关，也和国内建设管理相关研究不够活跃有关。他们提出了一个关于伙伴关系模式的概念模型，作为理解伙伴关系模式的框架。

孙皓琦（2006）认为，在强调竞争的同时，不能忽略合作带来的共赢效果。在工程项目的实施过程中，通过虚拟组织建立相互合作的业主和各参与方关系成为可能。

王晓明、贺昌政（2010）研究了建筑业并行工程的伙伴选择对于并行工程在建筑业的开展有重要的意义。他们构建了一个建筑业并行工程伙伴选择模型。它包括确定伙伴选择指标体系，应用质量屋确定指标权重，把模糊综合评价和 AHP 法结合起来进行建筑伙伴选择的评价三个过程。最后给出了按照这个模型进行建筑业并行工程伙伴选择的实施步骤。

（4）从合同和冲突解决角度对合作伙伴关系的研究进行补充

赵宪博（2008）分析了工程项目伙伴关系的三种合同形式（传统合同加项目伙伴关系协议、双边伙伴关系合同，以及多边伙伴关系合同），提出了对项目伙伴关系合同形式的建议。

王达、吕文学（2008）根据建设项目伙伴关系组织结构，分析建设项目伙伴关系下冲突的特点，研究并提出冲突解决的机制模型，从而有效地进行冲突管理，确保项目的顺利完成。

综上，对于建筑业合作伙伴关系的研究，国外学者无论从理论研究方面还是从实证研究方面，都已做了大量工作，研究成果较为体系化；国内学者在推广合作伙伴关系的实用价值上做出了贡献，并构建了适合我国的伙伴关系模式。但是绝大部分国内外学者，都将伙伴关系的研究领域禁锢在业主与承包商之间，默认合作伙伴关系主要发生在业主与承包商之间，而对承包商与分包商间的合作关系缺乏研究。

1.2.3 合作竞争与私立秩序——我国建筑业发展模式研究前沿

国外对于建筑业伙伴关系（Partnering）的研究前沿正逐渐转向对传统伙伴关系研究（以业主与承包商间建立互惠互利的伙伴关系为研究重点）的批判以及对承包商与分包商间合作关系的研究。就目前搜集到的资料看，主要有以下研究成果：

肖（Hong Xiao）和普多夫斯（David Proverbs）（2002）通过一种新的方法比较研究日本、英国和美国承包商在建筑业的表现。研究的焦点是建筑质量，对已完工项目缺陷予以评价，如业主的满意度水平，项目缺陷责任期长短以及对已完工项目的回访次数。并对不同承包商表现差异背后的可能原因予以研究，包括设计周期、业主的反馈意见、质量管理增值体系和质量担保程序。

通过调查作者发现：日本承包商与分包商间的稳固且长期的紧密合作关系对工程项目质量表现做出有力贡献。承包商需要与它们的分包商发展更为紧密的工作合作关系取得共同利益，而不是以转移风险的方式。紧密的工作合作关系能创造双赢。

莱坞（Peter E.D. Love）、伊拉尼（Zahir Irani）、程（Eddle Cheng）等（2002）研究了模型支持下的供应链组织间的伙伴关系。他们认为建筑业高度分散和对抗性的性质，导致它被批评为缺乏创新性。为提高性能，尤其是组织间关系，组织需要考虑联盟形成与其合作伙伴项目。组织模式可以用来支持学习和建立在全面质量管理原则上。合作关系不仅可以改进项目的具体性能，也可以培育文化反思性学习和相互信任。

派克汉姆（Gary Packham）、托马斯（Brychan Thomas）和米勒（Christopher Miller）（2003）指出了伙伴关系的缺点，强调分包商参与合作尤为重要。

潘（Florence T. Phua）和罗林森（Steve Rowlinson）（2004）认为，合作被认为对工程建设项目的成功起着至关重要的作用，然而，至今尚没有对合作以及涉及项目成功的其他相关因素的以经验数据为基础的明确的定量分析。其通过实际调研，并加以统计分析，验证了合作对于项目成功具有举足轻重的作用。

埃里克松（Per Erik Eriksson，2007）认为，尽管分包商的工作占据了大部分，总承包商对于如何与之协调工作仍感到困难。传统上，总包-分包之间的关系具有交易性质，被诸多冲突和不信任羁绊，使得总承包商将转移风险作为分包的目的，导致双方态度敌对。协同承包商与分包商的关系，使之由敌对转向合作是有效进行工程建设的重点。

埃拉斯蒂（Ander Errasti）、比奇（Roger Beach）、奥雅比德（Aitor Oyarbide）等（2007）做了关于建筑行业分包商与伙伴关系的实证研究。他们探讨了执行伙伴关系的发展过程和评价的实用方法和指南，可用于从业人员和顾问在建筑行业促进发展有效的伙伴关系。

国外学者对承包商与分包商间合作的研究主要从实证角度展开，验证承包商与分包商间展开合作对项目建设能够起到促进作用，却忽视了对二者合作的理论探讨。

对于承包商与分包商间的合作竞争问题，国内研究很少涉及，对业主-承包商-分包商间的合作竞争问题的研究成果也相对较少。就目前掌握的资料而言，王力、项勇（2005）在"建筑企业联盟合作机制问题研究"中运用模型化方法探讨了建筑企业联盟合作机制的设置，并简要分析了合作机制的设置以维持联盟的稳定性；刘文学（2008）在"建筑企业的合作竞争方式研究"中探讨了建筑企业如何选择合作竞争的方式以及适当的运作模式，以此来为顾客和股东创造最高价值，实现"双赢"或"多赢"的目标，共同顺应竞争日趋激烈的市场要求。虽然上述学者在建筑业合作机制的研究上做出了尝试，但在详细分析建筑业合作竞争问题方面仍不够充分，国内研究尚处于起步阶段。

1.3　研究内容与方法

1.3.1　本书研究框架及研究方法

1.研究框架

本书将建筑业合作竞争问题分为三个体系和结论与展望：理论体系（第1章、第2章）、运行体系（第3章、第4章）、保障体系（第5章），及结论与展望（第6章）。

（1）第1章为引论部分

①问题的提出。在对建筑业支柱产业地位宏观背景分析后，指出我国建筑业仍处于从计划经济向市场经济的转轨期，市场运作过程中体现出竞争机制不健全，竞争无序情况较为严重，在此背景下提出建筑业合作竞争问题，具有较强的理论意义及现实意义。同时，对相关基础概念和研究内容予以明确界定。

②文献综述。从管理学角度国内外学者对企业合作竞争理论的研究和从建筑业角度国内外学者对合作伙伴关系的研究两方面阐述，同时结合建筑业合作竞争方面研究的前沿，提出建筑业合作竞争问题在国内外的研究尚处于起步阶段。

③内容概述。对研究的思路与框架、研究方法和创新点予以概述。

（2）第2章为理论基础部分

①理论假设。通过古典经济学、制度经济学、新经济社会学理论假设的对比分析，提出理论假设：长期经济理性假设；竞争行为镶嵌假设。

②提出基于制度经济学、新经济社会学与管理学组织理论的建筑业合作竞争理论，包括：资产专用性与交易费用是促进建筑业合作竞争的内在要求；建筑业组织镶嵌于行业环境是促进合作竞争的外在条件；建筑业组织间的强连带和弱连带优势是促进合作竞争的纽带，建筑业组织融入社会合作系统是实现合作竞争的动力。

③概括地介绍在研究过程中所使用的博弈论与信息经济学分析技术，主要包括：博弈论在建筑业合作竞争中的应用，基于逆向选择和道德风险的委托-代理模型分析框架，以及基于合作博弈论的分析框架。

（3）第3章为建筑业合作竞争模式

本章是核心章节，包括三部分：

①合作竞争问题的引出。在此部分中，从建筑业弹性生产力与"金字塔"市场结构谈起，引出传统竞争模式和建设方式体现出的是刚性生产力，无法适应弹性生产力要求，而合作竞争模式可以适应此要求。

②构建合作竞争模式。首先，运用委托-代理分析框架对传统竞争模式下的逆向选择和道德风险问题予以分析。其次，对承包商与分包商进行合作竞争的必要性和可行性予以分析。此节借鉴了 Florence T. Phua 和 Steve Rowlinson（2004）对英国建筑业合作模式的实证分析，以及 Hong Xiao 和 David Proverbs（2002）对日本建设业合作模式的实证分析。最后，对建筑业合作竞争主体的扩展分析。通过对传统伙伴关系及其不足的分析，将业主融入建筑业承包商-分包商合作框架，提出业主对合作竞争模式的推动作用，并借鉴了 Per Erik Eriksson（2007）的案例分析，提出推进建筑业合作竞争模式的技术措施。

③合作竞争模式运行机制的模型构建。运用合作博弈理论对合作竞争模式的具体运行中的6大机制（合作的促进机制、利益分配机制、互为监督的监督机制、奖惩机制、信誉机制以及剩余分配的激励机制）进行模型分析，并得出结论。

④典型案例分析。通过对具体工程项目合作竞争方式的分析，进一步解释了合作竞争模式6大运行机制，并为我国建筑业合作竞争机制的顺利运行提供了实践借鉴。

（4）第4章为建筑业合作竞争的虚拟化

本章是在第3章的基础上对构建的合作竞争模式的进一步深入研究。通过建筑业特有的虚拟建设方式，合作竞争模式可由项目型向战略型扩展。以项目文化为特征的项目型合作竞争将有利于项目团队建设，并发挥企业层次的核心竞争力，但是随着时间的推移、建筑技术的普及，核心竞争力会逐渐具有核心刚性。基于战略联盟的战略性合作竞争模式则会降低核心刚性，形成战略弹性，并使企业及行业逐渐具有长期持续竞争优势。通过对意大利建筑企业 Dioguardi 和美国建筑企业 Beacon 长达5年的战略型合作竞争案例的研究得出，建筑业合作竞争由项目型到战略型的过渡具有可实现性。

（5）第5章为建筑业合作竞争模式私立保障路径

在合作竞争模式下，长期利益、行业网络关系是各建筑企业以及整个行业发展的要素，私立秩序成为合作竞争模式的有效保障方式，建筑业应从强化关系契约、建立行业信任、重视工程保证担保、完善行业协会四个方面入手，保障建筑业合作竞争体系的有效运行。

①强化关系契约。正式合同是建筑业的契约主体，有必要对正式合同激励方式加以模型分析。通过正式合同与关系契约的比较、评价得到结论：当交易方高度重视未来，并且外部绩效评价质量较低时，关系契约最有效，此结论适用于建筑业。强化我国建筑业关系契约以促进合作竞争模式实现，主要从系列化标准建设合同示范文本，完善合同内容，建立早期预警程序等方面入手。

②建立行业信任。信任对行业合作及发展具有重要意义。信任制度体系包括作为正式制度的法律制度和作为非正式制度的信誉制度。在建筑业合作竞争过程中，信任的作用体现在：增强合作关系的灵活性、树立企业信誉和获得社会资本。面对我国建筑业信任的诸多问题：工程款拖欠问题、"阴阳合同"现象、挂靠、违法分包问题、项目进展过程中运作不规范、舞弊现象严重等，应积极建立统一的信任标准，完善行业信息平台，建立行业信息披露制度和奖惩制度，营造长期共赢的行业氛围，以促进建筑业合作竞争。

③重视工程保证担保。通过阐释工程保证担保的种类，着重分析业

主支付担保及留置权问题，以及留置权下的承包商付款担保。目前，我国应加快不动产留置权立法的步伐，完善《中国人民共和国建筑法》；积极培育专业保证担保机构；充分发挥政府在推行工程保证担保制中的作用；建立社会信用制度，规范和完善工程担保市场的信息披露；建立结合工程进度的付款制度；发展工程保险，满足工程保证担保配套需要，维护建筑业的运行秩序，促进建筑业公平、有序竞争。

④完善行业协会。行业协会源于私立贸易秩序，通过对英国建筑业协会分析后得到启示，提出今后建筑业监管部门应力求放松管制，充分发挥行业自律功能，构建水平模式与垂直模式的行业协会，提高行业协会人员素质，加强立法、改变审批制度，以促进行业协会自律、自强，维护建筑业合作竞争关系的长期发展。

（6）第6章为结论及展望

本章是对全文研究的总结，并对未来后续研究予以展望。

2.研究方法

（1）规范分析与实证分析相结合的方法

①规范比较分析

横向比较：不同国家的比较，本书主要使用了英国、日本与我国建筑业情况的比较方式；纵向比较：对传统竞争框架下的行为与合作竞争框架下的行为纵向比较分析。

②典型案例实证分析

借鉴国外学者对项目建设中，承包商与分包商建立合作关系的实证调研分析；业主在推进承包商与分包商的合作中所起到的推动作用的实证调研分析；以及调研典型案例实证分析。

（2）定性分析与定量分析相结合的方法

①定性分析

本书以承包商与分包商的合作竞争为研究的核心问题，分别讨论了在传统竞争框架下无序竞争的原因，以及双方进行合作竞争的必要性和可行性，对合作竞争运行机制进行了设计，并在此基础上探讨了由项目型合作竞争向战略型合作竞争的虚拟化问题，最后构建了建筑业合作竞争的私立保障体系。

②定量分析

主要应用博弈分析法进行定量分析，本书运用了非合作博弈方法对传统竞争框架下的委托-代理关系中的逆向选择和道德风险加以分析，并运用合作博弈方法对合作竞争模式下的运行机制加以模拟，并得出研究结论。

1.3.2　本书主要创新点与不足

1.主要创新点

（1）拓展了建筑业合作竞争理论

在管理学研究范畴内，借鉴了制度经济学及新经济社会学理论，拓展得到建筑业合作竞争的管理学理论，提出交易费用与资产专用性是促进建筑业合作竞争的内在要求，建筑业组织镶嵌于行业环境是促进合作竞争的外在条件，建筑业组织间的强连带和弱连带优势是促进合作竞争的纽带，以及建筑业组织融入社会合作系统是实现合作竞争的动力等命题。

（2）构建了传统竞争模式下的建筑业"逆向选择"与"道德风险"模型及合作竞争模式下的承包商与分包商间的利益分配模型

由于合作竞争问题涵盖了合作和非合作两方面，因而，在研究中分别考虑了合作和非合作两种情况。通过对合作博弈理论和非合作博弈理论的运用，引入了适当的博弈论分析模型，更为合理地解释了现实中建筑业存在的问题，并针对传统竞争模式和合作竞争模式分别构建了分析模型：运用委托-代理理论，构建在传统竞争模式下，业主、承包商与分包商间的"逆向选择"和"道德风险"模型；运用合作博弈论中的Shapley值，构建在合作竞争模式下，承包商与分包商间的利益分配模型。

（3）提出了建筑业合作竞争的私立保障路径

合作竞争更多地需要各经济主体自发进行维护，从这一角度分析，建筑业合作竞争的保障更多依赖于私立保障，即通过建立私立秩序对合作竞争机制的运行进行有效的保证和维护。在建筑业，长期的合作竞争关系若要得以维系，必须通过关系契约的执行、交易中奉行的信任准则、工程担保保障方式以及散布信息的行业协会网络共同构建。基于此点，提出我国建筑业应以强化关系契约、建立行业信任、重视工程保证担保和完善行业协会为私立保障路径，保障建筑业合作竞争模式顺利运行。

2.研究的不足

（1）对合作博弈研究方法的应用有待深入

本书在应用合作博弈理论进行研究时，更多地注重运用合作博弈思想诠释建筑业合作竞争模式的运行机制，而对合作博弈方法的应用不够深入。除利益分配模型外，模型的构建多参考其他学者的近期相关研究成果，目的在于通过引入恰当的研究方法，构建合作竞争模式的六大运行机制，深化研究的核心问题。博弈论作为经济学主流研究方法，具有较高的应用价值，希望通过后续的学习和研究，对合作博弈理论有更深的认识和掌握，并在熟练运用此方法的基础上，继续深入分析建筑业合作竞争问题。

（2）调研资料尚需完善

鉴于合作竞争问题在国内建筑业理论研究成果较少，并且在实践中有待应用和检验，调研具有一定的难度。所以，本书在写作过程中对第一手资料缺乏系统的调研和整理，其所使用的调研资料多来自于国内外学者对此相关问题的实证分析。通过对社会网络理论的研究发现，对合作竞争问题的研究可以借鉴社会网络关系研究中的数据调研方法进行更为系统的研究。在后续研究中，希望可以运用社会网络分析方法，通过搜集和整理第一手调研资料，深化研究成果。

1.4　本章小结

建筑业在国民经济发展中占有举足轻重的地位。尤其是近年来，建筑业发展迅速，发挥着支柱产业的重要作用。我国的建筑业从1984年学习鲁布革水电站引水系统工程项目管理经验开始，在吸取大量国外施工管理经验的基础上得到快速的发展，并取得巨大的成绩。但从建筑市场运行过程看，仍存在不足之处，主要表现为行业竞争混乱，建筑市场秩序、竞争机制尚待培育和完善。原建设部于2005年颁布的《关于加快建筑业改革与发展的若干意见》提出：通过有序竞争，建立健全现代市场体系，创造公平竞争、规范有序的建筑市场环境，更好地发挥建筑业在国民经济发展中的支柱产业作用。建筑业合作竞争问题正是基于此背景而提出的。

对合作竞争问题的研究始于管理学领域，大量国内外学者对此问题进行理论研究和模型推导，对合作竞争机制的有效性加以探讨。建筑业对于合作竞争问题尚无理论研究，对于建筑业合作与竞争问题的研究始于建筑业伙伴关系理论，其特点是绝大部分国内外学者都将伙伴关系的研究领域禁锢在业主与承包商之间，默认合作伙伴关系主要发生在业主与承包商之间，而对承包商与分包商间的合作关系缺乏研究。对国外最新文献查阅后发现，近年来国外学者对建筑业竞争问题的研究前沿正逐渐转向对传统伙伴关系研究（以业主与承包商间建立互惠互利的伙伴为研究重点）的批判以及对承包商与分包商间合作关系的研究。因此，选择合作竞争问题作为建筑业竞争机制研究的视角，符合理论前沿研究要求。

本书主体共由6章组成，运用了规范与实证相结合、定性与定量相结合的研究方法，拓展了建筑业合作竞争理论基础，提出了建筑业合作竞争模式，构建了传统竞争模式下的建筑业"逆向选择"和"道德风险"模型、合作竞争模式下的承包商与分包商间的利益分配模型，并提出了建筑业合作竞争私立保障路径。

2 建筑业合作竞争理论基础

2.1 理论假设

2.1.1 理论假设的简要阐释

1.新古典经济学关于人的行为的假定

市场经济所追求的完美状态是基于新古典经济学的经济理论。自亚当·斯密开始，经济学家对于未来经济的构建通常以新古典经济理论的系列假设为前提。其中，最具有代表性的假设是"完全理性"的经济人假设，以及由此派生的经济人"自利"假设，即假定经济主体能够合理利用自己所搜集到的信息，去估计不同结果的各种可能性，然后最大化其期望效用，这是许多新古典经济学理论模型的基石。

经济人（economic man）通常是指那些在实用意义上的理性的人。新古典经济学认为，在理想情况下，经济人具有完整的、充分有序的偏好，完全的信息和准确的计算能力。经过分析和权衡，他能选择比其他人更好地满足他的偏好的行动。理性的经济人是会占便宜的人，在价格上，他付出的决不会多于他所要求的，或得到的决不会少于他可能得到的。换言之，经济人按边际收益大于边际成本的原则行事。

新古典经济理论将完全竞争作为市场经济的理想状态，寻求资源在"自利"经济人中达到最为完美的配置。在新古典经济理论的驱动下，在"完全理性"经济人假设前提下，以充分竞争为模式的市场经济的建立过程中，曾一度出现难以抑制的欺诈现象和恶性竞争的市场行为。

随着大工业的兴起，企业制度的不断完善，对于企业管理的研究日益深入，一批管理学大师通过实证研究发现，"完全理性"假设不能指导实践，因为现实中的人是"有限理性"的人。同时代的一批被警醒的经济学家发现，制度、文化、习惯、信仰等应被纳入经济分析中，其中以科斯、威廉姆森为代表，由之形成的经济学派称为新制度经济学派。

2.新制度经济学关于人的行为的假定

新制度经济学的代表人物科斯指出，人类行为远比传统经济理论中的财富最大化的行为假定更为复杂，非财富最大化目标也常常约束着人们的行为（第一个假定），当代制度经济学应该从人的实际出发来研究人，这表明新制度经济学对人的行为假定要更接近现实。诺斯把诸如利他主义、意识形态和资源负担约束等其他非财富最大化行为引入个人预期效用函数，从而建立了更加复杂的、更接近于现实的人类行为模型。此假设承认了人与人之间寻求长期合作可以成为目标，并能够实现。

新制度经济学关于人的行为的第二个假定涉及人与环境的关系，即有限理性（bounded rationality），这是由阿罗引入的一个原理。用他自己的话说，有限理性就是人的行为"既是有意识的、理性的，但这种理性又是有限的"。在诺斯看来，人的有限理性包括两个方面的含义：一是环境是复杂的，在非个人交换形式中，由于参加者很多，同一项交易很少重复进行，所以人们面临的是一个复杂的、不确定的世界，而且交易越多，不确定性就越大，信息也就越不完全。二是人对环境的计算能力和认识能力是有限的，不可能无所不知。虽然格兰诺维特认为此假设是一种心理主义修正，但需要承认的是它比新古典经济学中关于人的行为的假设更接近现实。

新制度经济学关于人的行为的第三个假定是人的机会主义行为倾向（opportunism）。人会对自我利益有考虑和追求，人具有随机应变、投机取巧、为自己谋取更大利益的行为倾向。此假设对于现实存在的寻租问题提供了有力解释，并认可规制具有重要意义。

3.新经济社会学关于人的行为的假定

在经济学分支成熟、完善的同时，与经济学割裂已久的社会学分支逐渐与经济学融合，形成经济社会学派，一群社会学家把个人影响、传播效果（diffusion effects；Rogers，1995）、示范效果、门槛模型带入经济讨论之中。其中影响较大的是被提名诺贝尔经济学奖的社会学宗师——格兰诺维特开创的新经济社会学。

（1）对于新古典经济学的批判

格兰诺维特1985年在《美国社会学刊》（AJS）上发表的"社会结构与经济行动"中以经济学中的新古典理论架构为比较对象，清楚地反衬出社会网理论在研究经济行为时的轮廓，开创了新经济社会学学派（罗家德，2005）。新古典经济学的理论框架始终研究个人如何在有限资源下作抉择，格兰诺维特将此批判为"低度社会化"，他认为新古典经济学的理论框架只考虑了个人动机而忽略了社会情境、社会制约，在消费者行为的经济分析上有两个不足：

第一个不足是非社会的，忽略了人做任何决定的时候都有其外在的社会结构存在，其决定也深深受到个体在社会结构中所存在的位置的影响，受到整个社会价值的制约。

第二个不足是非动态的，人所作的决定不是一个静态的单一的决定，而是不断与对方互动，不断受对方影响，不断调整策略的动态过程。两人互动不止，在求两人间的均衡，更在于非理性的交互影响与情感因素。

（2）对新制度经济学的批判

新经济社会学不排斥人的理性假设，认为制度经济学所谓的有限理性假设是一种心理主义纠正，格兰诺维特从不认为理性行动理论错了，只说假设"太狭窄"，需要补充以社会情境的解释变量（罗家德，2007）。他认为人的理性应当有更广阔的意义，应当考虑更多的因素，比如人际关系、心理因素等，制度经济学对这些因素没有完全考虑。

新经济社会学假设是在新古典经济学理性假设。制度经济学有限理性假设的基础上，综合了人际关系因素的，更为完善的经济假设。

2.1.2 理论假设

1.新古典经济学理论不适用于建筑业实践

首先，新古典经济学的"完全理性"假设不适用于建筑业。建筑业是实践性行业，"完全理性"假设适用于理论探讨，但不适用于建筑业实践，因为现实中的个人和企业都是新经济社会学含义的广阔的"理性"，此种经济理性更愿意考虑长期利益，而非短期收益。

其次，完全竞争市场理论不适用于建筑业。完全竞争市场理论为人类构建了一个完美、完整和完全的市场模型，在此模型中，参与市场竞争的企业不计其数，每个企业所占据的市场份额微乎其微，超额利润为零，信息完全，竞争充分。而建筑业实际的市场竞争状况无法符合理论模型的要求。因此，以新古典经济学作为建筑业经济分析的理论工具是有局限性的。

2.新制度经济学假设不完全适用于建筑业实践

首先，虽然新制度经济学理论把诸如利他主义、意识形态和资源负担约束等其他非财富最大化行为引入个人与其效用函数，从而建立了更加复杂的、更接近于现实的人类行为模型。但其"有限理性"假设没有包含"人际关系"因素，也就是说，"有限理性"假设不具备完全性。

其次，新制度经济学理论没有把研究对象放置于竞争对手及行业环境中，它的研究难以把微观个体行为与宏观经济秩序相联系，不便于从行业角度研究经济行为。

当然，较之新古典经济学，新制度经济学的理论更贴近实际，具有一定的先进性，交易费用理论作为新制度经济学的代表理论，对研究具有一定借鉴作用。

3.新经济社会学理论假设可以适用于建筑业实践

在批判新古典、新制度经济学理论的基础上，新经济社会学在作经济行为分析的大型理论概念框架包括了：

（1）经济行为是嵌入社会网络的，所以人际关系会影响经济行动。

（2）经济行为有其理性的一面，所以人际关系有其实用的可被计算利得成本的一面，这正是社会资本的概念。但人在经济决策中也有非理性的一面，人际关系所带来的信任与情感因素也会左右个人的经济行动。

（3）信息是不完全的，而且信息的流转正是受社会关系与社会网结构所影响的。

（4）个人的效用不是孤立的，个人会随时受到有关系的他人影响而改变效用函数。

（5）个人的社会结构位置会影响到其资源、信息的取得，也会影响到所受到的社会制约，进而影响其经济行动。

采用新经济社会学假设作为研究假设是符合建筑业经济环境的客观要求的。现实情况显示，建筑业是一个"讲人情、顾面子"的行业，这与中国传统文化无法分离。承包商为了能够承揽到工程项目，走关系、行贿、行业挂靠、借用资质等现象屡见不鲜，这些不正当的竞争行为破坏了行业发展的规则和制度，但是不得不承认，在中国，"面子""人情""关系"是开展社会联系和交往的基础，建筑业不可能彻底排除这种人文因素。所以，"人际关系"成为建筑业理论研究不可回避的问题。采用新经济社会学假设作为行业研究的基础，可以对建筑业诸多问题提供更为有力的解释。

4.本书的理论假设

（1）长期经济理性假设

建筑业内各企业是长期经济理性的，追求的是长期收益最大化，而不是短期收益最大化。此假设包含两点含义：第一，企业间展开竞争是基于经济理性的，最终目标是追求利益的最大化。这种理性包含了多种因素：收益、制度、文化、惯例、人际关系与企业的长远发展。第二，企业间竞争的目的不是短期收益最大化，而是长期收益最大化。长期收益包括：经济收益、市场份额、持续核心竞争力等。换言之，建筑业内各企业更注重长期理性，既考虑自身经济利益，又兼顾惯例、制度、人际关系等非经济因素，视野更为长远，以获得持续竞争优势。

（2）竞争行为镶嵌假设

由于竞争行为发生于建筑业内部，建筑企业从相对宏观的角度考虑各自的竞争行为及行业竞争机制。因此，将企业间的竞争行为镶嵌于竞争环境是符合实际的。同时，不同竞争主体之间具有一定的联系，这种联系可以是竞争者之间的对抗性竞争联系，也可以是竞争者与非竞争者之间建立的某种长期合作伙伴关系。竞争与否、合作与否均属于建筑业内各企业的自主选择问题，无论作何选择，它们的合作、竞争行为都镶嵌于竞争环境，镶嵌于行业环境，并镶嵌于社会环境之中。

社会关系网络是企业获取资源一种重要的途径。从形式上说，资源包括物质资源和非物质资源。资源具有稀缺性，企业通常追逐资源以期望获取最大利益。社会关系网络可以成为资源的载体，所谓社会关系是指人们在社会生活中结成的相互关系。只有在社会关系中，企业的资源才有意义。

正如格兰诺维特所指出的，与工作相关的交易活动往往与社会关系模式相重叠（Granovetter，1985）。即业主关系嵌入于社会网络，企业内部和企业之间交易的模式可能与从纯粹经济学所期望的模式不相一致。人们可能更愿意选择与自己有友谊或血缘联结的人进行生意往来，将他们作为长期缔约的伙伴或其他合作者，而不是在完全自由竞争的公开市场上寻找交易伙伴。此点与经济社会学派的镶嵌（embeddedness）方面的有关论点相一致。

2.2　新制度经济学理论

2.2.1　交易费用与资产专用性理论

科斯在《企业的性质》一文中对新古典经济学的交易费用为零的假设作了典范性的突破，回答了企业的起源或纵向一体化的原因，并提出了"交易费用"的概念，这成为新制度经济学的理论基石之一，进而提出了企业的存在是为了节约市场交易费用，即以费用较低的企业内交易替代费用较高的市场交易。交易费用理论的提出最初针对的是企业本身，而后随着交易费用理论的完善，逐步拓展为更为宏观的领域，应用于企业间、行业内，以及行业间的问题。

根据交易费用理论，企业进行交易，不仅是为了获得商品，而且是为了获得交易价值，因为只有获得交易价值，从交易中获得合作剩余，这样的交易才是一次帕累托改进，才符合经济效率。如果交易费用大于交易价值，交易就不可能发生。交易费用与交易价值之比，就是交易效率，提高交易效率成为实现双赢目标的重要途径。

威廉姆森认为，交易费用的存在取决于三个因素：受到限制的理性思考、机会主义以及资产专用性。机会主义描述了"交叉的追求利润的利己主义"。资产专用性是指耐用人力资产或实物资产在何种程度上被锁定而投入一特定贸易关系，因而也就是在何种程度上他们在可供选择的经济活动中所具有的价值。资产专用性的高水平意味着双边垄断的存在。按照威廉姆森的观点，倘若受到限制的理性思考、机会主义和资产专用性这三个因素不是同时出现，交易费用就不会存在。当然，在格兰诺维特眼中，威廉姆森的有限理性实际上是一种广义的理性，这与交易费用理论的借鉴并无矛盾（卢现祥，2003）。

交易费用的产生实际与资产专用性密不可分。资产专用性的产生主要是由于沉没成本，也就是一项投资一旦做出之后，若再改作其他用途就可能丧失全部或部分原有的价值，这部分价值的丧失是不可弥补的。威廉姆森认为有三种资本具有资产专用属性：特殊实物资本、特殊人力资本和有特殊地点的资本。特殊实物资本指的是只可由一家或几家买主使用的建筑和机器；特殊人力资本指的是产品的生产需要经过特殊培训的工人来进行；特殊地点的资本是处在相邻位置上的生产连续阶段的资本。

2.2.2 交易费用与资产专用性是促进建筑业合作竞争的内在要求

按照科斯的观点，任何行业都存在交易费用，从交易中获得合作剩余是交易产生的前提。建筑业是存在交易费用的行业，建筑业合作竞争通过一定程度的合作，可以降低交易费用中的信息搜寻费用、谈判费用、缔约费用、监督履约情况的费用、可能发生的处理违约行为的费用，从而达到了降低交易费用、提高交易价值的目的[①]。建筑业通过合作竞争在交易费用角度提高了合作剩余，使交易费用与交易价值相比，更具有效率。

自亚当·斯密以来，经济学一直将专业化程度的提高与效率的提高、资源的节约相联系。然而在经济发展中出现了与分工、专业化相反的趋势——纵向一体化。威廉姆森认为，影响交易种类和交易费用大小的有三个维度，即交易发生的频率、不确定性和资产专用性。一般来说，多次发生的交易较一次发生的交易，更需要经济组织来保障；不确定性的存在，使得应变的连续性决策具有重要的意义；而当资产专用程度加深时，出于追求契约保障的需要，纵向一体化才会出现，它更能体现出企业在资源配置方面的优势。建筑业合作竞争实际上正是基于资产专用性的纵向一体化过程。建筑业是资产专用性较强的行业，建筑业的专用性资产，比如大型设备资产，由于资金投入较大，使用周期长，资金占用性强，对于不从事或极少从事某一技术专长的建筑企业，通常放弃自购大型设备，通过租用或外包使业务正常运行。也就是说，专用性资产具有特定的用途和使用范围，是某些企业所特有的技术能力，其他企业可能无法具备。同理，比如人力资产，专门从事劳务施工的劳务分包企业，它们所拥有的人力资产是其他企业不具备的技术资产，具有排他性和专用性。交易费用的存在及企业节省交易费用的努力，是促进建筑业合作竞争的一大动力。建筑业通过强化资产专用性特征，可以集约和整合不同专用性资产，使之发挥更大的效用。交易费用和资产专用性共同作用，极大促进了建筑业合作竞争机制的建立。

---

① 卢现祥. 西方新制度经济学 [M]. 北京：中国发展出版社，2003：3-13.

2.3　新经济社会学理论

2.3.1　新经济社会学镶嵌理论

波兰尼（Karl Polanyi，1957）最先提出"镶嵌"一词，强调经济行动乃是一个制度化的社会过程，而格兰诺维特运用"镶嵌"指出这个社会过程应被视为人际互动过程。格兰诺维特强调，人际互动产生的信任是组织从事交易必要的基础，也是决定交易成本的重要因素。他批评新古典经济学的观点预设了一个拥有完整的自由意志的行动者，以经济理性的成本效益分析决定其行为，将其称为"低度社会化观点"（undersocialized approach；Granovetter，1985：483）；他也不赞同霍布斯（Thomas Hobbes）早在17世纪提出的"自然状态"（state of nature）或罗尔斯（John Rawls）的"原始情境"（original position）观点。他否定人作为漫无秩序、任意而为的完全没有自由意志的行动者，百分之百地屈从于社会压力，以"一般道德"保证人人遵守规范，形成经济制度的观点，并将其称为"过度社会化观点"（oversocialized approach；Grannovetter，1985：483）。"过度社会化"的个人一旦其所属的社会及社会类型为已知，只能做出社会要求其应该做的行为，而当人们既无社会关系也无制度规范时，信任和诚实是不存在的。他认为这两个观点都把社会中的个人作为"社会性孤立"的人，忽略了行为当时的社会情境，以及人与人交往的互动过程。同时，"低度社会化观点"主张对于"自利"的经济人应当依靠法律与制度建立经济秩序；"过度社会化观点"主张既然行为人遵从"一般道德"，那么经济秩序可以自发形成。

格兰诺维特指出，信任与经济秩序产生于人与人的经济交往过程中，大多数的交易都镶嵌于社会网络之中，在交易网络中，为了使交易关系维持，交易行为顺遂，也为了取得良好的商业信誉，使交易对方产生信任，扩大自己的交易网络，互动双方都会自制，欺诈行为因此受到制止，经济秩序也因此能够维系（罗家德，2007：10）。"镶嵌"观点调和了低度与过度社会化的观点，又避免了"社会性孤立"的假设。他一方面保留了个人的自由意志，另一方面又把个人的行为置于人际关系互动网络中加以观察，强调行动者在做一项经济行为时，固然有自己的理性算计与个人偏好，但他的理性与偏好确实是在一个动态的互动过程中做出行为和决定的。他和周遭的社会网络不断地交换信息，搜集情报，受到影响，改变偏好，所以行动者的行为既是"自主"的，也"镶嵌"在互动网络中，受到社会脉络的制约。

2.3.2 建筑业组织镶嵌于行业环境是促进合作竞争的外在条件

按照镶嵌理论的观点，任何一个经济行为都镶嵌于社会网络之中。建筑业的人际互动过程是实践中无法回避的一个问题，但在理论研究中通常被忽视，这导致理论研究与实践相脱节。在行业实践中，商业贿赂、串通投标等与人际关系密不可分的不正当的竞争行为正在日益侵蚀着我国尚不健全的建筑市场和行业体制，违法、非法的竞争行为屡见不鲜，良好、健康的行业竞争机制尚未形成。

在此理论前提下，对建筑业竞争机制的研究重点是在一个行业网络之中的企业个体应当如何通过建立合作竞争关系，在动态的互动过程中互相作用，影响个体行动，改变互相的关系，从而影响整体行业结构。从此角度加以研究既可以避免行业内企业低度与过度社会化，又防范了"社会性孤立"的错误，即一方面保留了建筑企业的自由意志，另一方面又把企业的行为置于行业合作竞争关系互动网络中观察，强调企业在做一项决定时，有其自由空间，固然有自己理性的算计与个体偏好，但个体的理性与偏好却在一个动态的互动过程中被决定。企业同时具备"自主能力"与"嵌入网络"特性，既保留了个性又兼具了社会结构的制约，这为建筑业合作竞争机制的研究奠定了良好的理论基础。

承包商、分包商等建筑企业从其社会关系网络中获取资源是一种重要的获得企业资源的途径。资源具有稀缺性，行动者通常追逐资源以期望获取最大利益。在这里，资源包括物质资源和非物质资源。社会关系网络可以成为资源的载体，只有在社会关系中，即企业在社会生活中结成的相互关系中，企业的资源才有意义。

　　企业从社会关系网络中获取资源主要有两种方法：继承和自制。公正的社会通过各种制度保障每一个体通过自己的努力取得成功，个体通过努力获取资源并不排斥社会关系网络。相反，个体总是依赖社会关系网络并以此为前提才能得以进一步发展。个体所在的社会关系网络潜存的资源大小对其后天发展起着制约作用，因为个体总是在既有的社会关系网络中完成其社会化过程，这是一个漫长的时期，每个个体不得不依赖这一网络作为社会支持系统。社会网络在社会资源获得中的重要性，使得建筑企业把社会关系网络本身视为一种特殊的资源，被称之为社会资本①。建筑企业不但需要资源，更需要社会资本①。

2.3.3　新经济社会学弱连带与强连带优势理论

　　连带强度（strength of a tie）可以通过"在某一连带上所花的时间、情感投入程度、亲密程度（相互信任）以及互惠性服务等的综合"来加以测量（Granovetter，1973：1361）。强连带是指那些经常发生的、持久的和充满情感的关系（Krackhardt，1992：218-19），而弱连带是指那些偶尔发生的、疏远的关系（Hansen，1999：84）。

　　魁克哈特（Krackhardt，1992）提出"强连带优势理论"，他认为情感网络（friendship network）产生于员工与他人之间的友谊或谈论私事的过程当中，因此网络资源的内涵即在于情感交流的相关信息。从个体社会资本的角度来看，一个员工被越多人视为情感依赖的对象，他对别人的影响力也越大，在很多时间上他的动员能力就越强，这就是"强连带优势"理论的内涵（the strength of strong ties）。边燕杰（Bian，1994、1997）在回顾了中国学者所进行的研究后明确地指出，有关强连带的研究亦应扮演不可被忽略的重要角色，因为中国社会的求职，"人情"比信息更重要。弱连带提供了人们取得自身所述的社会圈之外的信息管道，但是强连带对人们的行动提供了信任的基础（Granovetter，1985），借由信任关系，人们才愿意提供"人情"的帮助。

　　格兰诺维特首先提出了"弱连带优势"理论（the strength of weak

---

① 张缨. 信任、契约及其规制［M］. 北京：经济管理出版社，2004：98-99.

ties；Granovetter，1973）。他认为，弱连带较之于强连带有更好的信息
传播效果，强连带则可以传递信任干预影响力等资源，并带来情绪
支持。

对于强连带和弱连带的概念可以用图2-1表示。

图2-1　不可能三方组和强连带

通常图2-1中的（1）在社会网络理论中被称为"不可能的三方
组"，含义是A和B是熟悉的关系，同时A和C也是熟悉的关系，由于
AB、AC间是一种微弱的联结力量，B和C通常被认为是难以熟识的。
所谓"不可能的三方组"就是指在A、B、C三方中B与C通常无法结成
关系。但是如果在图2-1（2）的情况下，B与C间所谓的"不可能的三
方组"的可能性会很小，原因在于图2-1（2）假设了A有两个强连带B
和C，基于好朋友频繁互动，所以B和C有很大的机会因为A的中介而
认识。A传递了一个信息给B及C，B又转传给C，而C早就因A的通知
而得知此事，所以B和C之间的信息通路是重复的（redundant；Burt，
1992：18）。

由于趋向平衡的压力的存在，实现B与C之间的联结，会有很大的
可能性。但是，如果个体间的关系只是一种弱联结，那么，趋向平衡的
压力就很微弱或者根本不存在。具体地，假如A只是在熟人的意义上认
识B和C，那么，他可能就没有压力去把B和C联系到一起。强联结和
弱联结这一区分，具有重要的意义。它揭示出，所谓"不可能的三方
组"因为嵌入于强联结这种更大的社会结构中而最终可能出现。

在强连带很多的一个关系网中，重复的通路也往往很多，而弱连带
则不太会有此浪费。格兰诺维特进一步指出两个团体间的"桥"
（bridge）必然是弱连带。一个团体之内成员间往往互有连带，所以信息
传播容易，但从一个团体传信息于另一个团体，有时仅仅依赖两团体中
各有一名成员互相认识，而形成唯一的通路，这条唯一的信息通路就被

称为"桥"。桥在信息扩散上极有价值，因为它是两个团体间信息通常的关键，但必然是弱连带。

2.3.4 建筑业组织的强连带和弱连带优势是促进合作竞争的纽带

中国的人际关系通常在强连带下发挥作用，比如亲戚关系、家族关系。建筑业通常是上下级关系、亲属关系、亲密朋友等来往密切、关系甚笃的强连带下发挥作用。边燕杰（Bian，1996、1997）在回顾了中国学者所进行的研究后明确地指出，有关强连带的研究亦应扮演不可被忽略的重要角色，因为中国社会的求职，"人情"比信息更重要。强连带对人们的行动提供了信任的基础（Granovetter，1985），借由信任关系，人们才愿意提供"人情"的帮助。与强连带相关的信任关系是建筑业人际关系背后的症结。

在行业人际关系频繁作用的建筑业，弱连带与强连带理论具有重要的启示作用。弱连带对建筑业合作竞争问题提供了有效的信息分析工具。弱连带较之于强连带有更好的资源、信息效果，原因有二：其一，一个弱连带多的企业，其社会网的范围很大，因此收集到的信息很多；其二，如林南的社会资本理论[①]所谈的，行业人际关系指向有价值的资源时则机会多。承包商与分包商两个层级间的"桥"必然是弱连带的，同类资质等级的企业会因为内部社会网较密也较易互有连带，但不同资质等级间却很难建立关系，其间的沟通就有赖于两层级中各有一名成员互相认识，而形成唯一的一条通路，这条唯一的通路就是"桥"。弱连带提供了建筑企业取得自身所属的行业圈之外的信息管道。建筑业内不同企业间，尤其是业主、承包商、分包商间信息具有不对称性，信息不对称引发了基于隐藏行动的道德风险，在行业竞争过程中，违规操作、恶意欺诈大多与信息不对称有关。弱连带理论提供的是一种新的分析思路，不同团体间的信息可以通过弱连带达到一定程度的对称。

---

① 林南. 社会资本——关于社会结构与行动的理论［M］. 张磊，译. 上海：上海人民出版社，2005.

2.4 管理学理论

2.4.1 社会系统合作理论

1938年，巴纳德①（Chester I. Barnard）在《经理的职能》一书中对组织和管理理论的一系列基本问题都提出了与传统组织和管理理论完全不同的观点，认为组织是一个复杂的社会系统，应从社会学的观点来分析和研究管理的问题，从而开创了社会合作系统学派。巴纳德指出，梅奥等人的人际关系学说研究的重点只是组织中人与人之间的关系，这种人际关系强调的是行为个体相互之间的关系，并没有研究行为个体与组织之间的关系协调问题。而如果将组织看作一个复杂的社会系统，要使系统运转有效，则必然涉及组织中个人与组织间的协调问题。例如个人目标与组织目标之间的协调，这也符合系统论的基本观点，即系统之间的协调。它不仅包括各个子系统之间的协调也包括各个子系统与大系统之间的协调。

以巴纳德组织理论为代表的社会系统学派的观点也奠定了现代组织理论的基础，对管理思想的发展，特别是组织理论的发展产生了深远的影响。该学派指出，作为两个以上的人自觉协作的活动所组成的组织，具有体系所具有的一切特征，组织是整体性的，其中的每一部分都以某种重要方式同体系所包含的其他部分关联着。作为一个整体，组织是一个不同于原有各组成部分的新事物，它能创造出在数量上大于、小于其组成部分的努力的总和。组织是一个社会协作系统，取决于协作的效果、协作的效率、协作的目标能适应协作环境的程度。组织的实体是组织行为，即组织中的人的行为，组织体系是由人的行为构成的体系，使得这些行为成为一个体系的是不同人的努力在彼此相互协调。社会的各级组织包括军事的、宗教的、学术的、企业的等多种类型的组织都是一个协作的系统，它们都是社会这个大协作系统的某个部分和方面。这些

---

① 饭野春树. 巴纳德组织理论研究［M］. 王利平，等，译. 上海：三联书店，2004：96-112.

合作组织是正式组织，都包含三个要素：协作的意愿、共同的目标和信息联系。所有的正式组织中都存在非正式组织。正式组织是保持秩序和一贯性所不可缺少的，而非正式组织是提供活力所必须的。两者是协作中相互作用、相互依存的两个方面。所有的协作行为都是物的因素、生物的因素、人的心理因素和社会因素这些不同因素的综合体。

一个协作系统是由相互协作的许多个体组成的。个体可以对是否参与某一协作系统做出选择，这取决于个体的动机，包括目标、愿望和推动力，组织则通过其影响和控制的职能来有意识地协调和改变个体的行为和动机。对于个体目标和组织目标的不一致，巴纳德提出了"有效性"和"能率"两条原则。当一个组织系统协作得很成功，能够实现组织目标时，这个系统就是满足"有效性"的，它是系统存在的必要条件。系统的"能率"是指系统成员个体目标的满足程度，协作能率是个体能率综合作用的结果。这样就把正式组织的要求同个体的需要结合起来，这在管理思想上是一个重大突破。

2.4.2 建筑业组织融入社会合作系统是实现合作竞争的动力[①]

1.建筑业合作竞争的基本协作体系具有竞争和合作双重特点

建筑业合作竞争是一种具有竞争和合作双重特点的协作体系。竞争与合作分别是两种协调建筑业组织成员活动和力量的手段。在合作竞争过程中，组织的整体行为不是个体组织行为的简单加总，而是所有个体组织的行为及其相互关系以及它们作为一个整体行为与合作竞争组织外部环境的相互关系的动态作用的过程。对于合作竞争组织中的个体组织而言，其选择竞争或合作手段不仅取决于其自身的意愿，在更大程度上，受制于合作竞争组织的既有结构。

而且，合作竞争组织与巴纳德所指的一般组织有所不同，区别主要在于合作竞争组织是由一般组织所组成的复合组织，且合作竞争组织中一般没有明确的管理机构，个体组织之间多数是依靠契约、利益机制和

---

① 叶佳玲. 巴纳德组织理论对合作竞争理论研究的启示 [J]. 现代商业，2008（17）：90-91.

社会关系进行相互约束和牵制，组织形式较为松散。这使得合作竞争组织具有自我管理、相互协调、相互约束的性质。

2.具有基于共同目标的协作意愿是建筑业实现合作竞争的推进力

和所有组织一样，建筑业合作竞争组织的存在也需要具备共同的目的、协作意愿和信息交流。在巴纳德的组织理论中，组织目标被认为是与个人目标不同的，因此需要有专门的管理机构来对此进行协调。而合作竞争组织的目标与个体组织的目标却极为一致，这是因为个体企业只有在认为合作竞争组织能帮助他更有效地实现个体目标时，才可能产生协作意愿。对于个体企业而言，其组成协作体系的前提是：必须通过加入协作体系，在完成协作体系整体目标的基础上实现个体组织的目标；协作体系的整体力量大于个体组织力量的加总，使个体组织愿意通过协作获取更高的收益。同时，个体目标与组织目标一致，也表现了组织目标的不确定性，因为组织目标不是由管理人员人为确定的，而是组织成员自主决策并相互影响的结果，当一个企业的目标与组织目标发生冲突时，组织成员可能会选择离开，当多数企业的目标发生转变时，合作竞争组织的目标就会发生相应改变。需要明确的是，合作竞争组织的组织目标与个体组织目标一致，并不意味着两者完全相同，或者认为合作竞争组织目标就等于所有个体目标的加总。合作竞争组织的组织目标可能只是某些个体组织目标的一部分，也可能高于某些个体组织的目标。个体组织的目标与合作竞争组织目标的契合程度可能影响到合作竞争组织成员的协作意愿以及合作竞争组织的运作效率。

合作竞争组织成员的协作意愿取决于目标的契合程度以及从合作竞争组织中期望获取的收益。协作意愿具有两个显著特点：一是个体企业意愿的强度存在着极大的差异，二是任何个体企业的贡献意愿的强度都不可能维持不变，它总是断续的和变动的，而与之相关的组织所可能获得的贡献意愿总量也就必然是不确定的。

正是因为合作竞争组织中组织目标与协作意愿的不稳定性，更需要信息交流，以对组织成员的目标与协作意愿进行沟通。信息交流的方式、程度决定了合作竞争组织的规模、结构与稳定性。因此，基于共同目标的协作意愿是建筑业合作竞争的推动力量。

3.有效性和能率的组织促进建筑业合作竞争达到平衡

合作竞争组织的平衡，取决于合作竞争组织的有效性和能率的平衡。合作竞争组织要通过组织成员的协同作用，在与外界环境的交换中实现合作竞争组织的目标，同时，通过实现组织目标所获取的效用，在组织成员间进行分配，使成员有持续的协作意愿。对于合作竞争组织的平衡，关键问题是合作动力与竞争动力的平衡。建筑业合作竞争组织，必须依靠成员间的协作才能达到个体组织期望的目标，同时，个体组织成员们又希望能更多地从合作竞争组织中攫取额外收益。当某些个体成员发现自己的收益被合作竞争组织的其他成员所攫取，并低于自己的预期收益时，这些个体成员就可能选择退出合作竞争组织，而缺少了成员的协作，将使得整个合作竞争组织无法实现其组织目标，合作竞争组织无法存续。因此，在建筑业合作竞争组织中，承担自我管理和相互协调职能的每一成员都必须考虑整个合作竞争组织的有效性和能率的平衡问题，并以此调整自身的合作动力与竞争动力，并最终促成建筑业合作竞争的平衡。

2.5 信息经济学与博弈论分析技术

2.5.1 信息经济学与博弈论

信息不对称问题是信息经济学与博弈论研究的重点。新古典经济学的基本假定是理性的经济人和"完备信息"。在这个假定下，任何经济行为的结果都是确定的。也就是说，选择与后果一一对应，帕累托最优可以实现。但是，在现实世界中并不存在 Arrow-Debreu 模型所设想的完全确定型的市场，这主要是由导致市场失败的原因和交易费用所引起的。以赫伯特·西蒙（Simon）和肯尼思·阿罗（Arrow）为代表的一批欧美经济学家在 20 世纪 60 年代率先对"充分信息假定"提出质疑，以及进入 70 年代以后乔治·斯蒂格勒（Stigler）、威廉·维克里、詹姆斯·莫利斯等人对这一问题的深入研究，构建了不对称信息经济学产生和发展的基础。

信息的非对称性可以从两个角度划分：一是非对称发生的时间，二是非对称信息的内容。从非对称发生的时间看，事前非对称信息博弈的模型称为逆向选择模型（adverse selection），事后非对称信息的模型称为道德风险模型（moral hazard）。

阿克罗夫（1970）首先对局部均衡模型进行了尝试性分析。市场价格影响了产品质量，也影响了产品需求。结果在均衡情况下出现了由很少交易或没有交易的情况，这就是所谓的"逆向选择"。逆向选择是人们在签订契约之前，由于市场非对称信息的存在而导致的一种市场失灵现象。

阿罗（1971）描述了"道德风险"。道德风险指当事人双方在契约签订之前拥有的信息是对称的，但签约之后，因无法对另一方的行为进行监督和约束，很可能由于对方不负责任的做法而使其利益受损。道德风险使人们建立契约关系之后由于非对称信息的存在而导致低效率，是一种人为的道德风险，分为隐藏行动的道德风险和隐藏信息的道德风险。如何设计一种有效的激励约束机制去解决这种问题，成为委托-代理理论研究的核心[①]。

理性人无论是利己的还是利他的，在最大化偏好时，都需要相互合作，而合作中又存在着冲突。为了实现合作的潜在利益和有效的解决合作中的冲突，理性人发明了各种各样的制度规范他们的行为，例如，建立于信息对称的价格制度（或称市场制度）。而由于现实中市场参与者之间的信息一般是不对称的，所以一个人在决策时必须考虑对方的反应，这就是博弈论要研究的问题。[②]

一般认为，博弈论开始于1944年冯·诺伊曼（Von Neumann）和摩根斯坦恩（Morgenstern）合著的《博弈论和经济行为》一书的出版。博弈论可以划分为合作博弈（cooperative game）和非合作博弈（non-cooperative game）。合作博弈与非合作博弈的区别主要在于人们的行为相互作用时，当事人能否达成一个具有约束力的协议（binding agreement）。如果能达成，就是合作博弈；反之，则是非合作博弈。同

① 唐晓华，等. 产业组织与信息 [M]. 北京：经济管理出版社，2004：5-6.
② 张维迎. 博弈论与信息经济学 [M]. 上海：上海人民出版社，1996：2-3.

时，合作博弈强调的是团体理性（collective rationality），强调效率（efficiency）、公正（fairness）和公平（equality）。非合作博弈强调个人理性、个人最有决策，其结果可能是有效率的，也可能是无效率的[①]。

经济学家谈到博弈论，一般指非合作博弈论，这是因为纳什等人建立的现代博弈理论，就是非合作博弈论，已经成为博弈分析的主流。但是，近期的许多研究成果表明，合作博弈越来越多地被应用于组织理论的研究，特别是在罗伯特·奥曼（Robert J. Aumann）和托马斯·谢林（Thomas C. Schelling）2005年获得诺贝尔经济奖后。合作博弈的回归使得对合作和冲突的分析有了更为有利的工具，这也促使组织问题的外延不断地扩大，从企业间互动与策略选择扩展到了合作团体甚至不同地域企业之间的战略互动。对企业间博弈的研究源于企业竞争，随着企业竞争时间的延长和规模的扩大，出现联盟以及产业之间的竞争，其中有代表性的是20世纪80年代静态博弈框架下"免于结盟的纳什均衡"（Coalition-Proof Nash Equilibrium）的提出（Bernheim、Peleg、Whinston，1986）、在重复博弈框架下的激励机制问题（Abreu，1988；Fudenberg、Maskin，1986；Abreu、Pearce、Stacchetti，1990；Fudenberg、Levin、Maskin，1994）以及建立在网络化基础上的系统间竞争（Katz、Shapiro，1994）与合作（Bengtsson、Kock，1999）。行业内企业之间的博弈通过企业网络的连接，可能同时达到内外均衡，这是合作和非合作博弈同时运用的体现[②]。

2.5.2　博弈论技术应用于建筑业合作竞争的分析框架

1.博弈论在建筑业合作竞争中的应用

建筑业中买卖双方的人数非常有限，即市场并非完全竞争。在不完全竞争市场中，企业之间的行为是相互直接影响的，因此，建筑企业在决策时必须考虑其他各方参与人的反应。本书研究建筑业非合作竞争均衡和合作竞争均衡时的情况，分别运用了非合作博弈和合作博弈理论。

---

① 张维迎. 博弈论与信息经济学 [M]. 上海：上海人民出版社，1996：5.
② 陈毅. 博弈规则与合作秩序——理解集体行动中合作的难题 [D]. 长春：吉林大学，2007：65-71.

2.基于逆向选择和道德风险的委托-代理模型分析框架

在信息经济学文献中，常将博弈中拥有私人信息的参与人称为"代理人"（agent），不拥有私人信息的参与人称为"委托人"（principal），信息经济学的所有模型都可以在委托人-代理人的框架下分析（张维迎，1996：398）。在建筑业内，存在业主-承包商-分包商三者间的关系，包含两级委托-代理关系，分别是业主-承包商委托-代理关系、承包商-分包商委托-代理关系。本书应用基于逆向选择和道德风险的委托-代理模型，分析了两级委托-代理关系。研究在业主-承包商-分包商不存在合作的情况下，顺序和逆序过程中存在的逆向选择问题和道德风险问题；同时，分析了在业主-承包商-分包商进行合作竞争的情况下，顺序和逆序过程中存在的逆向选择和道德风险问题，并得出分析结论。

3.基于合作博弈论的分析框架

合作博弈应满足个体理性，即参与人在联盟分配的收益不能少于单干获得的收益；集体理性，即达成总联盟后收益最大。只有同时达到这两个约束条件合作方可形成。此后对于合作促进、合作利益的分配，以及合作剩余分配的激励机制设计都属于合作博弈论的研究范畴。本书对于建筑业合作竞争模式运行过程中涉及的机制设计，运用了合作博弈的方法，分别对合作促进机制、利益分配机制、互为监督的监督机制、奖惩机制、信誉机制以及剩余分配的激励机制六个方面做出模型论证，并得出分析结论。

2.6 本章小结

经济学关于人的行为的理论假设包括：新古典经济学的"完全理性"假设，新制度经济学的"有限理性"假设，以及新经济社会学的"人际关系"假设。在系统分析上述假设的基础上，本书综合新制度经济学和新经济社会学关于人的行为的理论假设，提出建筑业合作竞争理论假设：

（1）长期经济理性假设

建筑业内各企业是长期经济理性的，追求的是长期收益最大化，而不是短期收益最大化。

（2）竞争行为镶嵌假设

竞争、合作与否均属于建筑业内各企业的自主选择问题，无论作何选择，它们的合作、竞争行为都镶嵌于竞争环境，镶嵌于行业环境，并镶嵌于社会环境之中。

本书在深入分析新制度经济学交易费用与资产专用性理论，新经济社会学镶嵌理论和弱连带与强连带优势理论及管理学社会系统合作理论的基础上，提出建筑业合作竞争理论：

（1）交易费用与资产专用性是促进建筑业合作竞争的内在要求；

（2）建筑业组织镶嵌于建筑业环境是促进合作竞争的外在条件；

（3）建筑业组织间的强连带和弱连带优势是促进合作竞争的纽带；

（4）建筑业组织融入社会合作系统是实现合作竞争的动力。

此外，本书应用信息经济学和博弈论作为主要的分析技术，考虑非合作竞争和合作竞争两种情况，基于建筑业非合作博弈和合作博弈理论，运用了委托-代理分析框架，对业主与承包商、承包商与分包商的委托-代理问题，从"逆向选择"和"道德风险"角度进行深入分析，并得出分析结论；应用合作博弈方法对建筑业合作竞争模式的运行机制从合作促进机制、利益分配机制、互为监督的监督机制、奖惩机制、信誉机制以及剩余分配的激励机制六个方面加以设计，通过模型论证得出分析结论。

3 建筑业合作竞争模式

3.1 建筑业弹性生产力及"金字塔"市场结构分析

3.1.1 建筑业弹性生产力原理分析

自然科学认为，材料或物体在外力作用下产生变形，除去外力后变形即消失，这种性质称为弹性；当应力超过屈服点后，物体会产生明显的残留变形而自身却不会损坏的性质称为塑性；物体受力时期体积和形状不会发生变化的性质称为刚性。弹性、塑性和刚性，通过"可恢复的变形""残留的变形"和"不变形"三种形态，表现了物体内因和外因的关系并决定了其不同的用途，这与建筑业生产的状态极为相似。

建筑业属于劳动密集型产业，其进入壁垒低，行业生产力易随建设需求的扩大、企业经营状况的好转、工程规模的大型化和施工高峰期的到来而迅速膨胀。在传统经济体制下，我国建筑业生产力在需求增加时具有迅速膨胀的特点，但在需求减少时，生产力无法随之减小，即传统管理模式中建筑业的生产力带有明显的塑性，随着建设需求的增加而新增的那部分生产力难以应对市场变化，不能适应建筑业的弹性生产力的要求。

弹性生产力①是指生产力要素中的劳动力和技术装备能够随生产对象的变化而自然变化的能力。建筑业的弹性生产力特点要求：（1）工程项目施工中的人员、装备等，随着工程性质、规模、施工阶段和季节因素的变化而自然变化；（2）具有总承包资质的建筑企业的人员、装备等，随着企业经营状况（营业规模）的变化而自然变化；（3）建筑业的生产力（主要指从业人员）随着总体建设需求的变化而自然变化。

目前，我国建筑业存在两级市场：建筑业一级市场和二级市场。一级市场主要由具有总承包能力的承包商组成，二级市场由专业分包商、劳务分包商以及材料供应商等分包商组成。在工程承、分包活动中，一、二级市场相互协作，形成合作与竞争的关系。

建筑业一、二级市场的显著特点是生产力容易随着建设需求的增加而膨胀，但难以随着需求的减少而降低。传统建筑企业"大而全""小而全"的用工形式忽视了建筑企业资产专用性强的特点，总承包商采用固定工、合同工（特别是合同期较长）用工制度并且缺少设备租赁条件，很难适应建筑市场供求关系的要求，往往导致庞杂的企业体系难以适应市场需求紧缩的局面。而建筑业的行业特点所要求的建设生产力应当是具有弹性的，生产力要素中的劳动者和技术装备应当能够随劳动对象的变化而自然变化。②

3.1.2 建筑业"金字塔"市场结构与刚性生产力

金字塔结构的概念由传统的组织理论的奠基人亨利·法约尔（H. Fayol）和马克斯·韦伯（M. Weber）提出，是在强调分工和集权时，上级和下级各层权力连成了一条"等级链"，用以贯彻执行统一的命令和保证信息传递的秩序。随着组织规模的日益庞大，管理层次也逐渐增

---

① 金维兴，等. 21世纪中国建筑业管理理论与实践 [M]. 北京：中国建筑工业出版社，2006：6.
② 金维兴，等. 21世纪中国建筑业管理理论与实践 [M]. 北京：中国建筑工业出版社，2006：6.

多，出现了高、尖、细的锥型结构，结果形成了层层繁复、等级森严的"金字塔"结构①。此定义应用于建筑业时含义有所不同，这里指整个行业不同建筑企业按照资质能力划分为不同的层次和数量，形成高、尖、细的锥型结构，使产业布局符合金字塔结构的行业发展模式。按照定义，"金字塔"结构是刚性结构，体现的是刚性生产力；而在建筑业，力图通过建立"金字塔"结构实现弹性生产力。

建筑业相对发达的国家都在试图构建"金字塔"式的层级结构，使不同资质的建筑企业能够适应不同层次的市场需求，并以较低的行业退出门槛保证在需求减少时企业能够及时退出行业。"金字塔"结构模式的应用在美、日、英、法、德、意、韩等国家较为突出，上述每个国家的超级建筑企业都只有几家、十几家，占其国内建筑企业总数的比例极其微小。大、中、小三类企业在企业总数中的比例大致为1‰、1%和98.9%②。以日本为例，日本建筑业企业约51万个，从业人员541万人，企业平均规模为11人。建筑企业划分为特大型、大中型、中型、小型四个层次，企业资质管理类别共有28类。特大型企业只占行业总数的1‰。例如日本著名的五大建筑公司：大成、清水、鹿岛、竹中工务店、大林组等即属此类。除去占0.7%左右和占1.3%左右的大中型、中型企业以外，都是各地方的小型企业。规模不等的企业间分工明确、合作密切。

在我国，建筑业"金字塔"结构尚未形成，大、中、小型施工企业在规模和数量上与上述国家相比有较大差距。中国建筑业整体规模大，且大、中、小企业比例严重失调，各类企业间的差距较小且受行政隶属关系的影响极难调整。实践中，除大型工矿和技术比较复杂的建设项目外，大、中、小型建筑企业进入一般建筑市场的层次和可能扮演的角色基本相同，这样既人为地形成了"僧多粥少"的局面，使竞争状况不适当地加剧，导致建筑产品价格与价值严重背离和较多工程出现质量问题，又极大地影响建筑业自身生产效率、竞争力和经济效益的提升。

金维兴等（2006）指出中国建筑业产业结构应重组，重组的目标十

① 卢勇. 大型工程建设的信息沟通与虚拟组织环境 [J].建筑与施工，2000（12）：33-34.
② 金维兴，等. 21世纪中国建筑业管理理论与实践 [M]. 北京：中国建筑工业出版社，2006：25.

分明确：有效提高产业集中度，谋求适度垄断与竞争的均衡；通过大、中、小企业比例的调整，为改变传统的生产力组织形式、实现建筑产品生产过程社会化奠定基础。其中，对于大、中、小企业的比例调整，其认为可以用"金字塔"式的多层次结构来确定中国建筑业结构重组的目标。上层面是由极少数的大型企业形成的寡占结构，以谋求在更大范围和更高层次上的竞争优势；下层面是由为数众多的中小型企业所形成的竞争结构。因此，中国建筑企业重组应使部分大企业进一步扩大，大部分中小型企业维持现有规模或进一步缩小，并最终形成超级建筑企业、大型建筑企业和中小型建筑企业等三种类型，各自占领相应的市场范围，力求在重组初期达到"僧虽多，可按份索粥"，最终实现"僧粥均衡"。参照国外建筑业企业结构及生产力组合的实际经验，超级、大、中小企业在企业总数中的比例分别为1‰、1%和98.9%是适当的，也就是说，大致应设立40家超级企业、400家大型企业，其余都是中小企业，只有这样才能实现生产力的优化组合并建立新的市场秩序[①]。

建筑业内普遍认为，金字塔结构能否构建决定市场竞争结构是否合理，从而在一定程度上也决定了弹性生产力要求能否得以实现。目前，从我国对建筑企业资质等级的划分标准和行业归口管理的性质看，建筑业市场仍以刚性结构为特征。

按照建设部颁布的《建筑业企业资质管理规定》《建筑业企业资质等级标准》《施工总承包企业特级资质标准》要求，从2001年以来实施的施工企业资质重新核定就位，详细列出了12个总承包类别、60个专业承包类别以及13个劳务分包类别这三大序列的企业资质。以调控规模、优化结构、推动企业的改组和改造为目的，形成施工总承包、专业承包、劳务分包三个序列的行业结构，引导和扶持大型企业做大做强，促进中小企业做精做专，提高企业的综合竞争力，提高产业集中度和国际国内市场的竞争力。

我国建筑业主要依靠资质管理来实现市场准入政策，《建筑企业资质管理规定》和各类资质标准规定的实施，目的在于整顿和规范建筑市

---

① 金维兴，等. 21世纪中国建筑业管理理论与实践 [M]. 北京：中国建筑工业出版社，2006：23-25.

场秩序，调整建筑业产业结构，提高我国建筑业的整体素质，引导、调整市场良性发展，形成以总承包为龙头，以专业承包为依托，以劳务分包为基础的三层次承包组织体系，促进分层有序竞争的态势。但从新资质实施以来的情况看，业界普遍认为这一政策目的并没有实现，建筑市场集中度过低，大、中、小企业的数量比例不合理。2007年，我国建筑业企业共有62 074家，其中施工总承包类企业34 071家，占54.9%，专业承包类（不含劳务分包）企业28 003家，占45.1%①。总承包类企业占建筑企业比例偏大，导致同层次或相邻层次间企业竞争激烈，没有形成合理的分工协作关系。企业的资质、规模和实力相似致使大量同资质企业经营范围、业务领域趋同，导致采用公开招标工程的潜在投标人常多达数十家以致数百家，恶性竞争、低价竞争、不当竞争、无序竞争屡屡发生，没有有效形成以总承包为龙头、以专业分包为依托、以劳务分包为基础的三层次结构体系②。

美国建筑业标准产业类别共26个，日本的建设法规定的业种共28种，英国则更少，只有20种。比较我国与日美等发达国家建筑业的技术水平和专业化分工程度，可发现我国新资质分类过多过细，严重阻碍了施工企业的发展，造成市场结构刚性大，自由灵活的空间小。

对此，关柯等（2002）认为：建筑业要实现有层次的产业竞争格局，须构筑向两头延伸金字塔型的企业结构。因此资质管理办法应该体现层次性。即不同资质等级企业的目标市场要有层次性，要设置经营范围的上下限；不同资质等级企业的经营地域要有层次性；对不同资质等级企业的审批和年检等管理要有层次性③。

3.1.3　合作竞争柔化"金字塔"市场结构

"金字塔"结构在一定程度上为实现建筑业生产力的优化组合，促进市场秩序的形成，划分资质以适应市场需求起到推动作用，是建筑业成熟完善的标志之一，同时也是我国建筑业在未来要达到的目标。然

① 国家统计局. 中国统计年鉴（2008）[M]. 北京：中国统计出版社，2008.
② 王洪研. 对建筑企业资质问题的思考 [J]. 中国建设信息，2007（15）：21-22.
③ 关柯，李小冬，李忠富. 关于我国建筑企业资质标准及其管理的几点建议 [J]. 建筑经济，2002（3）：12-14.

而，面对建筑业的弹性生产力要求，"金字塔"结构仍具有刚性，在某种程度上缺乏弹性。

金维兴等（1999）指出：建筑业承包市场的多层分包决定了不同规模、类型的建筑企业的职能分工与市场生存空间。竞争界面的相对隔离导致了建筑业内大、中、小企业，综合性与专业型企业比例在一定时期内保持相对的稳定，形成较明显的刚性市场结构[①]。此市场结构具有以下缺陷：

（1）缺乏整合力

参与项目的各个企业只是基于合同关系暂时形成一种合作关系，各自以自身目标为导向，没有基于项目目标共同合作的理念基础，难以发挥整体优势，分散化经营使整个项目组织缺乏整合力，效率低下。

（2）组织沟通、信息传递存在问题

工程项目众多参与方之间的联系大多是一对一联系，这样势必增加信息沟通的路径和层次，容易造成信息沟通的延误与过载。一方面面临信息过载的问题，另一方面却是在处理具体问题时的信息供给严重不足。"金字塔"市场结构主要为纵向模式，缺乏横向的信息交流，业主、承包商和分包商之间无法畅通地互相交流信息，这会直接影响工程项目在实施过程中协同工作的效率与项目决策的质量。

（3）组织运作成本高

项目各方之间主要是通过电话、传真、邮寄图纸和文件及会议等方式来进行协调，为了保证信息传递的准确和及时，需要花费大量的人力、物力、财力和时间，而且信息被错误传达的可能性大，即使是项目中的一个小改动也可能带来较多的支出，且常常会导致工期延误，信息很难进行共享和重复使用，增加了项目的建设成本。

（4）对变动的适应性差

在传统工程管理模式下，只有相关参与方掌握工程的有关数据信息，而且参与一方因某种原因退出项目，将导致相应信息的丢失甚至项目工作的中断，这些严重阻碍了项目的顺利进行，并产生项目延期、成

---

① 金维兴，杨占社. 中国建筑业及其企业重组论 [J]. 建筑经济，1999（4）：8–14.

本上升的风险。

在我国，以企业资质划分标准为特征的市场结构为建筑企业解决了大型承包企业的劳务和专业人才的弹性问题，但从整个建筑业看，并没有解决弹性生产力问题，而且由于资质限定过于细致，对于建筑企业的生存和发展加以限制，尤其给专业分包商和劳务分包商提供的生存和发展空间狭小。

从市场运作机制看，"金字塔"结构反映的是市场竞争的要求，它为不同资质的企业提供了相对公平的市场竞争环境，允许它们在各自专业领域内发挥技术能力并获取收益。在招投标体制下，相同或类似资质的建筑企业面对同一竞争项目，众多投标企业中只有一家可以中标。在如此残酷的竞争环境中，在"商场如战场"的竞争思想指引下，研究竞争战略，获取竞争优势，消灭或战胜竞争对手成为商家生存立足之要诀。因此，单纯以金字塔结构作为建筑业基本的市场结构是不完善的，它所营造的行业竞争环境也是不健全的。合作竞争是现代市场经济条件下产生的新的竞争观，它以金字塔模式为基础，在竞争的同时重视合作，以此提高竞争效率，维系不同竞争主体间的共同利益。随着环境变化和技术发展，竞争的含义已经不再是完全意义上的零和博弈式的竞争行为，而是突出多赢的非零和博弈。企业在社会经济网络中以相互依存为特征相互合作并展开竞争，此种依存关系的核心是企业对其他企业核心能力的依赖。在这种背景下，传统的层级式金字塔组织正逐步向分布式、扁平化的虚拟组织转变。

若要使建筑业市场结构达到弹性要求，必须考虑如何在大企业与中小企业之间形成协作、互补的合作竞争关系。尤其对于专业分包商和劳务分包商而言，它们只有与承包商建立相对稳固的合作竞争关系，才能在建筑市场中长期生存并发展。

通过合作，承包商与分包商间的基于不同核心竞争能力的优势得以联合。承包方与分包方的生产可能性边界向外扩展，使双方拥有更高的生产能力。通过简要分析可以说明之。假设承包商单独承揽项目拥有的技术能力为a，劳务能力为b；分包商拥有的技术能力为c，劳务能力为d，则它们各自的生产可能性曲线如图3-1、图3-2所示。若两者相互联合，并各自分工，则生产可能性曲线外移，可达到的生产能力远高于各自单独生产的能力，如图3-3所示。

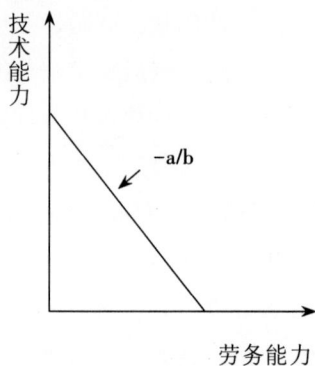

图3-1　承包商生产可能性曲线

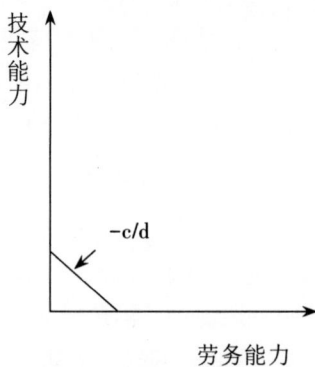

图3-2　分包商生产可能性曲线

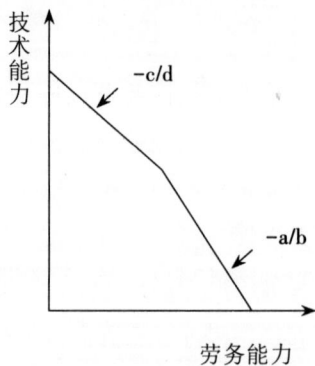

图3-3　联合生产可能性曲线

这种联合不是基于企业自身核心竞争能力的积聚，也不是刚性的架构企业层级，而是通过联盟在充分发挥原有核心能力的同时，扩张自身的竞争实力，这是一种"双赢"的策略。这种策略可以随着市场需要扩张，也可以随之收缩，具有伸缩性，即弹性。因此，通过合作竞争能达到柔化刚性市场竞争结构的目的，适应建筑业弹性生产力要求。

3.2 业主-承包商-分包商模式的两级博弈分析

3.2.1 建筑业业主-承包商-分包商模式

随着我国经济的发展，新建工程规模越来越大，一个工程仅由一个承包商独自完成是非常困难或不可能的。因此，很多大型工程常采用总分包的模式进行建设。总承包模式通常是业主将某一项工程，全部发包给一家资质符合要求、报价合理的企业，两者之间签订施工总承包合同，以明确双方的责任义务和权限。在法律规定许可的范围内，总承包企业可以将工程按部位或专业进行分解后再分别发包给一家或多家资质、信誉等条件经业主或监理工程师认可的分包商，从而形成了业主-承包商-分包商模式。

在建筑市场中，资质等级高、管理能力强的施工企业往往凭借自己的实力获得总承包权后，将一部分工程分包给分包商完成。主要原因有：工程量大，工期短；总承包商在设备、资金等方面可供投入的资源不足，需要借助于分包商的投入；由于承包商对于某一些分项分部工程施工方面不具备优势，而借助分包商可以降低成本；业主指定分包商等。

除业主指定分包商外[①]，总承包商选择分包商通常有两种做法：其一，总承包商在工程投标前已找好自己的分包伙伴，根据招标文件委托分包商，提出分包工程的报价，经协商达成合作意向后，总承包将各分包商的相关报价进行综合汇总，编制成总承包投标报价表，一旦总承包商中标取得总承包合同，总分包双方再根据事先的协商意向和条件，在

---

① 由于我国法律对业主指定分包没有适用性规定，因此本书暂不研究业主指定分包情况。

总承包合同条件的指导和约束下，签订分包合同。其二，总承包商自行参与投标取得总承包合同后，再将拟分包的部分分包给分包商，一般采用议标的形式，由两家以上的分包商提出分包报价，经过价格、能力、信誉等条件的比较，择优录用签订分包合同。

分包商是建筑业主体之一，具有关键的作用。分包商是指在项目上被雇用来完成诸如基础打桩、上下水、机电设备安装等分项工程的承包商。对于许多工程项目，特别是房建项目来说，工程的80%~90%由分包商来完成是较普遍的现象。尽管分包商在工程实施过程中起着关键的作用，但外界对总包与分包商的关系所知甚少。在国外，数量上占优势的是大批小承包商和专业分包商。在大型工程中，专业分包商和小承包商一般都扮演着分包商的角色。专业分包商在某些领域内有特长，如擅长基础工程、钢结构工程等，因而在成本、质量、供气控制以及专利技术等方面具有优势。因此，大小并存、专业分工的格局有利于提高工程项目建设的效率。

总承包商与分包商的关系在报价与投标过程中建立，在项目完工、最终验收付款（这通常在项目竣工后一段时间内进行）之后结束。承包商与众多分包商可能从未彼此合作过，在一个新项目上分包商的构成几乎不会同以前的项目一样，这就导致总承包商与分包商的关系会因项目而不同。

3.2.2 传统竞争框架下的委托-代理分析（如图3-4所示）

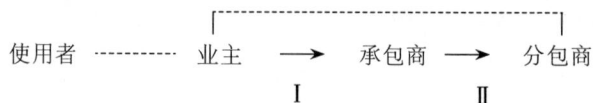

图3-4 业主-承包商-分包商两级竞争框架

1.顺序过程

（1）业主对承包商的逆向选择分析（如图3-5所示）

如图3-5所示，设M为招标人，A与C是两位投标人，投标人A资质等级高，具备优秀的施工水平，建造的工程项目质量优良；投标人C资质等级低，施工水平相对较低，建造的工程项目质量相对低劣。

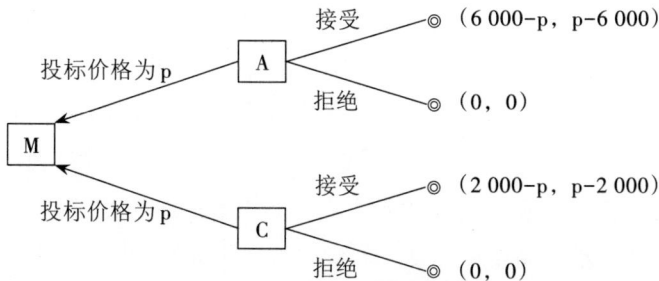

图3-5 业主对承包商的逆向选择

假设对每单位质量的评价为1，A具备的施工质量能力为6 000，C具备的施工质量能力为2 000。招标人风险中性，投标人为风险规避者（知情者是代理人，不知情者是委托人，知情者的私人信息影响不知情者的利益。或者说，不知情者不得不为知情者的行为承担风险。委托代理理论都假设，作为委托人的资本家是风险中性的，因为他们可以通过分散投资转移风险，而代理人不行，因此代理人通常假设为风险规避者）。假设A与C同时提供相同的投标价格p，则 $\pi_{招标人}=\theta-p$，$\pi_{投标人}=p-\theta$，$\theta=2\,000$ 或 $\theta=6\,000$，图3-5中支付表示为（招标人，投标人）。

分析如下：如果招标人能在项目采购时观测到未来项目的质量，它将愿意接受对A支付（6 000），而对C支付（2 000）的合同，但实际上它不能观测到项目未来的质量。同时建设工程项目的特点是，一旦采购发生，招标人（业主）就不能基于它的发现而执行另一个合同。给定这些约束，如果存在投标人B能提供4 000（即等于平均质量的价格），招标人将会推断B建设的项目质量为劣。由于投标人考虑到提供4 000质量只能得到相当于2 000质量的报酬，它将会只提供2 000质量。在招标人眼中投标人无差异。劣质投标人得到了与优质投标人"公平"竞争的机会。由于对于投标人而言，$p-6\,000<p-2\,000$，理性的优质投标人会放弃提供6 000的质量，而只为项目提供2 000的质量。最终，在建筑业市场上劣质投标人（承包商C）驱逐了优质投标人（承包商A）。这就是建筑业市场在对抗性竞争的机制环境中发生的逆向选择过程。

考虑到现行建筑业招投标体制中"价低者得"的惯例，综合考虑逆向选择模型中可能存在的A的投标价a不等于C的投标价c，并且不等于 p 的情形。分析如下：由于劣质投标人 C 只能建造出 2 000 的质量，推测它所付出的努力要远远低于优质投标人 A 建造 6 000 质量的工程项目所付出的努力。因此，推测 C 更易于提供低的竞争价格，即 c<a，在"价低者得"的惯例中，显然 C 更具有竞争性，更容易取得项目的建设权。在行业内则显现为劣质承包商更易于以低的竞争性价格取得项目，而驱逐了优质承包商。根据以上分析，结合建筑业招投标机制，逆向选择模型分析的结果依然具有适用性。

（2）承包商基于隐藏行动的道德风险分析

委托人（业主）的收益主要表现为项目效用的实现，设为 $q(e)$，它是代理人努力程度 e 的递增函数。代理人（承包商）的效用函数 $U(e,w)$ 是努力程度 e 的递减函数，是获得工资 w 的递增函数。委托人的效用函数 $V(q-w)$ 是产出与支出差的递增函数。

在此博弈中，双方行动都是共同知识并且合同函数为 $w(e)$。要使代理人提供努力 e，必须支付 $\bar{w}(e)$，其中 $\bar{w}(e)$ 是满足参与约束的 w。代理人面对的函数式是：$U(e,w(e))=\bar{U}$；委托人面对的函数式是：$\underset{e}{Max}\ V(q(e)-\bar{w}(e))$。

委托人在 $U=\bar{U}$ 无差异曲线上选择效用最大化的点，在该点上努力水平为 e^*，收益为 w^*。

图 3-6（1）与图 3-6（2）分别为道德风险发生前、后的均衡。

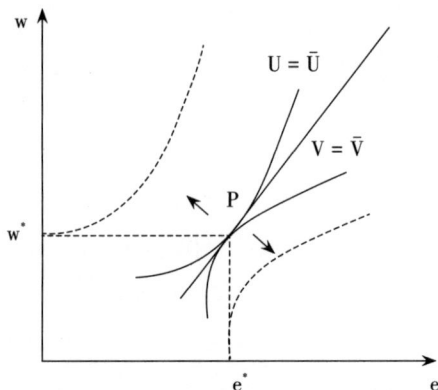

图 3-6（1）　道德风险发生前的均衡

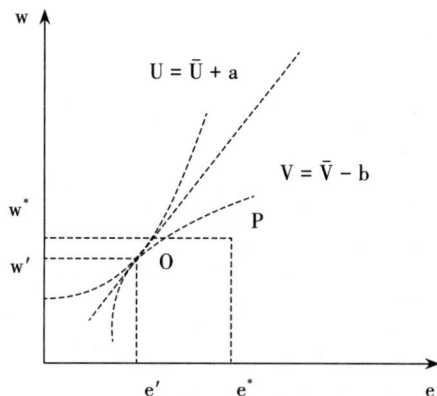

图 3-6（2）　道德风险发生后的均衡

图 3-6（1）：理性的承包商具有向左上方移动效用曲线 $U = \bar{U}$ 的趋势，追求以最小的努力程度，获得最优的工资水平 w^*，业主具有向右下方移动效用曲线 $V = \bar{V}$ 的趋势，追求以支付最低的工资，获得最优的努力水平 e^*。

图 3-6（2）：当合同签订后，承包商作为代理人拥有信息优势，在经济理性驱动下，隐藏行动的道德风险发生。首先，承包商移动效用曲线 $U = \bar{U}$ 至 $U = \bar{U}+a$，原合同均衡点 (e^*,w^*) 消失，迫使业主跟随承包商寻求新的均衡点 (e',w')，其中 $e'<e^*$，$w'<w^*$。由于承包商的努力程度 e 在隐藏行动发生的初期不可观测，业主开始时仍以 w^* 的标准支付工资，但随着工程的进展，$e<e^*$ 逐渐被发现，业主将以 w' 标准支付工资。新的均衡使业主受到损失（由（e^*-e'）造成），这是业主不想得到的结果，它将竭力促使承包商的努力水平回到合同预定的水平 e^*，为此，业主不得不付出激励成本。也就是说，当隐藏行动的道德风险发生时，委托人受到损失，即使业主通过激励方式促进了承包商的努力水平达到 e^*，激励成本的付出也应看作业主的损失，在此将业主的损失设为 X_1。

（3）分包商的道德风险分析

类似于承包商在委托-代理关系 I 的基于隐藏行动的道德风险，分包商在委托-代理关系 II 中也存在基于隐藏行动的道德风险。总承包商在征得业主同意后，可以自己挑选分包商。虽然总承包商在挑选分包商时处于主导地位，但也存在风险。总承包商可能会遇到分包商违约，不能按时完成分包工程，使整个工程受到影响的风险；或由于对分包商协商、组织工作不力而影响全局的风险。如果一个工程的分包商较多，容易引起许多干扰和连锁反应，例如，分包商工序的不合理搭接和配合及个别分包商违约或破产，导致局部工程影响到整个工程等。

在分包合同签订后，理性的分包商力求以最小的努力程度，获得最优的工资水平；承包商则力求以支付最低的工资，获得最优的努力水平，博弈双方具有相反的效用目标。

在委托–代理关系 II 中，分包商作为代理人拥有信息优势。在经济理性驱动下，隐藏行动的道德风险发生，效用曲线向左上方移动，承包商与分包商寻求新的均衡点。由于分包商的努力程度在隐藏行动发生的初期不可观测，承包商开始时仍以最优标准支付工资，但随着工程的进展，隐藏行动的道德风险逐渐被发现，承包商以较低的标准支付工资。新的均衡使承包商的效用受到损失，承包商为此负担成本 X_2。

2.逆序过程

经上述的分析，在业主–承包商–分包商的顺序分析过程中，得到一个基本的结论，即在连带强度较弱的行业关系环境中，不存在合作且以信息不对称下的对抗性竞争作为行业竞争方式时，两级委托–代理关系都会产生一个福利损失 X_s（s=1，2）。

从逆序角度分析，在委托–代理关系 II 中，由于承包商已经预期到分包商可能存在的道德风险，也预期到它自身可能在分包商的道德风险中承受潜在损失 X_2，承包商将在自己的报价中加入 X_2，将此风险转移给业主。

在委托–代理关系 I 中，同样，业主也可以预期到承包商可能存在的道德风险，也预期到它自身可能在承包商的道德风险中承受潜在损失 X，$X = X_1 + X_2$，而业主不愿自担这部分额外成本（$X_1 + X_2$），或以业主提高使用价格的方式，或以承包商、分包商降低工程质量的方式，最终将这部分成本转嫁给建设项目的最终使用者，整个行业的社会福利遭受净损失扩大为（$X_1 + X_2$）。

3.2.3　合作竞争框架下的委托-代理分析（如图3-7所示）

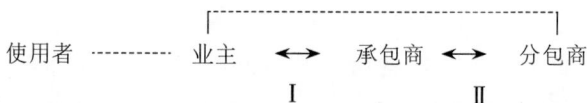

```
                ┌ ─ ─ ─ ─ ─ ─ ─ ─ ─ ─ ─ ─ ─ ─ ─ ┐
使用者 ········· 业主  ←→  承包商  ←→  分包商
                      Ⅰ              Ⅱ
```

图3-7　业主-承包商-分包商两级合作竞争框架

建筑业竞争者致力于长期共同利益，业主与承包商存在伙伴关系，承包商之间、承包商与分包商之间存在合作竞争关系。

1.顺序过程

（1）业主对承包商的正向选择

由于建筑业竞争者致力于长期共同利益，业主与承包商存在伙伴关系，且有过一定程度的业务往来，信息不对称的情况在信息交流过程中有所改善，业主较为了解与其有过业务往来的承包商的资信状况和施工能力，并已与能力较强的几家承包商建立了合作伙伴关系，所以在选择项目承包商时，业主或以公开招标的方式，或以邀请招标的方式进行。即使公开招标，业主基于自身效用考虑，也会选择优秀的承包商承揽项目建设。

（2）承包商基于隐藏行动的道德风险降低

虽然在合作竞争中，承包商基于隐藏行动的道德风险降低，但由于信息仍不能达到完全对称的状况，作为代理人一方的承包商仍可以发生基于隐藏行动的道德风险，记为 X_1'。

$$X_1' = \varphi(\kappa_1, \xi_1)$$

式中：κ_1 代表在合作竞争中业主与承包商的连带强度，ξ_1 代表连带强度以外的所有其他影响双方信息对称程度的因素。

X_1' 与 κ_1 负相关，$\partial X / \partial \kappa < 0$，业主与承包商间的基于隐藏行动的道德风险随着双方在合作竞争中的连带强度的增大而减小。

（3）分包商道德风险降低

类似于上述分析，虽然在合作竞争中，信息相对对称，分包商道德风险降低，但由于信息仍不能达到完全对称的状况，作为代理人一方的分包商仍可以发生基于隐藏行动的道德风险，记为 X_2'。

$$X_2' = \varphi(\kappa_2, \xi_2)$$

式中：κ_2代表在合作竞争中承包商与分包商的连带强度，ξ_2代表连带强度以外的所有其他影响双方信息对称程度的因素。

X_2'与κ_2负相关，即X_2'的值随着κ_2的增大而减小，也就是说，承包商与分包商间的基于隐藏行动的道德风险随着双方在合作竞争中的连带强度的增大而减小。

2.逆序过程

在连带强度较强的合作竞争的行业关系环境下，如果$X_1' = X_1$，也就是说，如果存在合作竞争的业主与承包商间基于隐藏行动的道德风险与不存在合作竞争的双方基于隐藏行动的道德风险相同时，业主会打破此种较强的连带约束，承包商将失去参与长期合作竞争的机会，丧失商业信誉。值得注意的是，当整个行业处于长期合作竞争的状态时，商业信誉将变得尤为重要。当$X_1' = X_1$时，承包商将失去市场机会。因此，判断在连带较强的合作竞争的行业环境下，$X_1' < X_1$，X_1'的大小主要受业主与承包商的连带强度影响，连带强度越大，X_1'越小。

同理，在强约束的合作竞争的行业环境下，$X_2' < X_2$。

从逆序分析，在委托-代理关系Ⅱ中，承包商已经预期到分包商可能存在的道德风险，也预期到它自身可能在分包商的道德风险中承受潜在损失X_2'，承包商将在自己的报价中加入X_2'，将此风险转移给业主。

在委托-代理关系Ⅰ中，业主预期到承包商可能存在的道德风险，也预期到它自身可能在承包商的道德风险中承受潜在损失X'，$X' = X_1' + X_2'$，或以业主提高使用价格的方式，或以承包商、分包商降低工程质量的方式，最终将这部分成本转嫁给建设项目的最终使用者，社会福利遭受净损失（$X_1' + X_2'$）。由于$X_1' < X_1$，$X_2' < X_2$，因此（$X_1' + X_2'$）<（$X_1 + X_2$），合作竞争机制降低了社会福利净损失。

3.3 建筑业合作竞争模式的一阶问题——承包商-分包商合作竞争关系的建立

3.3.1 传统的承包商分包活动存在缺陷

1.传统的承包商分包活动旨在规避风险

承包商在项目实施的过程中会面临多方面的风险，其中以来自业主的风险为主。通常，承包商进行项目分包旨在转移与业主签订的主合同风险。

（1）来自业主的风险

承包商与业主必须相互合作完成项目建设，但在各自利益方面则又是对立的两方，双方既有共同利益，也有各自独特的风险。业主的某些行为会威胁承包商的利益，因此承包商的风险贯穿整个项目过程。

①业主的资信风险

业主的资信情况体现了其对合同的履行能力和履行态度，其中存在一定风险，如业主的延迟付款。目前在我国工程建设实施中，业主延迟付款是一种普遍现象，虽然，施工合同明确规定业主应按承包商的工程进度和工程完成量支付进度款，但由于业主筹资渠道某些环节受阻或业主的经济情况恶化，致使资金无法到位。为了达到不支付工程款的目的，业主在工程中可能会刻意刁难承包商，滥用权力，想方设法寻找承包商的失误，并施以罚款或扣款。又如，业主的信誉较差，不诚实，为了收受贿赂等不正当目的有意拖欠工程款。这些行为不但给承包商造成利息损失，更重要的是打乱了既定的资金计划，影响材料订货和现场正常施工，进而影响合同工期。虽然承包商可以按合同违约之规定向业主索赔，但多数承包商为保持同业主良好的合作关系，仍不愿因延迟付款而提出索赔，独立承担了此风险。

②垫资风险

根据我国建筑业的现状，建筑承包商承接项目后需要垫付部分设备材料款。若企业垫资过多，业主又因为某些原因，资金不到位而拖欠工程款，将直接影响到承包商的业务开展乃至生存发展。垫资现象不仅使企业资金运转紧张，成本增加，并直接影响企业效益，而且导致职工工资不能及时发放，甚至造成工人队伍不稳定及人才流失。

（2）勘察设计带来的风险

工程项目的设计是依据已查明的工程地质和水文地质以及现场的勘察资料等进行的，这其中包含着很多不确定性，即风险因素。例如，在施工过程中发现现场地质条件与施工图设计出入很大，施工中遇到的大量岩崩坍塌等将会引起超挖超填工程量和工期拖延；同时，勘察设计单位的工作质量问题也会给承包商带来风险。某些设计单位责任心不强或为了降低设计成本，设计不充分或不完善，甚至有重大失误导致发生事故。而在事故发生后，往往以工程施工质量不合格为借口，将责任推给施工单位。

（3）政策与经济风险

国家产业政策风险指政策调整为承包商带来的风险。政策调整的不确定性对企业的业务有很大的冲击。此外，经济因素影响建筑产品中的单位成本，从而影响工程总成本。经济风险主要包括通货膨胀、汇率浮动、保护主义、税收政策、物价上涨和价格调整等。

（4）施工企业自身引起的风险

此类风险包括施工人员特定的职业要求其承担重大的职业责任风险，施工单位和个人的不规范行为引起的风险，项目施工过程中因管理不善等原因造成的项目经济和信誉上的损失等。

由于总承包商在签订分包合同时处于主导地位，分包商处于被动地位，因此，总承包商往往利用分包合同向分包商转嫁风险，使之在工程施工过程中承担的风险和享有的权利与总承包合同的规定有很大的差别，主要表现为：

①在工程付款方面，承包商往往以自己没有从业主那里得到支付为由，拒绝支付给分包商工程款。

②在一些分包工程中分包商往往不能对因工程变更、物价调整产生的收益享有权利。

③总承包商在工程分包时凭借自己的主导地位，收取过高的管理

费，转嫁合同风险，有时会使分包商很难继续实施工程。

④分包商缺乏合同管理经验，有时急于得到分包工程，签订包括条件过于苛刻的分包合同，成为总承包商推卸责任、转嫁风险的牺牲品。

2.传统的承包商忽视与分包商"共赢"

建筑业进入门槛低，特别是在普通的房屋建筑市场，建筑企业的产品、技术乃至服务"同质化"趋势严重，单靠独家的工程技术优势赢得竞争已非常不易。承包商以分散风险为目的寻找恰当的分包商承担工程建设，在此过程中，分包商"同质化"经营的特点使得分包商间往往为了获得一个项目而展开恶性竞争，承包商可以趁此压低价格，谋求更为有利的合同地位，传统的承包商分包过程却忽视了与分包商共赢可以巩固其行业地位并能获得更为长久的发展。

实际上，在产品、技术和服务"同质化"的背景下，只有通过"渠道"及"价格"才能真正创造差异化的竞争优势。在承包商与分包商关系的处理上，承包商的最佳原则是与分包商共赢。未来的竞争不仅是施工管理、技术的竞争，拥有"稳定、高效"的分包商队伍是承包商核心竞争力的重要体现，当然承包商也希望同类分包商能够形成竞争关系，以使其获得较低价的分包商资源，从而使承包商能以有竞争力的价格获得市场。

3.3.2 传统的分包商难以实现"高质量"与"差异化"经营

波特（1980）指出，企业会采取三个策略以获得比其他竞争对手更为持续的竞争优势：低成本优势、产品差异化优势以及占据细分市场优势。而在建筑业内，传统的分包商却没有寻找到竞争优势的来源。

1.传统的分包商难以实现"高质量"经营

分包商成分复杂，包括转制后自谋职业的原县、市级国营建筑企业职工、由个人自行组建的农民工队伍、直接由农民转建建筑施工分包队伍，很多分包商都在计划经济与市场经济转轨时期依靠各种关系发展起来，没有受过系统、专业的培训，素质欠佳。这些导致的问题包括：分包商施工质量不佳，分包商材料方面质量问题严重，施工质量不符合技术规程、规范和设计文件要求；分包商现场管理人员和技术工人素质不高；分包商工期拖延；分包商只注重自身施工管理，忽视项目整体系统性等。

相比较而言，国外大型工程承包公司管理人员比例高、素质高，在承担项目时，他们将具体施工任务分包到位，专注于项目管理工作，项目管理工作的专业化最终会提高项目建设效率。国外中小型专业分包公司人员专业水平高，施工设备齐全，公司规模较小，易于管理，专业划分详细而全面。在国外，专业分包商在激烈竞争中求生存，在自身不断发展的同时，也大大提高了项目建设效率。在此方面我国应予以借鉴。

2.传统的分包商难以实现"差异化"经营

目前，我国建筑业分包商"同质化"现象较为严重，拥有相似的专业技术、提供类似的产品及服务，这使得数目众多的分包商展开恶性竞争，尤其在房屋建筑市场中，此类现象尤为严重，各分包商主要集中在施工领域，经营范围狭窄，方式雷同，具有同质化倾向，由于核心竞争力低下，只能以价格为主要竞争手段，最终导致恶性竞争。分包商必须走"差异化"道路，才能提升核心竞争力，获得竞争优势，避免恶性竞争，实现与承包商的长期合作，在建筑业中谋求长久发展。

对于分包商而言，最基本的"差异化"是专业化。大型建筑企业为增强核心竞争力，必然将甩掉低端生产资源，专注于项目管理。对专业分包商来说，提高管理能力，培育优秀的专业技术人员，使用先进的机械设备，提高专业化施工能力是其提高核心竞争力的必由之路。大型建筑企业一旦摒弃了低端资源，必然更多地依赖于分包商来完成施工任务，因此分包管理能力亟须增强。而专业的分包商必须提高管理能力和技术水平，使用新型机械设备，降低成本，从而获得更高的生产率和利润率。为了适应变化，承包商会授予分包商更多的处理项目变化的权力，并更多地依赖外部资源，越来越重视对分包的管理。专业的项目管理最终使项目变得更有效率。小型专业分包商提高管理水平和技术能力，加强自身竞争力，可以在市场中获得更多的机会，这样其人力资源和设备资源能得到更多的利用，提高了生产效率，增加了企业利润，从而增强了抵御风险的能力。对行业和社会来说，专业化分工使资源的利用更有效率，直接的生产物质消耗减少，基础施工能力提高，从而使行业和社会的资源使用效率得到提升。

管理学观点认为，产品的价值由基本价值和附加价值构成，在激烈竞争的环境下，基本价值比较接近，产品价值的提高则更多体现在附加价值上，专业化生产是提高附加价值的途径之一，因此必然促使企业走专业化道路。国家通过颁布实施一系列政策法规促进专业化的分包体系不断完善，建筑业资质划分新规定体现了高层次的建筑企业向专业管理型建筑综合承包企业发展，低层次的建筑企业向各专业化的分包企业转变。同时，我国2001年颁布的《建筑工程项目管理规范》（GB/T50326-2001）也预示了项目管理的发展要求建立完善的分包体系。

专业化经营只是"差异化"战略的一部分，"差异化"还可以通过获得异于竞争对手的竞争优势体现，比如获得成本优势，从而实现"价格"差异；凭借自身的网络优势，从而实现"资源"差异；通过建立品牌，从而实现"品牌"差异。分包商只有提高自身的经营质量，并积极寻求差异化经营方式，才能获得更为有利的竞争优势。

承包商与分包商的传统关系表明，承包商将分包商视为分散风险的工具，忽视了与分包商"共赢"带来的持续利益；而分包商忽视了"高质量"与"差异化"经营，失去了与承包商合作的长期机会。所以，在传统实践中，承包商与分包商相互对抗成为较为普遍的现象。因而，承包商与分包商能否实现新的合作竞争是值得研究的课题。

3.3.3 承包商与分包商合作的必要性、可行性分析

1.必要性分析

建筑业组织间的合作是工程建设项目成功的基础（Barlow 等，1997；Bennett 和 Jayes，1995、1998；Latham，1994）。然而，一直以来建筑业被争端所困扰导致了行业内的合作是有限的，学术界也是这样认为的（Bresnen 和 Marshall，2000）。近年来，建筑管理领域的学者指出建筑业组织间的合作方式会带来信任、任务主导型效率、更优的资源配置和利用，使建筑业拥有更为出色的表现。合作被认为对工程建设项目的成功起着至关重要的作用，然而，至今尚无对合作和涉及项目成功的其他相关因素以经验数据为基础的明确的定量分析。

对于建筑业业主、承包商、分包商组织间的合作是否有必要发生，英国学者潘（Florence T. Phua）和罗林森（Steve Rowlinson）（2004）对此问题进行了基础性定量研究，他们认为尽管合作被认为对工程建设项目的成功起着至关重要的作用，但至今尚无对合作以及涉及项目成功的其他相关因素的以经验数据为基础的明确的定量分析，所以他们通过对中国香港建筑企业的29个访谈、398个数据回复和6个随后的访谈，将收集到的数据资料作为研究基础，细化影响工程建设项目成功的因素，并作了统计分析（分析结果见表3-1和表3-2）。

表3-1　主成分分析：项目载荷、特征值、变动比例和置信区间

项目	因素[a]				
	1	2	3	4	5
项目企业间的合作	0.68	—	—	—	—
业主与项目企业间的良好沟通渠道	0.67	—	—	—	—
企业内员工间的合作	0.59	—	—	—	—
恰当的项目采购系统	0.54	—	—	—	—
富有经验的业主	0.50	0.41	—	—	—
项目企业间良好的社会关系	—	0.63	—	—	—
公众对项目的支持	—	0.63	—	—	—
良好的气候条件	—	0.57	—	—	—
使用的施工材料/设备的技术先进性	—	0.56	—	—	—
参与项目的项目企业良好的资信	0.47	0.49	—	—	—
参与项目的项目企业公平的合同条件	—	—	0.68	—	—
业主良好的融资能力	—	—	0.67	—	—
可控的项目风险	—	—	0.59	—	—
为项目企业提供合理的机动资金	—	—	0.48	—	—
良好的安全施工条件	—	—	—	0.71	—
最低的政府干预	—	—	—	0.63	—
国家的经济稳定	—	—	—	—	0.78
对现场良好的防盗保护	—	—	—	0.70	—

续表

项目	因素[a]				
	1	2	3	4	5
国家的政治体系运行良好	—	—	—	—	0.78
详细设计规范已完成	—	—	—	—	—
特征值	5.52	1.84	1.28	1.10	1.03
变动比例	27.64	9.17	6.40	5.52	5.16
科隆巴赫辨识测量误差来源[b]	0.71	0.70	0.61	0.64	0.72

注释：[a]提取方法；主成分，最大方差正交旋转，KMO 统计量为 0.861，各变量之间的相关程度无太大差异，Bartlett's 球形假设检验结果为 2030.134，自由度为 190，其给出的相伴概率为 0.000，小于显著水平 0.05，因此拒绝零假设。载荷低于 0.4 被拒绝，有效项目载荷仅在其因子载荷最多时被标记。[b]建筑业企业仅考虑因子载荷。

资料来源：FLORENCE T T P, STEVE R. How important is cooperation to construction project success？ A grounded empirical quantification [J]. Engineering, Construction and Architectural Management，2004：49.

表 3-2 　　　　　　　　　　**分层回归结果**

独立变量	Project success Model 项目成功模型		
	1a	1b	1c
对所有项目企业公平的合同条件	0.15（2.78）**	—	0.10（1.84）
可控的项目风险	0.14（2.49）*	—	0.09（1.58）
项目企业间的合作	—	0.14（2.57）**	0.11（1.89）
企业内员工间的合作	—	0.20（3.73）***	0.15（2.65）***
R^2	0.06	0.08	0.09
调整后 R^2	0.05	0.08	0.09
F 统计量	11.47***	16.70***	9.84***
df	2382	2382	4378

注释：项目代表标准回归系数。括号内值为 t 统计量的回归系数。显著水平分别为 95%、99% 和 99.9%，分别用*、**和***表示。

资料来源：FLORENCE T T P, STEVE R. How important is cooperation to construction project success？ A grounded empirical quantification [J]. Engineering, Construction and Architectural Management，2004：52.

对表格中分析的 11 个因素可以分为 5 大类：合作-α=0.71；微观项目环境-α=0.70；合同特征-α=0.61；现场条件-α=0.64；政治经济稳定性-α=0.72。合作包含 5 项内容，其中有两项直接与合作相关，即不同建筑企业之间的合作与建筑企业内部的合作。合作因素是继政治经济环境之后，关系到项目成功的最重要因素，也就是说作为可以控制和管理的要素，合作直接关系到项目的成败。

模型 1a 显示当仅有与合同相关的因素参与分析时，这两个因素都对项目成功产生重要影响，约占 6%；模型 1b 显示当仅有合作因素参与分析时，后两个因素产生 8% 的影响。模型 1c 显示，当所有因素参与分析时，即当把合作因素添加到合同因素参与回归分析时，"对所有参与项目企业的公平的合同条款"和"可控的项目风险"完全失去了它们原有的显著水平，换言之，一旦合作因素参与回归分析，前两个合同因素不再对项目成功产生重要作用，证明了合作因素远强于合同因素。

此项基础性分析的结果表明：合作确实有益于提高建筑业运行效率，建筑业合作关系的建立确有其必要性。

2.可行性分析

莱瑟姆（Michael Latham）（1994）和伊根（John Egan）（1998）均曾提出改善英国建筑业效益的方向。建筑业中的冲突主要是因为行业结构和对抗性质，因此对政府和业主产生了需求，希望采取行动并在行业中探索变革。莱瑟姆的《构建团队》（Constructing the Team）和伊根的《反思建筑业》（Rethinking Construction）在探索变革中极具有影响力，这些报告被广泛引用，其与 1996 年的《住宅许可、建造和重建法》一同掀开英国建筑业变革的序幕。

莱瑟姆报告从整个建筑业的利益出发为改善承包商与分包商关系起到了推动作用。他认为承包商与分包商间的合作伙伴关系应该是这样的："合作伙伴协议在企业之间同样有益处，一些承包商已经与分包商发展长期关系，这是值得推崇的。该协议应当以改善项目实施并为业主节约成本为主要目标，不应当是'欺骗性'的。建设过程之所以存在，是为了满足业主的需求，和谐的关系应以共同信任并为业主谋利益为基础。"

对于承包商与分包商间到底能否产生合作这一问题，日本的建设行业已给出肯定的答案。实际上，日本的建设行业已经在承包商与分包商间的合作上有过实例。肖（Hong Xiao）和普罗夫斯（David Proverbs）（2002）通过合理假设了一栋六层的混凝土结构的办公楼项目，作为问卷调查收集数据并作以数据分析的基础资料，比较研究日本、英国和美国承包商在建筑业的表现，以工程质量作为比较的标准，对已完工项目缺陷、业主的满意度水平、项目缺陷责任期长短以及对已完工项目的回访次数进行评价，并对不同承包商表现差异背后的可能原因（包括设计周期、业主的反馈意见、质量管理增值体系和质量担保程序）加以研究。他们将国际知名的建筑业领军者日本、美国与英国三国的建筑业加以比较后，发现日本的工程质量明显优于美国和英国，其中的原因之一是日本建设行业承包商与分包商间的合作产生了重要的积极作用。

虽然日本和美国两国存在不同的文化背景和风俗习惯，但两国的建筑业都是国际知名的建筑业领军者（Levy，1990；Flanagan，1994）；同时，与世界范围内其他国家建筑业相比，英国建筑业表现更为出色（Centre for Strategic Studies in Construction，1988；Egan，1998；Flanagan 等，1998）。因此，对三国承包商的表现加以比较可以了解其各自的特点，有利于建立世界级承包商的评价标准。

此项调查同时在日本、英国和美国进行，回复者（建筑企业项目经理）被邀请凭借以前工程项目的经验回答与假设项目有关的问题。在日本，问卷分发到建筑承包商协会（Building Contractors Society，BCS）的承包商手中；在美国，通过对美国承包商协会（Associated General Contractors of America，AGC）邮寄电子邮件与承包商取得联系；在英国，在 Kompass 目录（Reed Business Information，1999）和 CIOB（Chartered Institute of Building，2000）会员中，通过电话或电子邮件的方式与承包商取得联系。问卷调查情况见表3-3。

调查结果显示：通常，日本承包商在工程项目质量方面比英国和美国有更出色的表现，表现为竣工项目缺陷更少，缺陷责任期更长，工程竣工后召回次数少。实际上，高质量是日本承包商卓越特征之一（Levy，1990）。日本在质量方面的出色表现来源于根深蒂固的质量意识、承包商与分包商的紧密合作关系和贯彻执行全面质量管理体系（TQM）

表 3-3 　　　　　　　　　　　　　　　问卷调查表

项目 国别 国家	分发问卷 数量（份）	回收问卷		经确认无效的问卷		用于分析的问卷	
		数量（份）	比例（%）	数量（份）	比例（%）	数量（份）	比例（%）
日本	97	22	22.7	0	0	22	100
英国	417	34	8.2	2	5.9	32	94.1
美国	113	38	33.6	6	15.8	32	84.2
总计	627	94	15	8	8.5	86	91.5

资料来源：HONG X，DAVID P.The performance of contractors in Japan，the UK and USA，An evaluation of construction quality ［J］. International Journal of Quality & Reliability Management，2002：675.

和质量保证（QA）证书。对于日本承包商而言，质量是最高准则。质量观念遍及实践的每个角落。日本的质量意识源自缓慢但稳固的科技发展和认真的协作伙伴关系，此点在西方发达国家并不明显（Bennett 等，1987）。英国依靠事前加工部件和工厂生产的产成品来提高项目质量，美国更是如此。与日本相比，英国和美国的现场施工过程是被忽略的。英国建筑业被批评事后评价方法和较差的监督和管理，以及不充分的沟通交流，怠于调查错误和回馈经验，对工人激励不够（Harvey 和 Ashworth，1997）。

通过上述研究发现，承包商与分包商的合作不但可以实现，而且是促进和改善工程质量的良方。

日本承包商与分包商间的稳固、长期、紧密的合作关系促进了工程项目建设。通过强化承包商与分包商组建的团队（Ahmad 和 Sein，1997），施工中发生的问题可以跨越边界进行沟通和合作（Shammas-Toma 等，1998），并最终得到妥善解决。与西方竞争性文化不同，日本文化更注重对长期合作关系的培育（Haley，1994）。在日本，一个分包商可以数十年只为一个承包商工作（Sjoholt，1999）。忠诚和回报被看得很重（Hickson 和 Pugh，1995）。评价分包商的方式是根据它们所承揽的工程项目的质量来评定。承包商为分包商设定一系列标准，并对分包商予以帮助。日本的承包商公平对待自己的分包商，确保它们有利可图并有机会成长。分包商精确地按照详细标准，竭尽全力完成协议要求的工作（Bennett，1991）。据统计，在日本有超过90%的承包商与分包商每周两次制订计划、组织会议（会议的功能包括解决问题、计划、任务分派、收集信息和协调），超过80%的承包商的频率甚至为每天一次（Xiao 和 Proverbs，2001）。比较发现，英国和美国的大多数承包商（比例分别为78%和84%）与分包商每周一次或频率更低地制订计划、组织会议。对英国25个施工现场的调查发现，承包商更为注重短期经济利益，不与分包商合作，彼此多为控诉、反控和责备的对抗性和怀疑的关系（Shammas-Toma 等，1998）。这种背景无疑对英国承包商的质量表现产生负面影响。分析得出，最佳方式是紧密联系工程项目，将项目风险被最有能力掌控的参与方分担和控制（Agile Construction Initiative，1998）。承包商需要与它们的分包商发展更为紧密的工作合作关系取得共同利益，而不是继续现有转移风险的方式。紧密的工作合作关系能创造双赢，并使参与人受益。因此，承包商与分包商间展开合作具有可行性。

对此问题，我国建筑业也有成功案例可寻。据2004年11月25日《科技日报》的报道，中国建筑工程总公司和上海建工集团联合中标上海环球金融中心工程。上海环球金融中心工程由日本森海外株式会社投资，是以办公楼为主，集商贸、宾馆、观光、展览及其他公共设施于一体的大型超高层建筑。位于上海浦东新区金融贸易中心区，与金茂大厦相距仅40米。塔楼地上101层，地面以上高度为492米，于2007年竣工。其建成后成为当时世界上结构工程最高的大楼。据了解，该工程钢结构安装总重量达6万多吨，且钢构件截面大、单件重、连接形式复杂，塔楼顶部月亮门结构新颖、复杂，安装控制要求高，其施工技术、建筑质量要求均须达到世界先进水平。据估计，参与施工的国内外分包商、供应商将有100多家，施工交叉作业多、机电设备和装饰标准高、境外大宗材料设备采购量大，对工程总承包商与各专业分包商、供应商的相互合作与协作提出了巨大挑战。通过广泛的合作，变国内以往不同建筑企业单一竞争状态为合作竞争新模式，从独立的企业间战术联盟走向多元的行业内战略联盟，从单一的价格协议、行业标准、品牌营销走向立体的资源互补、供求合作、风险共担，从而为国有建筑企业应对跨国承包商的强力挑战又添一分胜算。

3.4 建筑业合作竞争模式的二阶问题——业主对建筑业合作竞争的推动

3.4.1 传统意义上的业主–承包商伙伴关系

1.传统意义上的业主–承包商伙伴关系的内涵

20世纪70年代早期，美国建筑业市场环境发生了明显的变化。此时期，美国提供了全球大多数建筑市场的服务，而此时期后，随着建筑市场的全球化及其不断发展，美国建筑业开始下滑。1978—1982年，外国建筑公司在美国本土获得的收益年平均增长率达35%；1982—1986年，由美国签订的国际建筑合同下降了40%。耶茨（Yates）（1991）提到"世纪之交，建筑业将是来自不同国别企业共同争夺的大蛋糕。这些企业都有实力从事各种不同的工作，设计、施工、管理等一条龙服务"。美国面临着迫切提高建筑业竞争力的客观要求，建筑业需要彻底改变传统的管理方式，建立新型的管理方式，需要寻求一种新的战略管理模式以降低成本和增强在市场中的竞争力。

同时，传统的工程项目管理组织模式长期存在的问题也迫切需要建立一种新型的管理组织模式。传统的工程项目管理组织模式是建立在分工与合作基础上的"金字塔"式组织，业主方与施工方、设计方和供应方等方面的关系通常为指令、命令的纵向关系，施工方、设计方、供应方等彼此孤立，互不来往。该组织结构存在诸多问题，诸如项目参与各方在工程建设过程中的地位不平等；项目参与各方只顾自身利益而忽略了项目的总目标；存在大量的管理界面和过程界面，项目建设过程中的协调量大；组织结构层次多，使得项目控制的难度增大；只存在命令和控制，缺少协调和合作氛围；决策过程缓慢，信息孤岛现象严重；信息传递短缺、扭曲、失真和延误等。

Partnering 模式于 20 世纪 80 年代中期始现于美国。1984 年，壳牌（Shell）石油公司与 SIP 工程公司签订了被美国建筑业协会（the Construction Industry Institute，CII）认可的第一个真正意义上的 Partnering 协议；1988 年，美国陆军工程公司（US Army Corps of Engineers）开始采用 Partnering 模式并应用得非常成功；1992 年，美国陆军工程公司规定在其所有新的建设工程上都采用 Partnering 模式，从而大大促进了 Partnering 模式的发展。到 20 世纪 90 年代中后期，Partnering 模式的应用已逐渐扩大到英国、澳大利亚、新加坡、中国香港等国家和地区，越来越受到建筑工程界的重视。

美国建筑业协会（CII）对 Partnering 的定义是：20 世纪 80 年代美国建筑业受进度、成本、质量目标的约束，为了提高市场竞争力，提出了采用 Partnering 模式的管理模式。CII 建立了一个特别小组专门研究了 Partnering 模式能否作为在业主、承包方和设计方之间的一种"合同"方式的可行性。1989 年，汉彻（Hancher）在文章中具体提出了 CII 对 Partnering 模式的定义。Partnering 模式是"两个或两个以上的组织为了获取特定的商业利益，最大化地利用各组织的资源而做出的一种长期承诺。这种关系建立在信任、追求共同目标和理解各组织的期望和价值观的基础之上"。这一定义包含以下几方面的内涵：

- 追求双赢的解决策略；
- 强调保持长期伙伴关系的价值观；
- 信任和坦诚是重要准则；
- 创造有利于利润产生的环境；
- 鼓励坦诚公开地面对任何问题；
- 意识到剥夺其他成员获取利润的机会就是在剥夺自己获取利润的机会；
- 鼓励创新；
- 意识到并乐于帮助其他成员满足其需求、解决其担忧和达到其合理目标。

如今通常普遍应用的 Partnering 模式定义是 CII 在 1991 年提出的，它是对汉彻提出的定义的进一步完善和具体化，将 Partnering 模式的成效与建筑业的目标密切联系在一起。

CII认为Partnering模式是"在两个或两个以上的组织之间为了获取特定的商业利益，最大化地利用各组织的资源而做出的一种长期承诺。这一承诺要求使传统组织间孤立的关系转变成一种不受组织边界约束，能够共享组织资源、利益的融洽关系。这种关系建立在信任、追求共同目标和理解各组织的期望和价值观的基础之上。期望获取的利益包括提高工作效率、降低成本、增加创新机遇和不断提高产品和服务的质量"。

核心理念是支撑Partnering模式顺利实施的驱动力，是Partnering模式的基本要素，是其与传统模式的根本区别。美国学者埃德·里格斯比的《合作的艺术》从核心理念的角度对"P-A-R-T-N-E-R"浓缩描述为：participation（参与）、acceptance（接纳）、recognition（认可）、tell the truth（告知实情）、net-of-safety（绝对安全）、enthusiasm（热情）、renewal（重申义务）。

要想建立一个非常成功的伙伴关系，实施成功的Partnering模式，其基础必须建立在坚固的岩石上而不是流沙中。从Partnering模式的实施过程考虑，将其核心理念概括为八个方面：信任、承诺、协同、宽容、理解、关心、相互依存和发展壮大。

2.伙伴关系对建筑业的推动

伙伴关系的构建使得业主与承包商把各自的经济利益置于战略高度，并视为互为相关。业主都希望通过战略伙伴合作，获得比内部资源更加灵活适用、成本更低的外部工程与管理资源。承包商可以对比业主的特定需求与其他业主需求的差异，也可以提供业主不可能全部拥有的专业化技术与服务。欧洲研究机构IMEC所研究的许多战略伙伴合作协议都是业主为了获取某种特殊资源而建立的。他们将战略伙伴合作协议当作合同来审视工程。他们的关系与其说是联合参与一个项目设计与开发，不如说是战略伙伴合作协议的签订成为供应商提早进入项目的一个介入点。

沟通顺畅是伙伴合作双方共同解决问题的核心。更好地管理变化中的需求是伙伴合作的关键。伙伴合作项目的研究（Brian Bjorn，2001）表明伙伴关系在成本、进度、质量、设计变更以及索赔等方面都有显著的改善。不过，在现今的工程项目建设环境、习惯、条件下，伙伴合作往往是在建设合同签订之后建立的，伙伴合作的影响因而只是停留在建设阶段。

战略伙伴关系使业主与一定数量承包方之间形成了长期合同合作关系，从而减少了竞争性承包方的数量，提高了项目执行的效率。

3.伙伴关系在中国香港的实施情况①

在中国香港，伙伴关系的实施大部分由业主发起。伙伴关系的应用时机和应用程序因业主而异，但基本框架是一致的，都包括选择参与方，召开伙伴关系讨论会，实施与总结等步骤。一般来说，私人工程业主对伙伴关系的应用程序比较灵活自由，而公共工程的业主，即政府机构，则期望建立一个规范化的程序并推广使用。下面主要以公共工程为例，介绍伙伴关系的实施过程。伙伴关系的实施程序可以按工程项目实施周期的各阶段来描述：

（1）项目前期。项目前期是指工程开工以前的阶段。这一时期是伙伴关系的准备阶段，涉及确定是否建立伙伴关系以及确定伙伴关系的参与方等决策。

伙伴关系作为一种新型的管理模式，存在潜在风险。发起人需要考虑这种模式所能带来的短期或长期利益，同时综合考虑工程采购模式的变化。一旦决定采用伙伴关系管理模式，发起人就需要确认伙伴关系的参与方。参与方可能包括业主、承包商、设计方、咨询公司和主要分包商，有时还涉及其他项目受益方。伙伴关系主要参与方的选择应较早策划。在中国香港，项目中主要采用非合同化的伙伴关系管理模式，因此业主和承包商签订的工程合约与一般项目相似。在付款策略上，某些项目采用了适当的激励机制，如果工程结算成本低于目标成本，则给予承包商一定奖励，否则会处以罚款。

（2）项目执行阶段。项目执行阶段，是指工程开工之后至工程竣工之前的时间段。项目执行的过程，正是伙伴关系正式实施的期间。由于业主和承包商签订的工程合约与一般项目相似，实施伙伴关系的项目

① 陈华，李玉彬，武健. 伙伴关系管理模式在香港建筑业的应用现状及程序 [J]. 项目管理技术，2006（1）：28-32.

中，各方仍按照合约规定的职责和义务进行传统的进度、成本和质量控制等管理工作。伙伴关系的实施是在执行这些工作的过程中进行的。

一旦伙伴关系参与方已经正式明确，发起人就需要着手筹建伙伴关系工作小组和第一次伙伴讨论会。工作小组由各参与方派人组成，人数20～50人不等。第一次讨论会的主要目的在于树立团队精神，讨论伙伴关系的目标和实施策略。通过第一次讨论会，项目各方将建立伙伴关系规章，并形成执行计划和问题处理程序等重要文件。其中，伙伴关系规章通常会列明伙伴关系将要达成的具体目标，比如项目取得盈利，保证项目质量并满足业主要求，成员之间充分及公开的交流等。其文件长度一般不会超过1页。规章作为一种合作象征，通过所有参与方的签署行为、展示所有参与方的办公室等方式，体现各方的相互信任和对履行伙伴关系的承诺。

实施伙伴关系的工程项目中采用了一种全新的问题处理程序，希望尽快有效地解决工程中出现的冲突和纠纷。其核心文件是事务处理阶梯表，表中按现场操作人员、中层管理员及高层管理员等层次列明了各参与方的负责人员和处理时限。如果问题在低层的处理时限里没有及时解决，将会提交到上一级处理，直至问题处理完毕。此外，许多工程项目中采用了自愿裁决和冲突解决专家等替代争端解决方案，以便更有效地解决纠纷。实施伙伴关系的项目则因为伙伴关系各参与方增强相互沟通及合作的宗旨，更有利于替代争端解决方案的执行。

第一次讨论会结束时，需要确定中期讨论会的时间安排。这些中期讨论会主要讨论当前阶段伙伴关系实施的绩效评估，分析现存问题以及制定改善措施。为了更有效地达成伙伴关系的宗旨和使命，项目各方一般在每个月对伙伴关系实施的情况进行打分评价（比如1分为很不满意，5分为很满意）。打分的指标包括伙伴关系规章中的各项目标以及项目绩效指标。评价表将由各方伙伴关系的负责人进行汇总讨论，并针对不满意的指标提出相应的提升措施。

（3）项目结束阶段。这一阶段是伙伴关系的总结阶段。最后一次伙伴关系讨论会一般在临近工程竣工或竣工后举行，以回顾伙伴关系实施情况并分享各自的经验。

4.伙伴关系在我国的应用

近年来，伙伴关系在我国建筑业得以适用，相关实证研究包括：

（1）业主与承包商对于伙伴关系的态度的研究

程妤（2006）[①]将上海、青岛、长沙三地作为问卷的发放地，发放问卷300份，业主版、承包方版以及监理版各100份，三个版本分别回收有效问卷90份、91份以及92份，整体有效问卷回收率为91%。通过对工程项目的工期、投资、类型、承包方资质以及被访者的从业年限、所属单位类型等12个因子进行检验，得到以下结论：

①目前我国建筑业对伙伴合作这种创新的模式有一定需求，但也存在一些障碍。需求主要体现在对伙伴合作所要解决的问题，正是目前工程项目合作实践中的关键性问题。

②从理论上讲，推进合作伙伴模式，在解决问题的同时，对合作绩效无疑是很大的推动与改进。但对业界专家和工程项目管理资深研究者的访谈却显示，他们对于伙伴合作这类通过"君子协定"性质的协议来协调合作关系的模式，多持有否定或怀疑态度。

（2）承包商与工程师对于伙伴关系的态度的研究

陆绍凯（2005）[②]将问卷发送到北京、上海、杭州、武汉、柳州、桂林、成都、重庆、南通、天津、南昌、福州、厦门、石家庄、深圳以及西安共16个城市的建筑企业。最终得到116份有效问卷。有效问卷集中于成都和武汉两地。问卷的填写者包括：项目经理、项目指导、高层经理、中层经理、工程师以及专业人员等。

研究表明，在中国内地建筑企业中，总体上咨询工程师和承包商对于运营目标、应用合作伙伴的动机、项目因素和伙伴组织因素的评估具有一致性。但在下列评估因素上表现出了明显差异：咨询工程师在应用合作伙伴时，比承包商更加关注工程项目质量、创新、获取专业支持等因素；承包商比咨询工程师更加关注分散风险和建立长期合作关系的因素。总体上来看，承包商比咨询工程师更加关注战略性长期目标；而咨询工程师更加关注当期项目所带来的经济利润，但二者都十分重视提高

① 程妤. 工程项目建设的合作绩效改进研究［D］. 上海：同济大学，2006.
② 陆绍凯. 工程项目合作伙伴适用性评估体系研究［D］. 成都：西南交通大学，2005.

企业的声誉。

3.4.2 对于传统伙伴关系的研究不足

建筑业的一个特征是总承包商将工程项目的一部分分包给专业分包商（Eccles，1981）。当涉及大型的、需要复杂技术设施的工程项目时，多达75%～80%的工作要由材料供应商和分包商提供服务才能完成（Dubois和Gadde，2000；Miller等，2002）。然而，尽管分包商的工作占据了大部分，总承包商对于如何与之协调工作仍感到困惑（Briscoe等，2001）。传统上，总-分包之间的关系具有交易性质，被诸多冲突和不信任羁绊，使得总承包商将转移风险作为分包的目的（Miller等，2002）。实际上，许多总承包商寻找分包商的主要目的是转移责任风险，导致信任完全来自合同条款而不是总-分包之间的合作关系（Pietroforte，1997）。导致总-分包之间关系较差的另一个原因是以价格竞争为基础的传统的招投标机制（Miller等，2002），导致双方态度敌对（Hinze和Tracy，1994；Latham，1994；Dainty等，2001）。

通常，分包商无法参与到总承包商的决策过程中（Miller等，2002；Packham等，2003）。因为总承包商大多寻求降低成本的方法而不是从专业化和共同合作的角度进行决策，分包商通常无法参与到其负责实施的设计和工作计划中（Miller等，2002）。创新也因冲突和不信任受到阻挠，分包商更愿意以固守陈规的方式实施项目建设，而不愿冒风险作新的尝试。

近些年，为了缓和敌对关系，促进建筑业合作，运用于施工和设施管理的伙伴关系日渐盛行。然而，伙伴关系以及激励计划大多仅仅聚焦于业主与总承包商间的关系，偶尔涉及咨询企业，极少包含供应商和分包商（Bresnen和Marshall，2000a；Saad等，2002）。业主与总承包商的伙伴关系极少将分包商包括在内，伙伴关系几乎不研究分包层次的合作关系（Bresnen和Marshall，2000b；Packham等，2003）。从项目建设的需要角度，对于建筑项目实施起关键作用的所有参与者都应当包括在伙伴关系团队和激励计划之内（Ng等，2002；Chan等，2003；Packham等，2003），尤其是分包商。

3.4.3　涵盖业主的建筑业合作竞争模式

鉴于对伙伴关系的研究通常忽略分包商这一问题，提出合作竞争关系，目的在于着重提出分包商在伙伴关系的重要作用。合作竞争是以项目业主、承包商和项目主要分包商作为长期关系模式的重要组成部分，应当作为建筑业伙伴关系研究的重点。涵盖业主的建筑业合作竞争模式包含三个层次的关系：承包商与分包商的关系，业主与承包商的关系，以及业主与分包商的关系。

1.承包商与分包商的关系

从建筑市场构成的角度看，承包商既是卖方又是买方，它既要依据建筑施工合同对业主负全部的法律和经济责任，又要根据分包合同对分包商进行管理和履行有关的义务。承包商在将部分工程分包给分包商的过程中，不能将主合同的责任和义务分包出去。承包商不能期望通过分包逃避自己在主合同中的责任。分包商要接受承包商的统筹安排和调度，只对承包商承担分包合同内规定的责任并履行相关的义务。

2.业主与承包商的关系

在建设工程施工合同中，传统上称业主为甲方，称承包商为乙方，业主与承包商订立的合同是在项目建设合同体系中最为根本的主建设合同。承包商作为工程的承揽者，直接对业主就工程质量、工期、造价、安全等负责。甲、乙双方只要有一方出现违约，就要遵循合同条款向另一方负责。

3.业主与分包商的关系

由于分包合同只是承包商与分包商的协议，从法律的角度讲，业主与分包商之间没有合同关系。业主对分包商可以说既无合同权利，又无合同义务，这与业主和承包商的关系有着本质的区别。除非合同另有明确的规定，分包商与业主的来往均须通过承包商进行，业主只是按照建设施工合同，支付承包商工程款项，并赔偿其可能的经济损失；而分包商是从承包商处按分包合同索回其应得的部分，分包商的效益通常与承包商的效益密切相关。

业主-承包商-分包商供应体系中，存在两个独立的合同关系，即业主-承包商合同关系、承包商-分包商合同关系，和业主与分包商的间接制约关系。传统意义上的伙伴关系模式仅考虑了业主与承包商这一层次的合作问题，忽略了承包商与分包商的合作关系。

涵盖业主的建筑业合作竞争模式是建立在传统建筑业伙伴关系的基础上，在强调业主与承包商间应加强合作与信任的同时，将主要分包商融入到伙伴关系中，尤其强调了承包商与分包商的合作竞争与信任，因为承包商与分包商正是建筑业的重要组成部分，合作竞争提出的意义在于把合作伙伴关系的重点由传统上的跨越项目投资者和建设者的焦点转移到行业内的建设上来，同时兼顾了原模式中的业主，将业主-承包商-分包商共同融入到合作竞争关系中，力求实现项目合作与"多赢"的发展前景。

3.4.4 业主对于分包商参与合作竞争的推动途径

一般情况下，尽管业主与分包商没有直接的合同关系，但是业主可以对分包商参与到合作伙伴关系起到一定的推动作用。业主对于不同层次承包商的整合起关键作用，其原因在于：

第一，业主通常比总承包商更关心分包商的经验和资历（Briscoe等，2004）。因为业主比总承包商更注重项目的价值创造，而总承包商更注重低成本所带来的利润。

第二，业主与总承包商的关系影响着不同承包商之间的关系（Pietroforte，1997；Saad等，2002）。业主的采购程序，包括业主推荐和指定分包商，决定了分包商能否参与到项目决策程序（Dainty等，2001；Briscoe等，2004；Khalfan和McDermott，2006）。

为了使参与者达成合作关系，业主的采购行为至关重要。然而，由于承包商的差异，整合和协调合作关系无法简单自发进行。所以，对整合分包商提高价值创造和创新方式的研究是必要的。

传统的竞争机制采用分工（dividing work）的方式，导致不同建筑承包商"职能割裂（functional fragmentation）"。这种职能上的割裂在不存在伙伴关系的建筑业中被敌对的合同体系（adversarial contractual systems）和一般意义上的风险分担方式进一步扩大。合同条款使合同双方固守于某种标准的行为模式（standard practice）或建筑业目前已成形的某种知识和技术（Kumaraswamy 和 Dulaimi，2001；Kumaraswamy 等，2004）。对于风险的传统分担方式降低了承包商对分包商的激励程度，在项目采购链上风险通常自上而下传递，由承包商传递给分包商，而分包商通常最不具备承担相应风险的能力（Barlow，2000）。这种风险分配方式使得分包商无法具备创新能力，更注重工期和习惯做法。

传统的分工、合同以及风险分担方式，使得在非伙伴关系的项目采购中，不同项目参与者之间的态度是敌对的。而以敌对态度展开工作时，分包商通常关心如何以个体利益为目标完成项目而不考虑共同利益（Dulaimi 等，2003）。此种仅关心个体利益的态度限制了企业间的合作和知识的传递，无法满足业主联合创新和价值创造的目的（Gann 和 Salter，2000）。

埃里克松（Per Erik Eriksson，2007）进行了如何使分包商融入合作竞争伙伴关系的案例研究。

案例是瑞士药品生产商阿斯利康 Astra Zeneca's（AZ）的一个建筑设施项目。这是一个大型的建筑项目，价值超过 15 000 000 欧元，项目参与方复杂。该案例从分包商的角度予以调查。项目通过建立合作关系得以实施。

案例数据资料来源：3 次对业主项目经理的访谈，每次访谈时间大约 1 小时；一系列 3 个后继的对伙伴团队的所有参与方的调查（每次调查 25～30 人）；文档分析；对大量会议和工作小组的观察和参加。在项目结束时，为了比较几种对传统采购项目的合作方式，进行了第三次调查，访谈 29 个伙伴团队工作者对于项目环境的几方面意见，同时对营造合作氛围的不同技术的作用进行评价。李克特（Likert）平衡 7 点打分法在此处得以使用（1=不同意，或不重要；7=完全同意，或非常重要）。

1.分包商参与合作的技术性案例研究

业主使用了几种整合项目参与者营造合作氛围的几种技术方式：广泛的合作方式、早期采购、联合利益分享、合理的风险分担方式、多种合作工具。表 3-4 中列举了案例研究的关于这些技术方法的重要性评价和功能打分的最终结果。

表3-4 技术性方法打分表

项目	重要性评价	在案例项目中的作用
广泛合作	4.7	4.9
早期项目采购	5.7	5.0
软环境参数	5.4	4.4
分享利润	5.1	4.5
共同目标	5.3	4.9
分享IT数据库	4.9	5.1
共同项目办公区	5.2	5.7
团队建设	4.8	4.6

资料来源：ERIKSSON E. Cooperation and partnering in facilities construction empirical application of prisoner's dilemma ［J］. Facilities，Emerald Group Publishing Ltd，2007，vol.25 No.1/2，207.

业主的广泛合作方式是指在伙伴关系团队中包括了总承包商、几家咨询企业和三家分包商。分包商负责安装工作（电器、空调、冷热水系统），被认为在项目中扮演关键角色，因为此项工作非常复杂，并且对整个建筑设施的功能起决定性作用。因此，分包商在设计/计划阶段以及整个生产过程全程参与项目建设。业主的广泛合作方式被认为是提高项目的执行水平和参与者的参与强度的决定性因素，无论在深化规范阶段还是生产建设阶段。

这些分包商在项目早期就已介入，并被业主指定。因为，业主更看重的是被选定的分包商具有足够的技术实力和合作能力，而不是最低报价。评标时，资质标准占据了60%的权重，而价格标准只占40%。在指定分包商的选择上，总承包商可以推荐，但最终由业主选定。最终的调查显示分包商早期介入项目并运用资质标准作为选择分包商的依据是促进任何建设项目的合作氛围的重要技术手段。基于此，应最大限度地将此方式正确执行。然而，在伙伴关系团队组建中，案例项目并没有完全成功。案例调查结果同时显示基于资质标准的分包商的早期介入被较差执行。不是所有的项目参与者都认为合作有必要。在项目执行过程中，由于项目本身过于复杂，规范设计未得以深化，团队的注意力仍集中于降低造价的硬性标准，而对关于合作的软环境参数没有足够重视。

在案例中，回报包括利润分享，如果造价比预算低，伙伴团队会分享红利。以此种方式，参与方使项目造价降低得到了合作的激励，在项目结束时，各方得到了小份额的红利。由于红利的分享份额取决于所承揽工程的造价占总造价的份额，因此，分包商得到的红利比总承包商所得少得多。这些份额不取决于对项目造价降低所做的贡献大小，分包商依旧无法得到恰当的激励。案例的结果揭示，有机会取得资金红利通常被认为是重要的激励方式，但不是此项目促进参与方合作的主要因素。许多参与者认为，项目自身的回报（比如更好的工作环境，与业主长期合作机会），将更有利于合作。

在案例中，合理的风险分担方式在项目采购过程中和合同条款中得以体现。分包商不仅仅被看作风险承担者，它们在早期参与项目，贡献专业知识、技术方案，参与制订工作计划，不承担这些工作的主要责任。此种方式便于分包商控制和计划，特别在工期和资源方面，进而降低它们所承担的风险。

为了转变敌对态度，便于营造合作氛围，分享价值和团队建设，一些合作工具被采用。案例调查结果显示这些合作工具被认为非常重要，并在案例项目中体现出良好的功效，特别是联合项目办公室。在项目建设中，团队建设应用于不同层次的员工，为了提高执行度和参与度，不仅白领员工，蓝领员工也一起参加会议并完成工作。建立共同目标成为团队建设的重要方式，并且不断地回顾工作是否偏离目标对合作的执行起到积极作用，尤其在项目维护阶段。在项目中期，在项目建设现场附近设立共享的项目办公室被认为非常有用，而且被采访者认为在今后的项目中应更早建立这种办公室。

2.案例研究：分包商参与的结果

分包商比总承包商合作经验少，所以很难立刻取得合作观念。然而，业主和总承包商都认为合作的方式使得分包商的表现更为积极主动，灵活性增强，与其他项目参与者的协作能力和承担责任的意识都有所提高。通常，分包商对于合作参与非常主动，并对此种工作方式表现出强烈的愿望。

在小组讨论中，几位参加者认为合作方式使分包商具备更广泛的能力。在项目建设过程中联合指定规范和技术合作，使分包商和不同参与者互动并分享知识。因此，它们互相学习，这种学习方式使所有参与方提高自身的能力，并为未来的合作提供了便利条件。此外，在规范设计过程、投标评价方面和利益分享机制中，所有参与方提升了这方面的管理能力，而这些能力若仅在一个单一项目中很难掌握。通过参与一系列项目，参与方可以通过未来的更为广泛的合作受益。

案例调查反馈显示，与传统项目采购相比，分包商对创新和问题解决方案方面做出更多贡献。尽管分包商的重要性通常被忽略，但实际上，业主和承包商都没有意识到如果将分包商整合到重要决策程序中，它们会对建筑业带来较高的增加值。

3.分析：整合分包商的技术

近年来，业内人士逐渐认识到应将分包商融入更为广泛的伙伴关系之中（Bresnen 和 Marshall，2000a）。所有与项目实施有关的重要参与方都应参与到伙伴团队和激励计划中（Ng 等，2002；Chan 等，2003；Packham 等，2003）。分包商应被融入设计团队中（Egan，1998），因而分包商营造项目早期介入，便于它们对价值工程的贡献和创新实践（Briscoe 等，2004，Khalfan 和 McDermott，2006）。在案例项目中，三家被认为对项目建设起关键作用的分包商在早期介入到广泛的伙伴团队中。它们被邀请参加设计工作，对建设计划贡献专业知识。不同的项目参与方（业主、咨询、总承包商、分包商）在不同的建设阶段（设计阶段、生产阶段）整合，结果显示设计和计划以及施工效益都得以提升。

研究结论：经验结果显示，分包商融入和整合方式包括：

（1）分包商早期介入项目；

（2）分包商的选择标准不能仅仅以最低报价为依据；

（3）回报包括联合利润分享；

（4）对合作工具的使用；

（5）广泛的合作方式。

本书认为可以通过四种方式使伙伴关系延伸到分包层次：

（1）分包商在项目早期介入工程，可使得分包商将注意力集中在项目的共同利益上。

（2）在特殊项目上，激发分包商的创新。早期介入工程并鼓励分包商在关键决策过程中发挥作用可使项目更快进行，使业主更了解自身的需求和项目的目标，改善参与方的沟通和交流，增加项目的价值。

（3）改善不同企业的工作关系的关键是恰当的合同条款。激发合同订立者之间对于双方未来潜在收益的兴趣，而不仅仅关注风险的分担。

（4）构建一种合作的氛围，"合作工具"（collaborative tools）在项目维护阶段使用。例如，建立共同目标和不断地评估，组建共同的项目办公室，分享共同的 IT 数据库，重视团队建设工作，统一争端解决技术和设立伙伴关系调节人等。

3.5 基于合作博弈的合作竞争机制的模型分析[①]

非合作博弈是研究决策相互依赖的参与人不能达成可约束协议的情形，着重于战略均衡的分析过程。合作博弈是针对结果而言，是把合作视为先验而对联盟收益分配的处理，大致分为可传递效用博弈和非传递效用博弈。合作博弈应满足个体理性，即参与人在联盟分配的收益不能少于单干获得的收益；集体理性，即达成总联盟后收益最大。

一个重要的联盟分配模式是沙普利值，它是建立在一个先验的公理体系（效用、对称、边际贡献、超可加性）基础上的一种预期价值分配，它取决于参加人加入一个联盟和他成为该参与人的概率以及该成员的边际贡献。

合作不是基于利他，而是利益主体自立需要伙伴，合作性的工作能把自利整合成为实现相关目标的联盟，而竞争性工作却因自利演化为一场为争输赢的斗争。在合作的情景下，利益主体把其他利益群体的活动视为其正外部条件（positive externality），而在竞争的情景下，利益主体

---

① 张朋柱，等. 合作博弈理论与应用——非完全共同利益群体合作管理［M］. 上海：上海交通大学出版社，2006：39，40-43，114-124.

则视其他利益群体的活动为其负外部条件（negative externality）。

3.5.1　合作促进机制的模型分析

设战略式博弈 $G(i, S_i, X_i)(i = 1, 2, ..., n)$，$S_i$ 是 i 的战略空间，X_i 是 i 的支付函数：

$$X_i = X_i(s_1, s_2, ..., s_n)$$

$$S = (s_1, s_2, ..., s_n) \in \prod_{i=1}^{n} S_i，记 s_i = (s_1, s_2, ..., s_{i-1}, s_i, s_{i+1}, ..., s_n)$$

这里只讨论纯战略，即假定博弈方有明确的决策。

定义 1：有 n 个博弈方的战略式表示为 $G(i, S_i, X_i)$。战略组合 $S^* = (s_1^*, ..., s_i^*, ..., s_n^*)$ 是一个 Nash 均衡。如何对于每一个 i，s_i^* 是在给定其博弈方选择 $s_{-i}^* = (s_1^*, ..., s_{i-1}^*, s_i^*, s_{i+1}^*, ..., s_n^*)$ 的情况下第 i 个博弈方最优战略，即：

$$X_i(s_i^*, s_{-i}^*) \geq X_i(s_i, s_{-i}^*), \quad \forall s_i \in S_i; \forall i$$

或表示为：

$$s_i^* \in \mathrm{argmax} X_i(s_1^*, ..., s_{i-1}^*, s_i, s_{i+1}^*, ..., s_n^*), \quad s_i \in S_i, \quad i = 1, 2, ..., n$$

Nash 均衡若是唯一的，则是一个可自动执行的协议。若他方没有积极性偏离均衡，该方也没有积极性偏离。

定义 2：战略 $\tilde{s}_i \in S_i$ 称为占优战略；如果 $X_i(\tilde{s}_i, s_{-i}) \geq X_i(s_i, s_{-i})$，$\forall s_i \in S_i$ 及 $\forall s_{-i} \in S_{-i}$，每个博弈方的占优战略组合 $\tilde{s} = (\tilde{s}_1, \tilde{s}_2, ..., \tilde{s}_n)$ 称为占优战略组合。

定义 3：战略组合 $\bar{s} = (\bar{s}_1, \bar{s}_2, ..., \bar{s}_n)$ 是 Pareto 最优组合。如果满足：

$$\bar{s} \in \mathrm{argmax} \sum_{i=1}^{n} X_i(s), \quad \forall s_i \in S_i$$

定义 4：通过引入机制后的博弈称为预期博弈，即：

$$G(i, S_i, X_i) \xrightarrow{\psi} G^{\psi}(i, S_i, X_{i\psi})，式中 \psi 是机制。$$

假定原博弈 $G^{\psi}(i, S_i, X_{i\psi})$ 的 S_i、X_i 是公共知识，机制 ψ 也是公共知识，机制化的预期博弈 G^{ψ} 正是博弈方面临决策的依据。机制 ψ 能保证 Pareto 最优战略组合式预期博弈的 Nash 均衡，从而保证博弈方不会偏离 Pareto 最优解，达到促进合作的目的。为方便分析，假定原博弈 G 有唯一的 Nash 均衡。

定义 5：机制 ψ 是促进合作的。如果满足下列条件：

（1）个体理性 $X_{i\psi}(\bar{s}) \geqslant X_i(s^*)$

（2）集体理性 $\displaystyle\sum_{i=1}^{n} X_{i\psi}(\bar{s}) \geqslant \sum_{i=1}^{n} X_i(s), \ \forall s \in \prod_{i=1}^{n} S_i$

（3）相对公平分配原理 $X_{i\psi}(\bar{s}) = X_i(s^*) + \Delta X_i$

$$\frac{\Delta X_i}{X_i(s^*)} = \frac{\displaystyle\sum_{i=1}^{n} X_{i\psi}(\bar{s}) - \sum_{i=1}^{n} X_i(s^*)}{\displaystyle\sum_{i=1}^{n} X_i(s^*)}$$

ΔX_i 称为合作附加收益，$\bar{s}$ 是 G^ψ 的 Nash 均衡且是 Pareto 最优战略组合。

1.战略式有限博弈（离散情况）

当一个博弈的战略空间是离散的，称该博弈是离散的。容易找出博弈 $G(i, S_i, X_i)$ 的 Pareto 最优化战略组合。事实上，由于在 n 维欧式空间移动超平面 $\displaystyle\sum_{i=1}^{n} s_i = h$ 上是有限的，因此 $\displaystyle\sum_{i=1}^{n} X_i$ 必存在 $\bar{s} = (\bar{s}_1, \bar{s}_2, ..., \bar{s}_n) \in \text{argmax} \sum_{i=1}^{n} X_i(s)$。

设 S^* 是原博弈 $G(i, S_i, X_i)$ 的 Nash 均衡，构造 $G^\psi(i, S_i, X_{i\psi})$ 如下：

$X_{i\psi}(\bar{s}_1, \bar{s}_2, ..., \bar{s}_n) = X_i(s^*) + \Delta X_i$，$X_{i\psi}(s_i', s_{-i}) = X_{i\psi}(\bar{s}_i, \bar{s}_{-i}) - a_i$，$a_i > 0$，$s_i' \in S_i / \bar{s}_i$。

这里 $\psi = (a_i)$ 称为机制或惩罚函数。显然，$X_{i\psi}(s_i', s_{-i}) < X_{i\psi}(\bar{s}_i, \bar{s}_{-i})$，$\forall i$，$s_i' \in S_i / \bar{s}_i$。

所以 $X_{i\psi}(\bar{s})$ 是 i 的占优战略，是 G^ψ 的严格 Nash 均衡，同时满足合作定义，在给定其他方不偏离合作结果时，没有博弈方有积极性偏离该均衡。因此得到：

结论 1-1：在上述机制 $\psi = (a_i)$ 下，G 的 Pareto 战略组合是预期博弈 G^ψ 的严格 Nash 均衡，并且是合作的。也就是说，促进合作的机制 $\psi = (a_i)$ 是可行并且合理的。

2.无限博弈（连续情况）

设纯战略空间 $\displaystyle\prod_{i=1}^{n} S_i$ 是欧式空间上一个非空、闭、有界的闭集，支

付函数 $X_i(s)$ 是连续且对 S_i 凹的，且可微，易由 Debreu 定理知博弈 G 存在纯战略 Nash 均衡。

首先找出 Pareto 最优战略组合，即求 $\bar{s}=(\bar{s}_1,\bar{s}_2,...,\bar{s}_n)\in$ $\text{argmax}\sum_{i=1}^{n}X_i(s)$，由一阶条件：

$$\frac{\partial \sum_{i=1}^{n}X_i(s)}{\partial s_i}=0,\ i=1,2,...,n,\ 求得\ \bar{s}=(\bar{s}_1,\bar{s}_2,...,\bar{s}_n)$$

博弈方 i 的反应函数由下式决定：

$$\gamma_i=\frac{\partial x_i(s)}{\partial s_i}=0,\ 令\ \gamma_{i\psi}=\gamma_i(s)-\gamma_i(\bar{s})$$

则：

$$X_{i\psi}(s)=\int \gamma_{i\psi}ds_i=\int[\frac{\partial x_i(s)}{\partial s_i}-\gamma_i(\bar{s})]ds_i=x_i(s)-\gamma(\bar{s})s_i$$

显然 $\gamma_{i\psi}(\bar{s})=\gamma_i(\bar{s})-\gamma_i(\bar{s})=0$。即 $\bar{s}$ 是 G^ψ 的 Nash 均衡，机制为 $\psi_i=\gamma(\bar{s})s_i$。因此得到：

结论 1-2：在机制 $\psi=(a_i)$ 下，G 的 Pareto 战略组合是博弈 G^ψ 的 Nash 均衡，分配可由定义 5 的条件（3），即相对公平分配原理实施。

结论 1：通过上述模型分析得出，在离散和连续两种情况下，构建一个促进合作的机制是合理并可行的，即合作促进机制是存在的。

3.5.2 利益分配机制的模型分析

合作的目的是增加利益主体的利益以增强其竞争力。合作竞争关系的获得是靠各利益主体的共同努力和协作以创造更多的市场机会。但因联盟而创造的附加收益在各利益主体间的分配也是不容忽视的一环，公平合理的分配利益将会影响各利益主体合作的积极性，从而影响联盟的效率和发展。因此采用较为合理的分配模式至关重要，利益分配不仅是本次合作成功的关键而且也影响利益主体间的长期合作。

承包商掌握项目的分包权，即禀赋所有者，处于相对主动地位；分包商则依附于由承包商分包的项目，处于相对被动地位，双方的关系类似于地主与佃农的关系。考虑一个由一家承包商和两家分包商构成的封闭经济体，用 $N = \{0, 1, 2\}$ 代表其三者的集合，其中参与者 0 代表承包商，参与者 1、2 分别代表两个分包商。在这个封闭经济体中只有承包商掌握的一个项目，承包商除了拥有项目分包权外，自身还有一定建设能力，而分包商只拥有完成分包任务的能力。两家分包商对于分包任务的专业技术能力都高于承包商，并且分包商 2 的能力高于分包商 1[1]。分包商不与承包商合作则无法完成项目建设。假设承包商独自建设可以得到 1 单位收益；与分包商 1 和 2 合作则分别获得 m 和 r 单位收益（$0 < l < m < r < 1$），而三者合作则获得 1 单位收益。

则上述决策情况可以转换为一个支付可转化的联盟型博弈：

$$v(\varnothing) = 0; \ v(\{0\}) = l; \ v(\{1\}) = v(\{2\}) = 0; \ v(\{0, 1\}) = m; \ v(\{0, 2\}) = r;$$

$$v(\{1, 2\}) = 0; \ v(\{0, 1, 2\}) = 1; \ 0 < l < m < r < 1$$

设非负支付向量 $X = (x_0, x_1, x_2)$ 为此合作博弈的一个稳定集，由个体理性、联盟理性和整体理性得，必有[2]：

$$x_0 \geq l, x_1, x_2 \geq 0, x(\{0, 1\}) \geq m, x(\{0, 2\}) \geq r, x(N) = 1$$

引入沙普利定理：

$$\phi_i[v] = \sum_{S \subseteq N} \varphi_n(S) \big[v(S) - v(S - \{i\})\big], \forall i \in N$$

其中：

$$\varphi_n(S) = \frac{(|S| - 1)!(n - |S|)!}{n!}$$

$|S|$ 为联盟 S 的成员数目，$\phi[v]$ 为沙普利值。

明显地，以上博弈具有超可加性[3]，故此，可以求取该博弈的沙普利值。求承包商 0 及分包商 1、2 对每个可能联盟的平均边际贡献值：

$$\phi_0 = \frac{1}{3}l + \frac{1}{6}m + \frac{1}{6}r + \frac{1}{3}$$

$$\phi_1 = \frac{1}{6}(m - 1) + \frac{1}{3}(1 - r)$$

$$\phi_2 = \frac{1}{6}(r - 1) + \frac{1}{3}(1 - m)$$

① 变换顺序不影响博弈结果，为了简化研究，权作此假设。
② 相关定义与定理见杨荣基，罗相，李颂志. 动态合作——尖端博弈论［M］. 北京：中国市场出版社，2007：48-57.
③ 董保民，王运通，郭桂霞. 合作博弈论：解与成本分摊［M］. 北京：中国市场出版社，2008：17.

则：

$$\text{沙普利值}=\left\{\left(\frac{1}{3}l+\frac{1}{6}m+\frac{1}{6}r+\frac{1}{3}\right),\left[\frac{1}{6}(m-1)+\frac{1}{3}(1-r)\right],\left[\frac{1}{6}(r-1)+\frac{1}{3}(1-m)\right]\right\}$$

根据沙普利值，承包商可分得总联盟的大半收益，分包商1和分包商2可以分得较少收益。因为承包商拥有对于分包权的控制，虽然建设能力最低，可是其仍能分得最大份额的总收益。支付向量：

$$X=\left\{\left(\frac{1}{3}l+\frac{1}{6}m+\frac{1}{6}r+\frac{1}{3}\right),\left[\frac{1}{6}(m-1)+\frac{1}{3}(1-r)\right],\left[\frac{1}{6}(r-1)+\frac{1}{3}(1-m)\right]\right\}$$

为该博弈的唯一稳定集，且与核心重合，这一分配即为均衡解。

现在考虑分包商生产率的变化对均衡分配的影响。假设l=0.1、m=0.4、r=0.6，经计算得出：

$$\phi_0=\frac{32}{60},\phi_1=\frac{11}{60},\phi_2=\frac{17}{60}$$

则三者在分配中的比例为32：11：17，承包商获得接近六成的整体收益。

若分包商生产率提高，假设l=0.1、m=0.6、r=0.8，经计算得出：

$$\phi_0=\frac{12}{20},\phi_1=\frac{3}{20},\phi_2=\frac{5}{20}$$

则三者在分配中的比例为12：3：5，承包商获得六成的整体收益。由于分包商生产率的提高，承包商在整体收益分配中的比例随之提高。

结论2：承包商与分包商合作博弈具有均衡分配，承包商趋向选择高生产率的分包商，或通过适当监督、激励促进分包商提高其生产效率。

3.5.3　监督机制的模型分析

承包商与分包商组成的合作团队，应具有互相监督的权力，即监督权不被唯一掌控，各方都可以监督其他方的行动。据此做出定义：

定义1：监督权是监督人要求被监督人做后者不会自愿做的事情的权力。也就是说，拥有监督权的监督人可以做自己想做的事情，而被监督人则必须做自己不想做但在监督人的要求下必须做的事情。在团队合作中，将监督权解释为监督人要求被监督人做出比没有监督时更大的工作努力的权力。例如，如果没有监督人的监督，被监督人将选择a_i^0，但在监督人的监督下，被监督人必须选择$a_i > a_i^0$，这正是监督权的效用所在。

定义2：如果把监督人的监督努力 b_j 作为监督人的选择变量，被监督人的工作努力 a_i 作为 b_j 的函数，称 b_j 和 a_i 的函数关系为监督技术。

假定监督人的工作努力起到两种作用：一是直接贡献于生产；二是监督被监督人提高其努力水平。令 a_i^a 为没有监督时的自我努力水平，a_i^b 为被监督下的努力水平，假定监督技术取如下线性形式：

（1）$a_1^b = \varepsilon a_2^a$（2）$a_2^b = \xi a_1^a$，$1 > \varepsilon, \xi > 0$

在（1）中，参与人2监督参与人1，参与人2每增加一单位的努力可以迫使参与人增加 ε 的努力，称 ε 为参与人2的监督效力；在（2）中，参与人1监督参与人2，参与人1每增加一单位的努力可以迫使参与人2增加 ξ 的努力，称 ξ 为参与人的监督效力。如果 $a_i^b \geq a_i^a$，参与人 i 将不得不选择 $a_i = a_i^b$，即参与人 j 对参与人 i 的监督是有效的；否则 i 选择 $a_i = a_i^a$，即参与人 j 对参与人 i 的监督是无效的。

结论3：承包商与分包商之间形成互为监督的监督机制在一定条件下可行并有效。

3.5.4　奖惩机制的模型分析

在承包商与分包商的合作团队中，设合作者 i 的行动 u 有两种可能，一是参与合作，即 $u = 1$，二是抵触合作，即 $u = 0$；其努力成本为 $C(u)$，$C(1) > C(0)$；合作者 i 在项目上的收益是 π_i；合作者 i 在项目中投入资金所占份额为 β，β 越大，它挪用资金作其他投资所得收益 $R(\beta)$ 的可能性越大；在合作破裂后得到的保留收益为 π_0；合作者 i 如果不采取合作行为，被发现后要缴纳违约金 F；不合作行为被发现的概率为 P。

图3-8为收益扩展图。

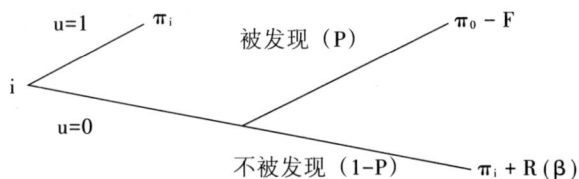

图3-8　收益扩展图

合作者i采取不合作行为的期望收益是：

$$P(\pi_0 - F) + (1 - P)[\pi_i + R(\beta)]$$

合作者i采取合作行为的条件是：

$$P(\pi_0 - F) + (1 - P)[\pi_i + R(\beta)] \leq \pi_i$$

解得：

$$\pi_i \geq (\pi_0 - F) + \frac{1 - P}{P} R(\beta)$$

从上式可以看出，在π_i一定的情况下，有两种奖惩方式：其一是罚金制度，当$\pi_0 - F \leq 0$时，即罚金大到可以抵消i的保留效益时，i就不会选择不合作，只能选择合作，因为只有合作才可以有收益；其二是监督制度，当被发现的概率P足够大时，所有不合作的行为都会被监督并被及时发现，惩罚成为不合作的必然结果。

结论4：罚金与监督方式构成有效的奖惩机制。

3.5.5　信誉机制的模型分析

注重长期利益的建筑企业，在即期收益对远期收益的得失比较中，更看重远期收益，同时，远期收益对即期努力具有促进作用。可以表达为：即期收益=T×远期收益，T为影响系数。

定义：企业信誉f是同行业其他成员对其的认可程度，它是企业在长期的社会交往中获得的，随着企业行为的变化而变化。

企业信誉决定了影响系数，如果一个企业看重合作，并且注重即期收益对未来的影响，在计算即期收益时，会把远期收益折算为即期收益的一部分。只有各合作方都看重远期收益，才会将合作持续顺利进行。$T = T(f)$，$T'(f) > 0$。

设信誉为$f_i (i = 1, 2)$的企业信誉收益$Y(f_1)$和$C(f_2)$，同时设合作者有两种信誉程度：高信誉度、低信誉度。合作一方会根据自己对对方的信赖程度，将对方分类，根据不同的收益矩阵做出判断，在长期合作中，对一次合作的考虑往往不是即期利益，还有对方的信誉度。同时引入一个仲裁人，他拥有依据不同情况向低信誉度的合作者收取保证金M的权力。若低信誉度的合作者积极合作，则退还保证金，否则失去保证金。

（1）Y高信誉度，C低信誉度（见表3-5）

表3-5 均衡条件（1）

C〳Y	积极合作	消极合作
积极合作	5，5+Y（f_1）+M	1，5.5
消极合作	5.5，1+M	0.5+C（f_2），0.5

（消极合作，积极合作）唯一的Nash均衡的条件是：M>0.5-Y（f_1）

（2）Y低信誉度，C高信誉度

均衡条件（2）与均衡条件（1）同理，（积极合作，消极合作）唯一的Nash均衡条件是：M>0.5-Y（f_2）

（3）Y高信誉度，C高信誉度（见表3-6）

表3-6 均衡条件（3）

C〳Y	积极合作	消极合作
积极合作	5+Y（f_2），5+Y（f_1）	1，5.5
消极合作	5.5，1	0.5，0.5

当5+Y（f_1）>5.5，5+Y（f_2）>5.5时，（积极合作，积极合作）是唯一的Nash均衡。

（4）Y低信誉度，C低信誉度

在不收取保证金的情况下，合作会失败（见表3-7）。

表3-7 均衡条件（4）

C〳Y	积极合作	消极合作
积极合作	5，5	1，5.5
消极合作	5.5，1	0.5+C（f_2），0.5+C（f_1）

当0.5+C（f_2）>1，0.5+C（f_1）>1时，（消极合作，消极合作）是唯一的Nash均衡。解决的办法是至少向一方收取保证金［0.5-Y（f_1）］。

（5）归纳

归纳上述四种情况，得到表3-8：

表3-8   均衡条件（5）

C / Y	高信誉度	低信誉度
高信誉度	5+Y（f₂），5+Y（f₁）	5.5，1+M（f₁）
低信誉度	1+M（f₂），5.5	0.5+C（f₂），0.5+C（f₁）

从而得到（高信誉度，高信誉度）是唯一的Nash均衡。

结论5：在以长远收益为目标的建筑企业博弈过程中，高信誉度与低信誉度的四种情况的均衡结果说明，博弈双方都成为高信誉度的企业是唯一可行的Nash均衡结果，即信誉将成为企业长期生存的关键指标，没有信誉的企业会被淘汰。由于合作的次数不断增加，企业不会利用在一次合作中的牟利行为，破坏它的信誉度，而失去下次合作的机会，因此，信誉的作用不可替代。

3.5.6 剩余分配激励机制的模型分析

在合作博弈中，参与各方能够参与合作而不脱离团队，其前提条件是，团队的形成满足个体理性和整体理性，与非合作情况相比，合作产生剩余利益。以剩余利益为主体的分配对于参与各方形成激励，其涉及团队合作的效率和稳定性。

团队的总体产出是所有参与人努力的结果，每个人努力的边际产出依赖于其他人的努力，个人努力不可单独观测产出。考虑确定环境下的一个n人博弈模型，参与人i选择不可观测的行动 $s_i \in S_i = (0,1)$，s_i是参与人i的努力水平。s_i的个人成本为 $c(s_i)$，设 $c(s_i)$是严格递增的可微凸函数，且 $c(0) = 0$。n个参与人的行动决定一个共同的产出 $x(s)$，假定x是严格递增的可微凹函数。总产出在n个参与人之间分配，令 $b_i(x)$表示参与人i得到的份额。假定参与人风险中性，支付函数为：$q_i = b_i(x) - c(s_i)$。

预算平衡约束（所有参与人所得之和等于总产出）为：

$$\sum_{i=1}^{n} b_i(x) = x \tag{3-1}$$

对 x 微分，得：

$$\sum_{i=1}^{n} b'_i(x) = 1 \tag{3-2}$$

此时，每个参与人 i 独立选择 s_i 以最大化支付函数 $q_i = b_i(x) - c(s_i)$，得到一阶条件：

$$b_i(x)x'_i = c'_i(s_i), \ (i = 1, 2, ..., n) \tag{3-3}$$

式中：$b'_i = \dfrac{\partial b_i}{\partial x}$；$x'_i = \dfrac{\partial x}{\partial s_i}$；$c'_i = \dfrac{\partial c_i}{\partial s_i}$

Pareto 最优条件应满足：

$$s^* = \operatorname*{argmax}_{s} \left[x(s) - \sum_{i=1}^{n} c_i(s_i) \right] \tag{3-4}$$

一阶条件为：

$$x'_i = c'_i(s_i), \ i = 1, 2, ..., n \tag{3-5}$$

由式（3-3）、式（3-5）可看出，要使 Nash 均衡条件成为 Pareto 最有条件就必须有 $b'_i = 1$；但与式（3-2）相矛盾。因此得到结论：Nash 均衡的效率一定达不到 Pareto 最优，即参与人为了实现各自的利益最大化，必然要以牺牲总体效率为代价。

如果可以观测到参与人的努力水平，就可以容易应用奖惩方式激励参与人，使其达到总体最优。但在一般情况下，个人的努力水平是不可观测的，但仍可引入一个监督人，对其进行团体惩罚或奖励。

（1）团体惩罚

如果 $\sum_{i=1}^{n} b_i(x) < x$，涉及如下分配方案：

$$e_i(x) = \begin{cases} b_i, x \geq x(s^*) \\ 0, x < x(s^*) \end{cases}$$

s^* 是式（3-4）决定的 Pareto 最优解。此时，若团体不能达到 Pareto 最优，则所有参与人都得不到收益。

（2）团体激励

如果所有参与人在博弈发生前均缴纳保证金 $\varphi = \dfrac{n-1}{n} x(s^*)$，实际

产出的分配为 $b_i(x) = x$，预算平衡变为 $\sum_{i=1}^{n} b_i(x) = nx$，一阶条件 $b_i' = 1$ 成立，Nash 均衡为 Pareto 最优解。缴纳保证金是参与人的个体理性与团体理性统一。

（3）引入业主的最优分配激励

张朋柱（2006）主张利用对产出的分配权进行有效激励，他的初衷是若某个局中人可以从产出中取得较多的份额，他必然会有更大的积极性，同时利用团队成员的相互监督，使团体效率有所提高。张朋柱将团队成员大致分为管理者和生产者，资产所有者参与团队产出的分配。也就是说，在建模过程中，他考虑了三个参与方：资产所有者、管理者和生产者，这与本书所研究的参与合作竞争的三方相一致，业主通常是最终项目资产的所有者，承包商是建筑过程的管理者，分包商是从事具体工作的生产者。对于建筑业，建设团队的主体是承包商和分包商，业主也参与团队，并分配最终项目利益。这与张朋柱（2006）的模型相契合。

假定团队的主要成员是承包商 C 和分包商 F，假定他们是风险中性的，效用函数如下：

$$q_i(y_i, s_i) = y_i - C(s_i) = y_i - \frac{1}{2} s_i^2 \quad i = c, f$$

式中，y_i 是收入；s_i 是工作努力水平；$C(s_i)$ 是努力成本函数。

令 Y 是团队的产出，引入柯布-道格拉斯函数，产出函数表示为：

$$Y = f(s_c, s_f) = s_c^\alpha s_f^{1-\alpha} \quad \alpha \in [0, 1] \tag{3-6}$$

团队产出分配应满足如下原则：

（1）w_c 和 w_f 是承包商和分包商的固定收益，假定 w_c 和 w_f 与 C 和 F 所选择的努力程度无关。

（2）$Y - w_c - w_f$ 是剩余份额。取 $\gamma \in [0, 1]$，$V = r(Y - w_c - w_f)$ 是团队成员所得部分；$W = (1 - \gamma)(Y - w_c - w_f)$ 是业主所得。

（3）$V = r(Y - w_c - w_f)$ 在团队内分配。取 $\beta \in [0, 1]$，承包商得到 βV，分包商得到 $(1 - \beta)V$，其收入分别为：

$$y_c = w_c + \beta\gamma(Y - w_c - w_f) = (1 - \beta\gamma)w_c + \beta\gamma(Y - w_f)$$

$$y_f = w_f + (1 - \beta)\gamma(Y - w_c - w_f) = (1 - \gamma + \beta\gamma)w_f + (1 - \beta)\gamma(Y - w_c)$$

为了方便分析，设定团队内不存在监督，则承包商与分包商的实际努力完全为了使其效用函数最大化，问题转化为：

$$\max_{\beta,\gamma} W = (1-\gamma)(Y - w_c - w_f)$$

$$s.t. s_c \in \underset{s_c}{\operatorname{argmax}} \ [\,(1-\beta\gamma)w_c + \beta\gamma(s_c^\alpha s_f^{1-\alpha} - w_f) - \frac{1}{2}s_c^2\,]$$

$$s_f \in \underset{s_f}{\operatorname{argmax}} \ [\,(1-\gamma+\beta\gamma)w_f + (1-\beta)\gamma(s_c^\alpha s_f^{1-\alpha} - w_c) - \frac{1}{2}s_f^2\,] \qquad (3\text{-}7)$$

在 β，γ 一定的条件下，由约束条件的最优化一阶条件得到反应函数：

$$s_c = (\gamma\beta\alpha)^{\frac{1}{2-\alpha}} s_f^{\frac{1-\alpha}{2-\alpha}}$$

$$s_f = [\gamma(1-\beta)(1-\alpha)]^{\frac{1}{1+\alpha}} s_c^{\frac{\alpha}{1+\alpha}} \qquad (3\text{-}8)$$

式（3-8）表明一个参与方的努力随着另一参与方的努力的增加而增加，γ 一定，如果给定对方的努力，C 在 $\beta = 1$ 时的努力水平达到最大，F 在 $\beta = 0$ 时努力水平最大。β 一定，两者都随 γ 的增大而增大努力，这是合理的。

解上式求得 Nash 均衡下的努力水平：

$$s_c^{NE} = \gamma[(1-\beta)(1-\alpha)]^{\frac{1-\alpha}{2}} (\beta\alpha)^{\frac{1+\alpha}{2}}$$

$$s_f^{NE} = \gamma[(1-\beta)(1-\alpha)]^{\frac{2-\alpha}{2}} (\beta\alpha)^{\frac{\alpha}{2}} \qquad (3\text{-}9)$$

上式说明，β 和 γ 对 s_c 和 s_f 的影响是分离的。努力水平随 γ 的变化单调递增，β 的影响不是单调变化的，当 β 为某一值时，承包商 C 的努力水平达到最大，β 继续增大 C 的努力水平反而下降。当 $\beta = 1$ 时，承包商 C 得到剩余份额的全部，但是 s_c 为 0，没有工作积极性。因为在团队中，努力是相互作用的，每个成员的努力依赖于其他成员的努力。$\beta = 1$ 其他成员的努力为 0，进而承包商的努力也为 0。也可以理解为，如果自己的努力变得没有价值了，也就没有努力的必要。团队剩余份额分配给任一参与方都不利。

将式（3-9）代入 W 中，得：

$$W = (1-\gamma)(s_c^\alpha s_f^{1-\alpha} - w_c - w_f) = (1-\gamma)\{\gamma(\beta\alpha)^\alpha[(1-\beta)(1-\alpha)]^{1-\alpha} - w_c - w_f\}$$

$$(3\text{-}10)$$

一阶条件 $\dfrac{\partial W}{\partial \beta} = 0$，$\dfrac{\partial W}{\partial \gamma} = 0$，得：

$$\beta^* = \alpha$$

$$\gamma^* = \frac{1}{2} + \frac{w_c + w_f}{2(\beta\alpha)^\alpha[(1-\beta)(1-\alpha)]^{1-\alpha}} \tag{3-11}$$

结论6：

（1）团队内剩余份额的分配比例与承包商、分包商在团队产出中的相对重要性相一致。

（2）当承包商、分包商所组成的团队的剩余份额占总体剩余份额的一半以上时，业主为了取得最大的收入，应该仅从总体剩余中取较小比例的部分，而将较大的部分留给团队。利润大部分应用于激励成员的努力水平以提高产出，才对各参与方有利，业主也会因此受益。

3.6 建筑业合作竞争模式的案例分析

3.6.1 案例概述

某国D项目（项目概况见表3-9）占地7 128平方米，总建筑面积91 519平方米。共41层，地上38层，地下3层，三层地下室被设计作为商业零售、停车场和健身中心，整个建筑体系为预制（梁和板）与现浇（柱和墙）的混合结构。该项目位于中心商务区（CBD），占便利交通、完善配套、绿地景观等既有城市资源，具有顶级写字楼产品所应具有的特质，并引入了世界最前沿的商务概念和管理理念，按照国际标准配备了高速电梯，国际标准停车位，以及银行、休闲、餐饮等近万平米商务配套设施，满足商务办公需求。

D项目如期于2008年10月完工，并已于2009年3月交付使用。在D项目实施过程中，总承包商韩国HEC建筑公司与负责机电安装工程的日本TS建筑公司紧密合作，结成非传统意义上的合作团队，通过一系列协议和措施的保证，在土建工程超预算的前提下，通力合作，在保证工程质量的前提下，节约机电安装费用425万元（详细数据见表3-10），受到投资方的嘉奖和赞许。

表 3-9	D 项目概况表
项目名称	某国 D 项目
位置	CBD（中心商业区）
占地面积	7 128 平方米
总建筑面积	91 519 平方米
层数	地上 38 层，地下 3 层
建筑结构	现浇与预制混凝土
外墙	幕墙系统
电梯	18 个（其中 14 个供客人使用，2 个供地下室使用，2 个服务人员使用）
停车位	371 个（地上 44 个，地下 327 个）
投资商	中国香港、美国、韩国、日本的四家投资商
设计师	美国 MYA 设计公司
总承包商	韩国 HEC 建筑公司
分包商	日本 TS 建筑公司（负责机电安装工程）
施工阶段	2006 年 6 月至 2008 年 10 月
楼层使用状况	38th FL. 会议室、天台、餐馆
	4th 37th FL. 办公区
	3rd FL. 商业区
	2nd FL. 投资银行、管理办公室
	1st FL. 银行、展览区
	B1 FL. 餐厅、零售、停车
	B2 FL. 员工食堂
	B3 FL. 健身中心

表 3-10　　　　　　　D项目建安工程费用估算与决算对比表

项目序号	D项目建安工程项目	工程估算费用（元）	工程决算费用（元）
1	土建工程	3 600 000.00	3 800 000.00
1.1	结构维修、砌体/开口、外幕墙内侧封闭、机电安装工程的土建工作等	2 800 000.00	3 000 000.00
1.2	电梯脚手架	800 000.00	800 000.00
2	内装工程	51 500 000.00	51 212 000.00
2.1	地下室1~3层（总面积16 551m²）	7 000 000.00	7 169 000.00
2.2	1~3层（总面积14 090m²）	10 000 000.00	10 134 000.00
2.3	4~38层（总面积68 944m²）	33 000 000.00	32 409 000.00
2.4	电梯轿厢	1 500 000.00	1 500 000.00
3	机电工程	88 200 000.00	83 950 000.00
3.1	强电系统	20 000 000.00	17 680 000.00
3.2	弱电系统	5 000 000.00	4 820 000.00
3.3	电梯	25 000 000.00	25 000 000.00
3.4	设备、通风和空调	18 000 000.00	16 500 000.00
3.5	煤气	1 000 000.00	1 000 000.00
3.6	消防	7 000 000.00	6 750 000.00
3.7	给排水	4 000 000.00	4 000 000.00
3.8	楼宇管理系统	4 200 000.00	4 200 000.00
3.9	擦窗机	4 000 000.00	4 000 000.00
4	室外工程	500 000.00	500 000.00
	园林和标牌（照明费用包含在机电安装工程中）	500 000.00	500 000.00

续表

项目序号	D项目建安工程项目		工程估算费用（元）	工程决算费用（元）
5	公用事业收费（动力和热力）		16 500 000.00	16 700 000.00
	5.1	动力	6 000 000.00	6 250 000.00
	5.2	热力	500 000.00	450 000.00
	5.3	备用金	10 000 000.00	10 000 000.00
6	现有设备的维修和保障费用			
7	设计审评，项目管理，质量验收费用			
8	建安工程费用		160 300 000.00	156 162 000.00 （1 706.33元/m²）

3.6.2 案例分析与结论

在项目分包招标阶段，承包商 HEC 建筑公司高度重视竞标企业的信誉和口碑，TS 建筑公司得以中标，主要由于其在权威评估机构的信誉评级中得分高，且口碑良好，同时，其投标报价相对较低，并提出创新性的方案和建议，最终获得 D 项目的机电安装分包工程。

在 D 项目机电安装工程实施过程中，承包商 HEC 建筑公司与分包商 TS 建筑公司就施工进度、施工质量监督、建筑材料质量抽查等方面签订了规范性协议；同时，推行承包商与分包商相互监督机制，并明确规定了处罚形式和罚金额度，使双方的行为都纳入严格有效的监督制度中，使其有违合作的不当行为得到极大规范；承包商 HEC 建筑公司还实施了相应的激励措施，对于分包商 TS 建筑公司的提供优秀建设方案和其他有利于项目顺利开展的行为以酬金形式加以鼓励。

项目竣工后，由于 D 项目的建安工程完全达标，且为投资商节约了超过400万元的费用，因此，四家投资商联合向承包商HEC建筑公司和分包商TS建筑公司共授予200万元的现金奖励，同时将两家企业纳入各自的优秀合作伙伴数据库中，在未来的项目开发中优先考虑合作。承包商HEC建筑公司对TS建筑公司的评价很高，肯定了与其在D项目实施工程中的合作，并承诺将达成长期合作伙伴关系。

通过对上述案例的分析，可以得出：包括合作促进机制、利益分配机制、互为监督的监督机制、奖惩机制、信誉机制及剩余分配激励机制等六项机制的建筑业合作竞争的运行机制具有一定的现实解释力和适用性，此案例既是对前文模型的实证检验，也为我国建筑业合作竞争机制的顺利运行提供了实践借鉴。

3.7　本章小结

建筑业本应是基于弹性生产力原理而不断运行和发展的行业，但在目前的行业市场环境中难以实现。目前在美、日、英、法、德、意、韩等国家较为成形的"金字塔"模式成为各国建筑业追求规范的范式，我国亦不例外，我国正在调整建筑企业资质等级的划分标准和行业归口管理，力求实现金字塔型的市场结构。金字塔结构能否构建决定了市场竞争结构是否合理，但无法从根本上解决建筑业弹性生产力问题，因为即使"金字塔"模式最终得以实现，高、尖、细的锥型结构将使建筑业市场仍以刚性生产力结构为主要特征。若要使之达到弹性要求，必须考虑如何使大企业与中小企业之间形成协作、互补的合作竞争关系以实现生产资源随市场需求而自主变化。

建筑业存在着业主-承包商-分包商模式，其中分别包含着两级博弈关系：业主-承包商博弈，以及承包商-分包商博弈。通过委托-代理模型的分析发现，在传统竞争框架下，业主和承包商更易于承受行业内"逆向选择"的风险，而承包商和分包商更易于承担"道德风险"，最终导致社会福利净损失，行业竞争失去其应有的秩序；在合作竞争框架下，业主和承包商会更容易观察到合同相对人的行为，"逆向选择"风险降低，同时承包商和分包商为了获得长期合作的市场机会和远期利益，适当降低自身的"道德风险"，最终社会福利净损失下降，行业竞争更为有序、更具效率。

传统意义上的合作大多存在于业主与承包商间的伙伴关系中，分包商能否与承包商合作成为本章研究的重点。通过研究 Florence T. Phua 和 Steve Rowlinson（2004）的定量分析和 Hong Xiao 和 David Proverbs（2002）问卷调查发现，分包商与承包商间的合作是必要的，也是可行的。

建筑业的主体主要包括承包商和分包商，业主本不属于建筑业，但是业主对于建筑业合作竞争机制的形成有着不可替代的推动作用，因此对建筑业合作竞争的研究不能忽略业主的重要作用。通过研究 Per Erik Eriksson（2007）的案例发现，业主可以通过以下途径将分包商融入到合作伙伴关系中：使分包商在项目早期介入工程；在特殊项目上，激发分包商的创新；订立恰当的合同条款，激发合同订立者之间对于双方未来潜在收益的兴趣，而不仅仅关注风险的分担；构建一种合作的氛围，使用良好的"合作工具"。

建筑业合作竞争的运行机制主要包括：合作促进机制、利益分配机制、互为监督的监督机制、奖惩机制、信誉机制以及剩余分配的激励机制六个方面。本书通过合作博弈分析得到六点结论：

1.在承包商与分包商间构建一个促进合作的机制是合理并可行的。

2.合作利益在承包商与分包商间可以进行有效分配。

3.互为监督的监督机制在一定条件下可行并有效。

4.罚金与监督方式构成有效的奖惩机制。

5.信誉将成为企业长期生存的关键指标，没有信誉的企业会被淘汰。

6.团队内剩余份额的分配比例与承包商、分包商在团队产出中的相对重要性相一致。

某国 D 项目的案例实证分析验证了上述建模分析，说明模型分析得到的建筑业合作竞争的六大运行机制具有一定的现实解释力和适用性，为我国建筑业合作竞争机制的顺利运行提供了实践借鉴。

4 建筑业合作竞争的虚拟化——由项目合作竞争走向战略合作竞争

通过第3章的分析可以得出结论，承包商与分包商开展合作竞争具有必要性和可行性。不同于传统意义的竞争，在合作竞争条件下，承包商不能只将分包商作为规避风险的风险转移承载体，而是应充分重视分包商的核心能力，注重与分包商的合作。通过加强协作、共担风险和共享收益，双方能够达成长期合作，实现"共赢"。将分包商纳入建筑业原有的以业主和承包商为中心的竞争关系，并确立以承包商和分包商为核心的合作竞争关系，是十分必要的，也是现实可行的。在认可建筑业合作竞争能够确立的前提下，有必要深入研究有效的合作竞争方式，由此，本章重点研究建筑业合作竞争的一种有效方式——虚拟建设，尝试探索合作竞争的实现路径。

从工业经济时代进入知识经济时代是市场经济不可逆转的趋势，在这个过程中，建筑业发展历程随着计划经济体制向市场经济体制的转变，也同样经历了从实体建设向虚拟建设方式的转变。知识经济时代组织的根本特征是虚拟化，组织形态演进的趋势是：扁平化、网络化及组织的无边界化、多元化、小型化和弹性化。虚拟建设是一种新型建设方式，它适应知识经济时代的组织需求。虚拟建设要求不同项目参与方通过组建团队、积极合作，开展项目建设。虚拟建设突破了时间和空间的界限，为合作竞争模式的开展提供了有利条件和有效手段。通过单个项目的虚拟建设方式，合作竞争得以顺利开展；通过基于动态联盟的虚拟建设方式，合作竞争可以围绕建筑企业的长期战略目标长期进行。虚拟建设使得建筑业合作竞争模式得以虚拟化，实现由项目合作竞争到战略合作竞争的转变。

4.1 建筑业合作竞争的虚拟化方式

4.1.1 虚拟建设的提出

1.虚拟企业

关于"虚拟"的概念起初见于"虚拟企业"。虚拟企业的概念始现于 Preiss、Goldman 和 Nagel 合作完成的一份题为《21 世纪制造企业研究：一个工业主导的观点》①的研究报告。这份报告是 1991 年美国国防部根据美国国会的要求，委托里海（Lehigh）大学的艾柯卡研究所，组成以 13 家大公司为核心、100 多家公司参加的联合研究团队，在对美国工业界的现状进行认真研究和分析的基础上得到的。

1992 年，Davidow 和 Malone 出版了《虚拟企业：21 世纪企业的构建和新生》一书，从产品的角度出发对虚拟企业的概念进行了探讨，这是最早关于虚拟企业的研究成果之一，这本书的面世，具有划时代的意义：从那时起，关于虚拟的研究就成为管理学领域的前沿问题与研究热点，围绕着虚拟企业的概念这一基本问题，学者们相继提出比较有代表性的观点。例如，Tulluri S. 和 Baker R.C.认为：虚拟企业是一些相互独立的商业过程或企业的暂时联合，这些企业在诸如设计、制造、分销等领域分别为该企业联盟贡献出自己的核心能力。

---

① PREISS K，GOLDMAN S L，NAGAI N N. 21st century manufacturing enterprises strategy: an industry-led view ［R］. Iacocca Institute，Lehigh University，1991.

2.虚拟组织

虚拟组织是在人类进入工业社会以后，伴随着社会分工的出现的。由于社会分工带来的劳动生产率与经济效益的提高，一种产品或服务的全过程都在一个企业内部完成已经不是企业的最优选择。尽管纵向一体化曾经是企业获得竞争优势的一种战略，但这种一体化不是完全意义上的一体化，只是以企业原有的经营范围为基础，在产业链条上前向或后向延伸了一个环节。有了社会分工，企业之间就有了协作，这种协作就是对企业单体能力的强化与扩展，虚拟组织的本质意义也在于此。

普瑞斯（Preiss，1995）认为："虚拟组织是为了迎合明确的时间机遇或预期的时间机遇而产生的……各种企业单位形成的一种集团，其中人员并工作过程都来自于这些企业单位，他们彼此紧密联系，相互影响并相互作用，为共同的利益而奋斗。不同于其他合作形式的是，工作过程仍然保持着相互独立，互不影响。"[1]

霍奇、安索尼和吉尔斯（Hodge、Anthony、Gales，1996）从核心能力的观点出发，提出了虚拟组织是以一个核心组织为中心，执行关键的功能，其余功能则由暂时或签约的员工以及核心组织与其他组织所组成的联盟来完成。另外，他们也指出核心组织对这些关系的维持只限于具有生产能力或有利可图时。

阿波格特、麦克法兰和麦坎尼（Applegate、McFarlan、McKenney，1996）认为，虚拟组织可以理解为企业保留调控、控制以及资源管理等活动，而将其他大部分活动外包。虚拟组织将大部分生产活动外包的结果是减少了销售渠道的中介者，本身只保留了少数的核心能力以及为了协调控制其他关系网络所需的管理系统。他们指出，虚拟组织将其外包模式发挥到了极致。[2]

自虚拟组织的概念受到了理论界及企业界的关注以来，这方面的理论研究成果及实践经验也日益增多。王新东（2006）认为，虚拟组

---

[1] PREISS K. Agile competitors and virtual organization: strategies for enriching the customer. [M]. Nostrand Reinhold, 1995.

[2] APPLEGATE L M, MCFARLAN F W, MCKENNEY J L. Corporate information system management: text and case [M]. IRWIN, 1996.

织既然是社会组织的一种类型，并且这种组织具备适应知识经济时代要求的运行特征，那么组织功能精简化、专长化，组织存在形式离散化，组织运行方式合作化的企业便成为虚拟化的企业。其中"虚拟"并非"虚幻、没有、不存在"，而是企业为了灵活高效地适应市场多变的需要，将影响灵活性和高效率运行的功能虚化，并将这些被虚化的功能通过合作由其他企业实现，从而提高社会整体资源的灵活性及效益性。因此，虚拟企业在组织上突破了传统企业有形的界限，借用外部的力量进行整合，同时被借用的外部力量也保持相同的运行方式。在虚拟状态下，企业虽然有完整的运行功能在发挥作用，但具体到一个企业内部，并不拥有能够产生这些全部功能对应资源的所有权，有的仅是其中企业最擅长的、最具备核心竞争能力的功能或者对应的资源，其他所需的必须发挥作用的功能或者资源，企业可以通过合作方式获取，他们与合作企业共享这些企业所拥有的运行功能，也就拥有了合作企业产生其运行功能对应资源的使用权，同时企业自身拥有所有权的功能或者资源，也可在合作中将其使用权与合作伙伴所共享[1]。

3.虚拟组织的特征[2]

（1）突出的优势（excellence）。组成虚拟组织的各方都具有在各自领域内的突出优势与核心能力，使得竞争力和资源的集中得到进一步提升。

（2）相互信任（trust）。参与虚拟组织的各方更加注重相互信任、相互依赖和相互支持与帮助。

（3）机会导向（opportunism）。虚拟组织是企业为了迎合某一市场机会而组合在一起，其产生与消亡都以市场机会为转移。

（4）无边界性（no bobble′s）。一些在竞争者、供应商和客户之间的合作，使得定义一个虚拟组织的边界非常困难；同为某一虚拟组织的各方，可能还是其他虚拟组织的参与者。

（5）临界的组织规模（critical size）。根据市场的需要与约束，虚

① 王新东. 企业虚拟化经营理论与实践［M］. 北京：经济科学出版社，2006：51.
② BYRNE J. The virtual corporation ［N］. Business Week. February, 1993（8）：36–41.

拟组织达到了一个临界规模，实现了对环境变化的适应性和组织柔性的最大化。

（6）信息技术的支持（technology）。信息技术使虚拟组织各方信息沟通得到保证，敏捷制造得以实现，特别在跨组织、跨地域的条件下，其作用更加显著。

从上述特征的分析可以看出，虚拟组织的本质特征在于对传统企业组织有形界限的突破，摆脱了仅仅依靠企业内部资源的传统做法，实现了对外部资源的有效整合，从新的高度与视角看待企业经营与发展所需要的要素与条件，适应当今变化迅速的市场竞争，抓住稍纵即逝的市场机遇。

与传统组织相比，虚拟组织的出现，真正实现了组织的充分柔性，而且是实现组织结构扁平化的有效手段。虚拟组织是机械式组织与有机式组织的有机结合，并且在不同层次上表现出机械式与有机式组织的特征。虚拟组织将各参与企业组织起来，成为有机式的组织，而各个参与企业自身可能是机械式的组织。

4.虚拟建设的提出

虚拟建设（virtual construction，VC）概念源于产业组织理论中的虚拟组织，其与虚拟组织在概念界定范围上有所不同：虚拟组织是针对一般的组织形式而言的；而虚拟建设针对的是建设工程项目。早在一个多世纪以前，建筑业通过内部分工和施工总、分包制度的形成，总承包商的建设工程生产能力就已经虚拟化了。也就是说，虚拟建设理论的提出落后于虚拟建设在实践中的应用。在现阶段，国内外学者逐步认识到虚拟建设方式的重大实践意义，重视了对虚拟建设的理论研究。

对于虚拟建设概念的理解，目前尚未形成统一定论。国内外学者主要从两个角度加以定义：一是从运行技术角度，将虚拟建设理解为运用信息网络技术，将工程项目利益相关方加以联结，进行沟通。这种观点强调虚拟建设的技术基础及组织结构的虚化。如 1996 年美国发明者协会提出的虚拟建设的概念，即：virtual construction is a approach to the design‐build process incorporating electronic connectivity and upside‐down management techniques。二是从组织形式和运作方式角度，将虚拟建设理解为实现工程项目这一共同目标，利用承包商、分包商自身的核心竞争力，建立战略联盟关系，实现优势互补的合作形式。如金维兴在《21世纪中国建筑业管理理论与实践》一书中将其定义为：所谓虚拟建设，就是建设者利用其核心能力或通过合作竞争方式赢得工程承包权并采用业务外包方式或合作方式、组织建设参与者完成工程项目建设任务的建设方式。

本书所指的虚拟建设从组织形式和运作方式角度予以界定。结合建筑企业的运作方式和建筑业的特点，虚拟建设指具有承包能力的建筑企业充分利用企业核心竞争力，通过动态战略联盟的形式，以专业分包方式与外部资源联合，旨在达到规模经济效应和区域经济效应，有效完成建设工程项目的建设方式。

4.1.2　传统建设与虚拟建设比较分析

传统建设方式（详细结构如图4-1所示）表现为总承包商为建设项目聘用专业工程师，组建施工队，派遣施工队到达项目所在地，进行施工建设。其特点为项目承包方以营利为中心，项目的开展和选择受到建筑业移动壁垒的限制，其中包括企业类别壁垒和政策法规壁垒，如专业约束、地方保护主义约束，这使得承包方难以跨类别、跨地域承揽项目，即使承揽到项目，承包括也需付出较高的成本。这种方式的优点是临时性强，便于企业的内部管理。但是，这种临时组建的生产形式具有较高的交易成本：一是突破壁垒成本；二是市场搜集成本；三是转移成本。其中市场搜集成本包括为达成临时性组织所付出的调查专业资质、组建临时施工队所支出的必要费用，也包括搜集工程项目信息所支出的费用。随着工程项目的结束，临时性组织解体，这笔费用对于承包商而言成为一次性支出，对于后期企业的运转无益。转移成本则是将施工队带至项目所在地所花费的费用，转移成本的出现导致承包商企业运作低效率。

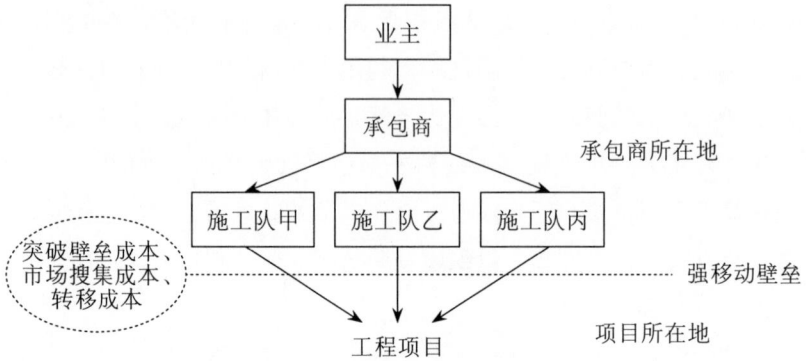

图4-1 传统建设方式结构

虚拟建设方式（详细结构如图4-2所示）要求总承包商为建设项目将特殊工程分包给具有专业资质的专业分包商；将劳务部分分包给项目所在地的具有资质的劳务分包商。其特点为项目承包方以更合理的完成项目为中心，项目的开展和选择受较弱移动壁垒限制，可以实现跨类别、跨地域承揽项目。分包商与承包商之间的合作关系因共同的目标——完成建设项目临时形成，并存在长期合作的可能。在相互信任、共同合作、结成利益网络的基础上，形成长期合作伙伴关系。较之于传统建设，虚拟建设形式有利于降低市场搜集成本，减少转移成本，具有较高的生产效率。

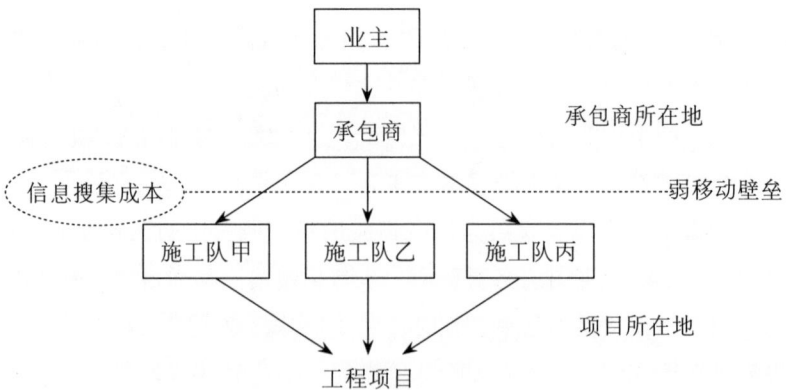

图4-2 虚拟建设方式结构

4.2　虚拟建设内涵与建筑业合作竞争分析

在建筑业中，有项目型和战略型两种合作方式。在建立长期战略合作伙伴关系之前，项目合作伙伴关系曾多次被尝试使用。项目合作伙伴关系一般来说是短期的，仅限于一个项目，其可以为业主和其他团队参与者节约成本和改进项目建设；战略合作伙伴关系则更为长期，并且通过相互整合长期资源，组织之间可以建立起信任关系。由项目合作伙伴关系趋向战略合作伙伴关系是一个长期的过程。合作竞争的虚拟化正是项目参与方的合作关系由项目型转向战略型的过程。

4.2.1　项目型虚拟建设方式

项目型虚拟建设是以项目建设为合作竞争的起因，围绕项目建设并通过虚拟建设实现项目目标的建设方式。它所包含的内涵如下：

1.专业分包与劳务分包模式

专业分包与劳务分包都是分包形式，它们与总承包商存在千丝万缕的联系。总承包商为建设项目将特殊工程通过专业分包的形式分包给具有专业资质的专业分包商；将劳务部分通过劳务分包的形式分包给项目所在地的具有资质的劳务分包商。对于总承包商而言，专业分包与劳务分包模式可将外部的技术、设备、劳务资源充分利用，通过与企业内部核心能力相互协调和融合，使其达到自身难以形成的企业规模，产生更高的效率和经济效益；同时，该模式有利于建筑业二级市场的形成和完善，一方面，优胜劣汰的竞争规则使分包商的能力有所提高；另一方面，从行业发展角度考虑，它有利于中小型建筑企业的发展。

2.以动态联盟合作实现敏捷性组织

"联盟"是承包商与分包商间的基于不同核心竞争能力的优势联合。通过联盟，承包方与分包方的生产可能性边界向外扩展，使双方拥有更高的生产能力。同时，合作与联盟随着项目的进展而动态进行。动态特性表现为项目参与者具有敏捷制造的功能。

敏捷制造（agile manufacturing，AM）技术是21世纪的顶级制造战略[1]，是不同于以往技术的全新制造技术，对企业组织的影响，无论是从深度上还是广度上看，都是规模制造技术和柔性制造技术难以比拟的。当存在大量无竞争力的过剩制造能力时，敏捷制造技术可以充分利用这种过剩的能力，获得具有市场竞争力的快速响应能力。敏捷制造技术将制造系统空间扩展到企业外部，通过虚拟组织的形式，以竞争力和信誉为依据选择合作伙伴组成虚拟企业，实现企业间的联合，达到风险共担、资源共用、利益共享。

3.风险第二次转移

虚拟建设过程使项目风险得到了两次转移。风险从业主转移到承包商的第一次转移，以及从承包商向分包商的第二次转移，风险通过两次转移得到了分散。对于承包商，风险的第二次转移对工程项目合理实现意义重大。由于业主控制着承包商的经济命脉，而承包商自身还要承担项目的技术风险、工期风险、成本风险。在此情况下，理性的承包商一方面会通过提高投标价来平衡风险；另一方面会用尽伎俩逃避风险。这样既不利于工程顺利完成，也不利于承包商利益的实现。通过风险的第二次转移，承包商得以减负，并在能力所及的范围内更好地控制项目的进程，同时，业主也会得到一个更为合理的报价。

4.2.2　战略型虚拟建设方式

战略型虚拟建设是从企业战略高度，围绕长期合作竞争伙伴关系，通过项目建设巩固和维系伙伴间的长期战略关系，并通过虚拟建设开展项目建设的方式。它所包含的内涵如下：

1.实现弹性生产力

目前，大型工程项目建设的组织环境中各个项目参与方之间的组织形式绝大多数是高耸的金字塔形的线性组织结构。由于建筑业生产方式以金字塔结构实施，导致建筑业刚性结构无法适应弹性生产力的要求，其层层繁复和缺乏横向联系等缺陷必然导致层层的纵向沟通方式。层级

---

① GORANSON H T. A whale enterprise ［M］. Agility Forum, of a Tale-A Bethlehem, PA, Historical Perspective of Virtual , 1996.

式的金字塔组织结构缺乏柔性，不能迅速获取外部信息并相应进行重新组合或解散其某个部分①。

以战略联盟为基础的虚拟建设可以根据项目建设的需要实现资源的临时整合，并且这个整合过程可以长期反复发生，能够适应建筑业弹性生产力要求。同时，在战略意义上，各企业间可以实现柔性化和扁平的信息沟通渠道，避免了刚性结构和一次性合作的沟通瓶颈。建筑业各层级企业寻求长期生存与发展之道，是能够通过虚拟建设方式得以实现的。

2.规模经济效应与区域经济效应

建筑项目的一次性、固定性特点决定了承包商的生产能力具有生产规模和地域的局限性。然而，这并不意味着具有核心竞争能力的承包商无法承担大规模建设项目和超地域建设项目。通过虚拟建设方式，承包商可以通过专业分包和劳务分包的方式扩大自身的生产能力、跨越专业类别，达到自身难以形成的生产规模，创造更大的规模经济效应；通过寻求项目所在地分包商的合作，承包商无须自己组织劳务迁移至项目所在地，大大降低了生产成本，并且可以通过与项目所在地分包商长期合作，实现一定的区域经济效应。规模经济效应与区域经济效应的实现，不但有利于承包商节约企业成本，而且降低了完成工程项目过程中的社会总成本。

4.2.3　建筑业合作竞争模式与虚拟建设方式

1.合作竞争模式使虚拟建设更具战略意义

从组织发挥的作用看，传统的竞争模式要求依靠自己所拥有的业务所需要的全部功能及资源来完成组织的业务活动，即所谓"万事不求人"，"大而全，小而全"便是这种状况的真实反映。组织在这些功能的配置安排下，在其业务活动不稳定时，可能导致功能过剩或资源过剩。尤其是当组织的业务活动有方向性的调整时，由于自身拥有的功能及资源的价值受到使用领域及范围的限制，表现出整体随之调整的难度很

---

① 卢勇. 大型工程建设的信息沟通与虚拟组织环境 [J]. 建筑与施工，2000（12）：33–34.

大，即所谓的功能结果的刚性很大，动态变化的灵活性差，又会不可避免地产生浪费。

而合作竞争模式不要求企业自身拥有业务活动所需的全部功能和资源，当进行一项业务活动时，在自身拥有独特的、专长化的功能基础上，其他所需的功能和资源可以利用市场上其他组织所拥有的功能和资源。它是一种组织间相互合作、优势互补，形成功能虚拟化的运行模式。当这项业务完成后，相互合作的企业彼此间仍然是在组织上没有任何隶属关系的单独企业，当有新的业务时，可根据新业务所需要的功能和资源进行合作，形成新的运行体，其合作对象可能是原有的合作伙伴，也可能是新的合作伙伴，这种模式恰恰符合了虚拟建设的要求。

虚拟建设在运行过程中，通过合作关系形成一个虚拟建设的合作网络，在这个网络上，企业具有灵活的市场适应性，同时，如果合作伙伴间的合作关系得以维系，长期共存，合作伙伴关系可以由单一业务或单一项目的虚拟组织走向长期战略的虚拟组织。从这个意义上看，合作竞争模式使得虚拟建设发挥的作用更具有战略意义。

2.虚拟建设方式为合作竞争的开展提供了条件

从组织功能的集中度看，虚拟建设打破了传统建设方式将各种所需功能、资源集中在一起使用，在地理空间上具有连续性的模式，使项目建设可以在空间上不具有连续性。其功能、资源可以散布各地，彼此通过高效信息网络连接，从这个意义上看，虚拟组织突破了时间和空间的界限，为合作竞争模式的展开提供了有利条件。

不同地域的分包商可以参与到原本分割、相对封闭的市场中，开展合理竞争，提高行业整体生产效率。同时，承包商能够实现分包的跨地域选择，其选择空间必然进一步加大，也有利于其选择综合实力强及市场信誉高的分包商。通过无地域界限的来往和交流，承包商与分包商的联系会更加紧密，会提高其与较好的分包商进行长期合作的愿望和机会，这会极大促进全行业内的分包商完善自身核心竞争力和提升市场信誉，并推动了整个建筑业合作竞争机制的顺利运行，因此，虚拟建设以其时空上的无界性为建筑业合作竞争的开展提供了良好的条件。

4.3　建筑业合作竞争由项目型到战略型的虚拟化

项目合同型合作竞争与战略伙伴型合作竞争相比更倾向于具体项目实施过程，以具体的项目目标为导向，在这一过程中对各个参与方的要求非常明确具体，合作比较紧密。

战略伙伴型合作竞争是为了参与各方的共同利益而确定的合作竞争方式和经营原则，其目的在于保护联盟的整体利益。联盟多是对各方作为与不作为方式做出规定，并不要求必须有业务活动过程的实质合作，也就是说，战略联盟更为宏观，合作各方在合作形式上更为松散，并致力于实现共同的长期远景目标。

4.3.1　项目合同型合作竞争模式

项目合同型合作竞争的典型运作模式是以项目为中心，通过签订合同，各参与方协作建设项目的虚拟建设方式。例如，业主将项目委托给比自己更具成本优势或专业知识的承包商，双方签订合同，明确委托的业务内容及双方的权责。这一阶段的虚拟建设各方不存在管理上的关系。该方式具有以下特征：

1.短期的合作竞争模式

建立短期型虚拟建设通常基于单一的机会市场。通过动态的敏捷性合作完成项目建设。由于合作的时间短，合作竞争者之间的协调工作相对少，每位参与者按照合同规定的职责做好工作直至合同完成。当一个项目完成后，此后的合作伙伴可以重新组合，不需要维持一定的战略关系。短期型虚拟组织合作伙伴的合作关系不够持久，往往随着项目的结束而终止，因此，可以使虚拟建设的规模达到满足市场需要的临界状态，具有非常高的组织适应性和组织柔性。

2.项目文化是开展项目合同型合作竞争的关键

（1）项目文化的提出

①项目文化[①]

加拿大学者怀德曼认为，项目文化是指在商业环境下人们对待项目的一般态度[②]。挪威学者安德森认为，项目文化就是基层组织对项目工作的态度和理解。项目文化决定了项目成员对精神满足程度的确认，也决定了对项目中一切事务的判断与认定，对项目成员的行为、态度具有影响力，从而内在地决定了人的行动取向。美国学者 David I. Cleland 和 Lewis R. Ireland 对项目文化的定义为：项目文化就是将项目团队成员联系在一起，赋予他们工作的意义以及在工作与生活中履行各自项目责任时所应遵循的原则和标准[③]。

郝彤琦等认为，项目文化孕育于企业文化之中，是其子文化，项目文化来源于项目管理，项目管理强调团队精神，团队精神是项目文化的核心[④]。赵振宇则指出，项目文化是指项目特有的领导风格、管理方法、工作水平、成员素质、成员信仰、值价观和思想体系，是在有意无意中指导项目的准绳；项目文化是项目内部环境的综合表现，是在项目实践中形成的项目成员普遍接受的对项目目标的认同感、价值观、道德观、行为规范和项目组织氛围等[⑤]。刘国靖、邓韬对项目文化作了如下定义：项目文化是一种管理文化，是项目管理过程中的沟通方式、规则、技术和文件的标准以及项目管理特有的领导风格、方法、素质、水平、信仰、价值观和思想体系，是内在地指导项目管理进程的准绳，是组织内部所独有的，不易被效仿的有力竞争武器[⑥]。

郝幸田认为：项目文化是在项目管理的实践中，由项目负责人倡导

① 项目文化意源于企业文化。参见威廉，狄尔和肯尼迪（Terrence E. Deal and Allen A. Kennedy），以及海能（E. Hdnem）、赫夫斯塔德（Geert Hofstede）、丹尼森（Denision）等学者对企业文化的定义。
② 怀德曼. 怀德曼项目管理词汇手册 [M]. 项目管理志愿者团队，译. 北京：清华大学出版社，2003：500.
③ CLILAND DI，IRELAND LR.项目经理便携手册 [M]. 欧立雄，等，译. 北京：机械工业出版社，2002：89-90.
④ 郝彤琦，闫恩诚. 工程项目管理中的项目文化建设 [J]. 农机化研究，2002（3）：20.
⑤ 赵振宇. 试论项目文化及其建设 [J]. 华北电力大学学报：社会科学版，2001（4）：19.
⑥ 刘国靖，邓韬. 21世纪新项目管理——理念、体系、流程、方法、实践 [M]. 北京：清华大学出版社，2003：98.

和推动的，项目成员认同并积极参与形成的，并内化到每一个成员心中，成为其自觉行动的意识、规范和动力的一整套项目管理特有的管理体制、领导风格、目标、价值标准、基本信念、精神、道德观、行为规范等内容的复合体，它是通过所有项目干系人体现出来的、目的明确的、应用性强的商业文化[①]。

项目文化来源于项目管理，项目管理是对在一定时间、成本、质量标准条件下的一次性任务，从立项决策到项目终结，其包括资金筹措、规划设计、施工建造、延长使用寿命等一系列管理，进行深入研究，并按照项目的内在规律，寻求对项目不同阶段和不同要素进行管理的最佳方式，后来被专家学者升华为理论，并作为一门学科广泛学习和应用。项目管理强调的是团队精神，团队精神是项目文化的核心，这也是项目文化有别于企业文化的特点。项目就其本身来讲是一次性的业务，一次性的产品，团队精神至关重要，它直接关系到项目的成败[②]。

综上，项目文化高于企业文化，围绕着项目建设这一核心目标，由来自不同专业技术背景的参与人共同组建项目团队，并共同努力的一种项目组织文化（参见图4-3）。

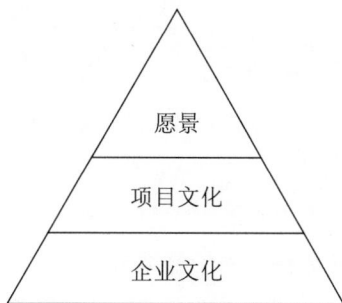

图4-3　文化层次图

②项目文化的功能

第一，目标导向功能。项目文化可以促使受文化影响者朝着项目目标努力，引导组织成员向组织目标前进。

第二，精神激励功能。激励理论认为，最出色的激励手段是让被激励者自觉地行动，充分发挥其特长和潜能。心理学家认为，人在无激励

① 郝幸田. 不可忽视的项目文化 [J]. 企业文明，2007（8）：20-23.
② 郝彤琦. 建筑企业项目文化建设与文化营销 [D]. 武汉：武汉理工大学，2002.

状态下只能发挥自身能力的10%～30%；在物质激励下能发挥自身能力的50%～80%；而在得到适当精神激励的状态下，能将自己的能力发挥至80%～100%，甚至超过100%①。项目文化能提升项目成员的荣誉感和使命感，每位成员的能力都得以肯定，使业主、承包商、分包商间原本相互冲突的价值目标得以整合和提升，鼓励群体协作的综合能力。

第三，群体凝聚功能。项目文化凝聚了组织成员共同的目标，为不同参与人建立起沟通的桥梁，使组织群体向同一目标努力，项目每向前迈进一步都凝聚着群体中的每个成员的奋斗和努力。

第四，行动约束功能。项目文化作为行动准则约束着成员的行为，个体只能做出有益于组织发展和项目建设的努力和贡献，而不能有损于其他成员和群体的利益。

第五，资源整合功能。在项目建设过程中，各参与人通过共同认同的项目文化而凝聚在一起，贡献各自的资源和技术，将不同的资源、技术集中并整合后，发挥最大的功效，这个过程是个体无法实现的，只有通过项目文化凝聚整合后，才得以体现。

（2）项目型合作竞争的实现途径

①建设项目团队②

Egan在他的报告中以英国为例，集中讨论了伙伴关系，提出了5项"改变的驱动力"：重视客户、质量驱动议程、承担领导责任、对人承担义务以及集成过程和团队。在Latham和Egan眼中，建筑业变革就是要把所有专业合并成为一个团队进行工作，对各专业的共同利益和业主在此中间的利益都要加以考虑。在任何组织中，团队工作取得成功的决定性因素都是各组织能拧成一股力量，整合团队中的全部资源。使用合作伙伴的方法不应局限于承包商组织中的不同部分，也不仅仅指业主与承包商间的合作问题，而应当从业主或客户开始，贯穿整个供应链，发挥出所有利益相关者的知识与经验，整合分包商在项目中的贡献。同时整个团队需要相互沟通，相互支持。建筑业项目团队可以分为：

第一，早期团队。在项目初期应组建早期团队，使项目建设的相关

---

① 贾春峰. 贾春峰说企业文化 [M]. 北京：中国经济出版社，2003：63-65.
② 沃克，威尔基. 工程施工商务管理 [M]. 路晓村，等，译. 北京：中国建筑工业出版社，2004：92-99.

各方都参与到团队中。传统的投标方式中，业主、建筑师（监理工程师）和工料测量师在开始招标选择承包商之前已经熟悉了项目，而承包商只有在他们完全符合设计和成本计算之后才开始介入项目。对于承包商来说，在中标之后再将建造技术和知识融入设计方案之中已为时太晚，此时业主已确定了设计方案并批准了成本计算。如未能组建早期团队，业主则失去了利用承包商有价值的施工经验和技术资源的机会。如果承包商可以将它的"下游伙伴"分包商代入团队环境中，将为项目建设做出更大的贡献。整个团队建立得越早，资源利用就越充分，潜在收益就越大。

第二，核心团队。对于早期团队设立的目标，需要进一步的试验和执行，因此随着项目的深入，应当建立核心团队。核心团队应当由有权威的关键人员组成，代表各自组织行使和做出决定。这个团队应仅限每个参与组织推选一名代表参加。在讨论关键性问题时，应推选相关有专业知识和技术经验的专家组成该团队。若遇到法律问题，比如合同条件、顾问工程师的选任、融资等时，可以推选法律代表；若遇到技术问题，可寻找技术专家，请他们加入到核心团队中。

核心团队的主要任务是决策，监督团队建设，解决实际问题并力求解决争议。它应设定具体的项目目标，设置测算效益的对象。项目目标可以以法律协议的方式实现，将其添加到承包合同条款中，或者可以是一种非契约形式的手册目标，由团队为了实现项目的利益设定各自承担相应的义务。在团队认可的基础上，这些目标的数量具有较大弹性，它可以包括：在目标竣工日期移交项目；在协议目标成本内移交项目，共享财务收益；从全寿命周期成本角度考虑移交项目，达到质量和服务水平要求的最高或最佳价值；在全寿命周期内"无意外"地移交项目；在项目实施过程中，保证对项目占用者或者临近商业产生最低干扰；最大限度地利用本地资源和适用的技术；移交项目达到由合作伙伴团队设定的质量目标或关键效益指标；移交项目的安全性达到最高安全标准。

除了针对项目的目标，合作伙伴团队应考虑相应的基本合作目标，例如，为各方提供合理利润和适当管理风险，鼓励探索和创新以及良好收益的关系；通过在团队合作人之间建立有效沟通和合作实现无对抗性的"无意外"关系；最低限度的投诉并增强信誉；使用和保持可以为所有合作伙伴关系人所用的最佳质量资源；在团队合作伙伴关系人之间建立起包含共同诚信、共享价值和目标的工作文化；通过有效商业管理、最佳设计和相互合作的应用，力争持续不断地在各个方面进行连续共同改善。

核心团队必须建立测量关键绩效的指标（KPI），确定测量程序，并决定需要监督的具体指标。本书认为可以设立与建筑工程过程多方面指标相关的9种KPI指标：业主满意-产品、业主满意-服务、缺陷、安全、预测能力-成本、预测能力-工期、施工工期、生产率和利润能力。KPI可以根据项目特点和参与方团队要求予以构建和开发，一旦KPI建立起来，核心团队应该评价和设置拟作为标准的目标，这样评价就可以依据它们进行。

第三，资源团队。除了建立核心团队外，还应建立资源团队，使其为完成每日的项目运作提供保证。核心团队的精力集中于一般性的项目管理上，超越按时或提前目标竣工日期等细节问题，让资源团队处理项目的细节管理问题。

采用资源团队的合同审核会议方法可以帮助团队工作，汇聚所有必要的资源改善项目实施过程。这种审核会议的时间表可以由团队决定，并且可以根据项目的复杂程度而定。参与会议的人员和角色应当有策划，关键问题是相互之间的公开和坦诚。如果存在问题，团队成员必须一起工作，不应该相互指责，应当承担各自的责任，保证项目成功实现。合同审核会议讨论合作伙伴的所有方面，现金流量、融资等问题也应包含在内。每个参与者对具体单元都应该有相应的日程表，并且尽可能地审核设计过程或承包商的进度问题。会议不应该简单地看作记录以前发生事件，应该把会议看作积极推动项目前进的平台，尽管记录是必要的，但是保持和改善现有情况的行动才应当是关键。成本计算同样必要，会议可以集中讨论价值工程中的问题。

②发挥企业层次的核心竞争力

1990年，普拉哈拉德（C.K.Prahalad）和哈默尔（G.Hamel）在《哈佛商业评论》上发表的《企业核心竞争力》一文首次提出核心竞争力（Core Competence）概念。关于企业核心竞争力的定义主要有以下几个类别：

首先，以普拉哈拉德和哈默尔为代表的知识体系角度，认为："核心竞争力是指企业内部累积性知识，尤其是如何协调不同生产技能和有机结合多种技术流派的知识。"①他们在 1994 年出版的《竞争大未来》（Competing for the Future）一书中指出："核心竞争力是能够使企业为用户提供某种特定好处的一组技能或技术的集合。"②以詹姆斯·迈夫为代表的能力体系角度，认为所谓核心竞争力是能够使企业以比竞争对手更快的速度推出各种各样产品的一系列能力③。

其次，以程杞国为代表的资源角度，认为企业核心能力是企业核心资产的一个重要组成部分，企业核心资产是包括人才、核心能力、核心技术、核心产品等在内的核心群因素。企业核心能力是全部核心资产的综合运用和反映，是企业多方面技能、互补性资产的核心④。此角度对核心竞争力的定义适用于建筑业，建筑企业的核心技术和核心资产是其他企业无法模拟和仿效的核心技术能力，是企业赖以生存和发展的基础，是参与行业竞争的实力。建筑业的核心竞争力应从资源角度予以界定。

对于核心竞争力与企业发展的关系，普拉哈拉德和哈默尔在《企业核心竞争力》中指出，核心竞争力是产生竞争优势的源泉，核心产品是核心竞争力的载体，也是联系核心竞争力与最终产品的根本途径，最终产品是核心竞争力的市场表现。核心竞争力是企业生存和发展的关键。

在建筑业中，承包商与分包商拥有不同的核心竞争力，企业层次的独特的专业技术、施工设备、专业人才以及信息资源等能力是各建筑企业在行业竞争环境中赖以生存和发展的根本。然而，单凭企业自身的核心竞争力难以承担项目建设的全部任务，通过合作竞争，不同企业的核心竞争力得以联合和发挥，最终有助于实现建筑产品。核心竞争力体现了企业在市场的价值，但是在另一方面，长期维护和不断巩固的核心竞争力可能成为阻碍企业长期发展的因素，即产生所谓的"核心刚性"。

---

① PRAHALAD C K，HAMEL G. The core competence of corporation [J]. Harvard Business Review，1990，68（3）：79-91.
② 哈默尔，普拉哈拉德. 竞争大未来 [M]. 王振西，译. 北京：昆仑出版社，1998.
③ 吴文盛. 企业核心竞争力的文化根源 [M]. 北京：中国经济出版社，2006：20-21.
④ 程杞国. 论企业的核心资产 [J]. 发展论坛（济南），2000（5）：23-24.

（3）ACA 的 PPC2000 为项目型合作竞争提供了保障

英国咨询建筑师协会（ACA）于 2000 年出版了 PPC2000《项目伙伴关系标准合同格式》（Standard Form of Contract for Project Partnering）是国际上第一个以项目伙伴关系命名的标准合同范本，是英国政府在 Michael Latham 爵士《构建团队》以及在 John Egan 爵士《反思建筑业》中倡导信任、合作的理念下，建设研究的直接成果，它为项目各参与方营造了一个公平的合作竞争环境，它的问世为建设项目伙伴关系模式奠定了合同基础。该范本在法律支持和专家意见指导下可以适用于任何司法体系背景下的任何类型的工程项目。

PPC2000 的正文部分共有 28 条，197 款和 5 个附录，完整规定了伙伴关系团队各成员的权利、义务、风险分担，以及争议解决方式。PPC2000 的合同时间跨度比一般合同的时间跨度长，内容覆盖了项目建设的全过程，从概念设计的形成开始，贯穿整个设计、施工阶段，直至项目竣工。项目各方从项目初期开始就形成伙伴关系并就项目的发展进行充分协作，这种方式对于工程项目的顺利实施十分有益。PPC2000 对工程各参与方（包括业主、承包商、主要分包商、设计团队、项目伙伴关系指导顾问等）进行了详细的分类和说明，明确了各参与方在项目中的角色定位及其相应的权利和义务，从而避免分工不明确或互相推诿的情况发生，例如，在共同合作的大环境下，使分包商、材料供应商加入到合作团队中；通过相对固定的责任划分、分享经济利益等方式激励团队成员向共同目标迈进；通过形成完全统一的工程档案资料，明确界定成员的角色和责任；并运用了易于理解的文字、语言；使用中期支付和里程碑支付方式，避免了工程款支付争议；对于早期介入项目的承包商和分包商给予费用支付；通过早期预警机制和快速争议解决方式减少争议。

PPC2000 是一个多方合同，这一点不同于国际权威组织出版的其他合同范本。PPC2000 虽然代表了一类革新，但是它在实践中被验证有效，对项目建设乃至合同各方都有利。它被成功应用于公共项目与私人项目，项目规模范围从 250 000 英镑至 700 000 000 英镑不等，是紧密结合实践的，具备优秀合作思想的合同文本①，它的应用无疑对以项目为核心的合作竞争模式提供了有力的合同保障。

2006年，在 Poole Hospital 翻新工程案例中，业主 NHS Trust、承包商 Mansell Construction Services Ltd. 与 M&E 专业分包商 Lorne Stewart PLC. 以及其他咨询公司，通过共同签订 PPC2000 合同，建立起良好的项目团队，不仅工程目标如期完成，而且项目严格按照预算完成。PPC2000 确实为以项目团队为核心的合作竞争模式提供了良好的保障。

（4）项目型合作竞争的不足

项目型合作竞争的不足之处在于长期形成的企业层次的核心竞争力会引发核心刚性。"核心刚性"（core rigidities）是由 D.L.巴顿提出的与核心能力相对应的一个概念。巴顿认为，核心刚性是核心竞争力的另一面，它是阻碍核心能力作为企业竞争优势源泉的惯性系统，是由于能力的长期积累而导致的难以适应变化的一种惰性②。核心刚性从根本上讲，不是能力本身的问题，而是由于外部环境的变化，使得发挥核心能力作用、体现核心能力价值的空间缩小了。解决核心刚性的根本在于，不断提高核心能力的适应性，实现静态核心能力向动态核心能力的转化。静态核心能力是指在特定的环境条件下、特定的时间内，所表现出来的核心能力；动态核心能力是指在不同的环境条件下，长期内所表现出的核心能力。在这里，特定的时间与长期的概念不单纯是物理时间的概念，而是经济学和管理学角度的长期与短期的含义。通过虚拟建设可以在很大程度上实现核心能力由静态向动态的转化，克服核心刚性问题。

随着时间的推移，核心能力的价值客观上存在刚性和贬值的总趋势，最终可能随着建筑技术的进步与普及，伴随着这一过程带来的溢出效应，使核心能力毫无价值，彻底刚性。通过战略型虚拟建设可以将企业已形成的核心能力整合到不同的虚拟建设中，让核心能力在不同的环境下、不同的时间内发挥作用，通过企业间的合作竞争，通过不同的核心能力组合，提高核心能力的适应性，克服、延缓核心刚性的形成。战

① 对此问题的详细分析请参见本书第5章第1节的论述。
② DEROTHY L B. Core capabilities and core rigidities: a paradox in managing new product development [J]. Strategic Management Journal, 1992 (13): 111-125.

略型虚拟建设可以扩展能力的应用空间，延长核心能力的生命周期。

4.3.2 战略伙伴型合作竞争模式

最初看似机会型的市场，可能会随着时间的推移，演化成为动态市场，动态市场与机会市场相比具有一定的稳定性，但又是不断变化的。当机会市场转化为动态市场时，虚拟建设就从项目合同型向战略伙伴型演化。

动态市场与机会市场相比有很大的不同，动态市场的需求不再是单一的，而是频发且不确定的。在市场环境动荡易变的情况下，企业为了更好地生存，必须寻找自己的长期合作伙伴，建立相对稳固的合作竞争关系。

1.战略管理理论背景

20世纪90年代以前的企业战略管理理论，大多建立在对抗竞争的基础上，都比较侧重于讨论竞争和竞争优势。时至20世纪90年代，战略联盟理论的出现，使人们将关注的焦点转向了企业间各种形式的联合。这一理论强调合作竞争，认为竞争优势是构建在自身优势与他人竞争优势结合的基础上的。但是，联盟本身固有的缺陷，以及基于竞争基础上的合作，使得这种理论还存在许多有待完善之处，企业还在寻求一种更能体现众多优越之处的合理安排形式。进入20世纪90年代中期，随着产业环境的日益动态化，技术创新的加快，竞争的全球化和顾客需求的日益多样化，企业逐渐认识到，如果想要发展，无论是增强自身能力，还是拓展新的市场，都要与其他公司共同创造消费者感兴趣的新价值。企业必须培养以发展为导向的协作性经济群体。在此背景下，通过创新和创造来超越竞争开始成为企业战略管理研究的一个新焦点。

美国学者穆尔1996年出版的《竞争的衰亡》一书[1]标志着战略理论的指导思想发生了重大突破。作者以生物学中的生态系统这一独特的视角来描述当今市场中的企业活动，但又不同于将生物学的原理运用于商业研究的狭隘观念。在市场经济中，达尔文的自然选择似乎仅仅表现为

---

① 詹姆斯. 竞争的衰亡——商业生态系统时代的领导与战略 [M]. 梁峻，等，译. 北京：人民出版社，1999：12-15.

最合适的公司或产品才能生存，经济运行的过程就是驱逐弱者的过程。而穆尔提出了"商业生态系统"这一全新的概念，打破了传统的以行业划分为前提的战略理论的限制，力求"共同进化"。穆尔站在企业生态系统均衡演化的层面上，把商业活动分为开拓、扩展、领导和更新四个阶段，建议高层管理人员要经常从顾客、市场、产品、过程、组织、风险承担者、政府与社会等 7 个方面来考虑商业生态系统和自己所处的位置，系统内的公司通过竞争可以将毫不相关的贡献者联系起来，创造一种崭新的商业模式。在这种模式下，制定战略应着眼于创造新的微观经济和财富，即以发展新的循环来替代狭隘的以行业为基础的战略设计。这一时期战略管理理论的发展，对虚拟组织合作竞争理论的发展具有重要影响。

2.战略型合作竞争的实现途径

（1）形成战略弹性

Prahalad 和 Doz（1987）在对 20 世纪 70 年代以来迅猛发展的跨国公司的战略研究中，对战略弹性作了阐述。Volberda 和 Rutges（1999）把弹性（弹性组织）定义为：一个组织拥有的若干现实和潜在管理者能力的程度，管理者据此可以加快提高管理控制能力和改进组织控制力的速度，它是一种与组织目标或环境相联系的管理者的非常规性操纵能力。在此基础上，他们把弹性分成三种类型：操作弹性、结构弹性、战略弹性。Prahalad（2001）认为战略弹性不主张长期的较大幅度的变动，而主张持续调整和精确微调，而且战略弹性要求有相当程度的多义性和多样性。

企业面临的经营环境快速变化，无法预知和确定。在存在不确定性和风险不断增强的环境之下，在要求企业的竞争战略与外部变化节奏保持同步的条件下，企业要具备快速的反应能力，必须依据战略的弹性而伸缩自如。根据以往学者的定义，战略弹性是基于企业自身的知识系统对不断变化的不确定情况的应变能力。它应该包括：组织结构的弹性、生产能力和生产技术的弹性、市场营销的弹性、管理的弹性和人员构成的弹性。战略弹性一旦建立起来，企业内部的协调系统也就确定下来，从而导致对整个系统的模仿或复制的可能性极其微小，由此就形成了企业的战略优势。外部环境的变化，集中表现力不可预测性、不确定性和风险性的增加，需要企业不断增强战略的弹性，战略弹性的不断增强需要有一定的组织形式提供保证。战略弹性不断增加的趋势在企业的组织结构上有着多方面的要求与表现，其中组织的柔性是核心。与以往传统的组织形式相比，虚拟组织具有高度的柔性与弹性，可以满足企业经营对战略弹性的需要，以便更好地适应不可预测性、不确定性和风险性不断增强的环境。

虚拟建设是真正的有机式组织形式，在增强企业战略弹性的同时，能够更深入地实施非均衡的战略范式。建筑业合作竞争模式下，通过战略型虚拟建设方式，承包商与分包商的合作可以给予各自战略的共同目标，长期、频繁地进行。在技术合作、专业知识分享以及空间、地域联盟合作的基础上，均具有一定的战略弹性和敏捷性。战略弹性不但要求建筑企业内部管理具有弹性和柔性，能够对外部市场环境以及项目建设具有适应性；而且还要求它们具备外部弹性，能够对合作伙伴的技术支持、项目需求做出灵活反应。通过虚拟建设，战略弹性的合作竞争模式得以实践。

（2）形成长期持续竞争优势

20世纪80年代以来，企业竞争关系正在进行着从对立竞争转向大规模的合作竞争的战略性调整。管理学大师彼得·德鲁克（1995）说：工商业正在发生的最伟大变革，不是以所有权为基础的企业关系的出现，而是以合作伙伴关系为基础的企业关系的加速度增加。

合作竞争是目前战略管理领域最前沿的研究内容。理论和实践两方面表明，21世纪的企业从根本上是有别于20世纪的，其中一个重要方面就是"相互依存的网络企业"在逐步替代单一的"纵向一体化企业"。合作竞争战略是企业在现代外部竞争环境下的理性选择，通过联盟与合作，企业发现可以找到共同使用彼此资源和能力的方法，使彼此都能创造出自身新的、难以为其他企业所理解和模仿的核心竞争力，从而获得企业竞争优势。从20世纪80年代中期开始，合作竞争战略就越来越多地成为企业一种获得战略竞争力的新的战略手段，或者至少是企业自身在局部领域获得更新。一些原来的竞争对手纷纷合作，形成战略联盟来对抗其他的常常是来自于其他国家的竞争对手[①]。

"竞争优势"由英国经济学家张伯伦（E.Chamberlin）于1939年首先提出[②]。霍弗和申德尔（Hofer和Schendel）将其引入战略管理领域，他认为竞争优势是组织通过其资源调配而获得的相对于其竞争对手的独特性市场位势[③]。迈克尔·波特在对竞争优势进行系统研究之后提出企业竞争优势来源于企业为客户创造的超过其成本的价值[④]，尽管上述观点均从不同角度对企业竞争优势有不同的定义，但内涵基本一致，即认为企业竞争优势是企业在有效的可竞争市场上参与竞争时所表现出的超越其他对手的能力。对一个企业而言，竞争优势要经历形成、保持和消散三个阶段，也就是说，企业的竞争优势不是连续不断的，会随着企业所处的成长、衰退阶段而消散。因此，企业不仅希望获得竞争优势，而且希望能够保持原有的优势，拥有持续竞争优势是每个企业永恒的目标。管理学大师彼得·德鲁克说："对企业而言，未来至关重要。"

传统观点认为，持续竞争优势是指能够在长期内一直维持的竞争优势。巴尼认为：当某个企业能够实施某种价值创造性战略，而其他任何现有和潜在的竞争者都不能同时实施这种战略，而且也无法"复制"或"拷贝"该战略所带来的全部收益时，就可以说该企业具有一种持续竞争优势[⑤]。

建筑企业为了适应变化的行业环境，应选择利用不同的发展战略或采用现有战略的不同实现方式来对环境变革做出及时迅速的反应，从而创造并保持企业持续竞争优势。在建筑业中，形成长期持续的竞争优势是各建筑企业的共同目标，拥有持续竞争优势意味着在行业内长期立于不败之地，企业得以长期发展。基于战略角度的合作竞争模式有益于持续竞争优势的顺利实现，通过合作竞争与联盟，承包商与分包商相互扶

① 陈耀. 联盟优势——21世纪企业竞争新形态［M］. 北京：民族出版社，2003：7.
② CHAMBERLIN E. The theory of monopolistic competition ［M］. Cambridge Mass：Harvard University Press，1939.
③ HOFER C W，SCHENDEL D. Strategy formulation：analytic concepts ［M］. St. Paul，M.N. West，1978.
④ 波特. 竞争优势 ［M］. 陈小悦，译. 北京：华夏出版社，1997：2.
⑤ BARNEY J B.Firm resources and sustained competitive advantage ［J］. Journal of Management，1991（17）：102.

持，共同发展，尤其对于中、小分包企业而言，通过战略型合作竞争，他们的生存和发展得以保障。

4.3.3 建筑业合作竞争虚拟化的案例分析

Dioguardi 和 Beacon 是两家分别来自意大利和美国的建筑企业①。在本土，他们面对不同的行业环境，意大利的建筑业需求主要靠政府部门推动，注重长期效益却缺乏短期效率；而美国的建筑业需求主要靠私人投资推动，注重短期效率却难以达到长期效益标准。

在培育企业竞争优势方面，Dioguardi 没有追求低成本优势，而是将差异化和专业技能作为企业主要战略目标。优秀的室内设计/工程能力（施工企业少有的技术能力）、高质量工作能力、较强的组织能力和项目经理较高的专业技术能力都是其优于其他企业的差异化能力。同时，Dioguardi 通过建设高水平项目，广泛参与社会活动和文化活动，建立起较好的商业形象，使其成为意大利最为优秀的建筑企业之一。

Beacon 同样没有寻求低成本优势，而是更乐于在既定合同价格的前提下提供更为优质的服务。与 Dioguardi 相类似，Beacon 实施的是差异化和市场专业细分战略。Beacon 在项目计划、设计控制、施工、运营和维修阶段都具有较强的专业优势，与之相比，其他同规模建筑企业不具备这些优势，这使其成为以服务和管理为核心能力的出色的建筑企业。专业化的服务、强有力的管理，优秀的团队建设和高质量的工作成为该企业具备的差异化特点。

总之，Dioguardi 更注重在工程技术方面保证项目顺利完成，其核心能力体现为提供优秀的设计和施工服务；Beacon 是一家以过程管理为中心的建筑企业，其核心能力体现为能在复杂的工作环境和多阶段的工作过程中，管理与各阶段的衔接的能力。

1992 年，Dioguardi 和 Beacon 在项目层面进行了首次合作——位于华盛顿的意大利新档案馆。双方在合作过程中，Beacon 类似于一个承包商，对项目的整个建设过程加以管理和调控；而 Dioguardi 类似于一

---

① ROBERTO P.Building international construction alliances［M］. E & FN SPON，1997.

个专业能力强的分包商，对设计及施工阶段部分全权负责（如图 4-4 所示）。

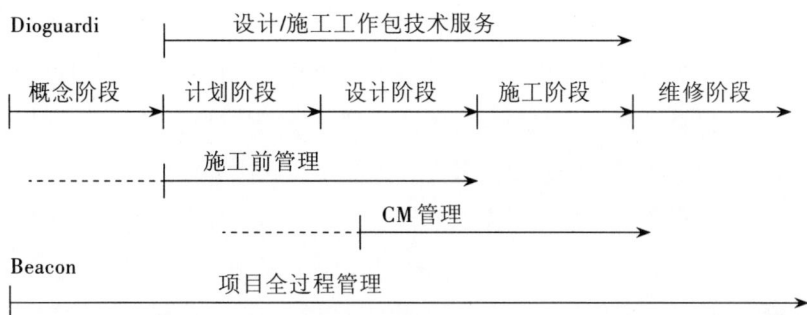

图 4-4　Dioguardi 和 Beacon 提出的在项目过程中具备的专业能力与合作竞争

该项目建成后获得各方满意和普遍好评，可以说 Dioguardi 和 Beacon 在项目层面上的合作是成功的。但双方并没有满足于单一项目上的合作竞争，他们将合作的重点转向战略层面上的合作竞争，自 1992 年始，两家企业在战略层面上进行了长达 5 年的合作，通过虚拟建设的方式实现了从项目型合作竞争到战略型合作竞争的转变。

由此案例得出，通过建立战略型合作竞争，建筑企业具备了更为优秀的项目建设能力、组织管理能力及市场营销能力，从而提高了建筑企业的核心竞争力，并为其发展和壮大提供了更为广阔的空间。

4.4　本章小结

建筑业发展历程随着计划经济体制向市场经济体制的转变，经历了从实体建设向虚拟建设方式的转变。虚拟建设是建筑业具有独特性的建设方式，也是建筑业项目建设的实现途径。与传统建设（实体建设）方式比较可知，虚拟建设更有利于降低生产成本、减少市场壁垒。

虚拟建设在合作竞争问题中演化为两方面：项目型虚拟建设和战略型虚拟建设。项目型虚拟建设以项目建设为展开合作竞争的起点，围绕项目建设并通过虚拟建设实现项目目标的建设方式，表现为：专业分包与劳务分包模式、以动态联盟合作实现敏捷性组织和风险第二次转移；战略型虚拟建设是从企业战略高度，围绕长期合作竞争伙伴关系，通过项目建设巩固和维系伙伴间的长期战略关系，并通过虚拟建设开展项目建设的方式，表现为：实现弹性生产力，并达到规模经济效应与区域经济效应。

在合作竞争的行业环境中，通过虚拟建设，合作竞争问题得以虚拟化，由项目合同型合作竞争向战略伙伴型合作竞争过渡。项目合同型合作竞争有利于项目团队建设，并充分发挥企业层次的核心竞争力；战略伙伴型合作竞争不仅可以对企业的核心竞争力形成战略弹性，避免核心刚性，而且可以形成长期持续竞争优势，提高企业的生存和发展能力，促进行业持续、健康发展。二者之间的过渡和虚拟化过程使得行业竞争环境更为稳定、有序；同时，建筑企业在此过程将获得更为广阔的发展空间，更为持续的市场机遇和发展前景。

通过对意大利建筑企业 Dioguardi 和美国建筑企业 Beacon 长达 5 年的战略型合作竞争案例的研究得出，建筑业合作竞争由项目型到战略型的过渡具有可实现性。

5 建筑业合作竞争私立保障路径

    建筑业合作竞争机制的良性运行，客观上要求相应保障路径的配合和维护。如前所述，建筑业合作竞争机制是以承包商、分包商合作为核心，将业主纳入整个合作竞争体系，追求有序高效、长期稳定的行业运作。由于在市场经济体制下，政府鼓励最大范围的市场竞争，不会通过法律法规限制或维护行业内部各经济主体间的合作关系，因此，从"公立保障"的角度来看，政府对于建筑业合作竞争机制的维护仅限于旨在规范市场秩序的一般性法律。在建筑业内，合作竞争机制更多需要各经济主体的自发行为进行维护，从这一角度分析，建筑业合作竞争机制的保障更多地依赖于"私立保障"，即运用私立秩序对合作竞争机制的运行进行保证和维护。而对于私立保障路径的研究应建立在对私立秩序的分析和理解的基础上。

    私立秩序[①]的提出源于对法律失效的研究。法律失效在绝大多数发展中国家或转型经济中，表现得十分明显。正式法律制度运行成本高昂，可行度低下，容易产生偏见、腐败，而且显得软弱无力，或者压根

---

① 迪克希特. 法律缺失与经济学：可供选择的经济治理方式 [M]. 郑江淮，李艳东，等，译. 北京：中国人民大学出版社，2007.

就不存在（Avinash K. Dixit，2007：4）。市场只有得到足够的治理制度支持，才能获得成功。制度的建设，法律机器的构建，以及促使它们良好地运行，是一个缓慢而又成本高昂的过程。诺斯认为：制度可以覆盖各种正式、非正式的规则和约束，制约着社会各个成员之间的交易；组织是在制度框架下，由若干社会成员组成的团队，它们执行和贯彻制度规则和标准。制度在演进中逐渐改变博弈的规则，以便在组织水平上实现更好的结果。

经济活动不会因政府不能提供或疏于提供法律基础而缓慢停顿下来，人们要从市场中获得相对"好"的结果，并不严格需要政府所提供的法律制度，社会安排（非正式制度）同等重要。私立秩序是一种非正式制度的社会安排，包括长期关系、仲裁、散布信息的社会网络，交易中奉行的准则、盈利性合约执行（Avinash K. Dixit，2007），超越或补充了来自于政府的弱经济治理模式。即使在制度功能完善，政府法律极其到位的现代国家中，私立秩序仍能得以实践。坚持运用私立秩序解决纠纷的显著原因是，借助于正式法律的成本更高。实际成本，尤其是时间成本，经常大大超过可供选择的私立秩序的成本（Avinash K. Dixit，2007：12）。

长期关系是较为典型的私立秩序。长期关系能够自我执行，原因好比重复博弈理论所解释的那样：由于机会主义行为导致了长期关系的瓦解，从而降低了未来支付。重复博弈自我执行的治理安排已得到了充分的研究。如果相同的一群当事人之间不断地相互接触，相互博弈，对未来收益的估价远远高于当前，那么这些当事人对长期关系瓦解的预期，能够限制贪图短期收益的行为倾向（Axelrod，1984；Abreu，1986；Abreu、Pearce 和 Stacchetti，1990 等）。所以，通过建立长期关系，机会主义一次性得益被未来损失所抵消。

私立秩序基础上的建筑业合作竞争私立保障路径，维系了行业内部的长期合作竞争关系，该路径包括强化可执行的关系契约，建立行业中奉行的信任准则约束，重视建筑业工程保证担保和完善行业协会。

5.1 强化建筑业关系契约

关系契约的建立与维系对于建筑业合作竞争机制的良性运行具有重要稳定作用。强化可执行的关系契约促进了建筑业内部各主体间合作氛围的营造和合作关系的牢固。由于关系契约本质上类似于一种"软协议"，其体现出不同参与主体间的长期合作意向，这样就避免了行业内各主体间相互损耗的、低效率的无序竞争和恶性竞争。通过强化关系契约，建筑业内部具有不同技术能力和资源禀赋的主体结成稳固的长期合作关系，提高了整个建筑业的运行效率，避免了福利损失。

5.1.1 合作竞争模式下的关系契约

1.契约

契约（contract），从法律层面理解，通常是指：两人或多人之间为在相互间设定合法义务而达成的具有法律强制力的协议。通过制定契约法，为自由市场的行为提供自由的保障，维持市场经济秩序的良性运行。经济学意义上的契约，不仅包括具有法律效力的契约，也包括其他默认契约。社会学层面上的契约，强调其关系契约性质，认为一切契约都必须在社会关系中才有实质的意义，即使个别性契约的内容和履行过程也要受到外在的社会关系的制约（Mcneil，1994）。

2.契约理论的发展与关系契约

古典契约强调交易者的独立性和契约的明晰性，所有与交易有关的事项均能得到清晰的描述。这种独立性和明确性体现在：在理想的市场上，契约是标准化的，与交易者的身份无关；契约的性质经过仔细推敲，并在一开始就可预见到履行契约的情况；对违约处理简单，当事人诉诸法庭完全是为了确权。

对于长期契约，古典契约不是无法履行，就是履行成本过高。因为最初不可能预见到将来可能发生的、需要去适应的所有问题；对于很多意外事件，签约时无法确定；由于交易双方认识的差异，在特定的权利义务上势必会产生争端。新古典契约的特征：契约难以明晰化，是不完全契约；契约具有一定的灵活性；有些契约的达成需要交易双方认同的某种解决机制。

随着契约履行时间的延长，契约复杂程度的提高，契约的不完全性（contractual incompleteness）增长，新古典契约已与此不相适应，因而出现了关系契约。关系契约并不追求契约明晰化，不对行动的详细计划达成协议，而是对总的目标、广泛的使用原则、意外出现后的处理程序和准则，以及争端的解决机制加以框定。Macneil 认为：关系契约基于共同合作的态度（co-operative attitude），追求长期的交易激励，并以未来收益的丧失为威胁保障契约的实施。所以，他认为合作与关系是关系契约的主要特征。

关系契约理论以关系契约作为默示交易类型。契约的实施与调整主要依赖于契约双方对于契约结果——守约的未来利益与违约的声誉损失的综合评估，也即只要符合双方利益，契约就会得到"自我实施"，或双方集体背约。关系契约的"自我实施"特性保证了复杂交易的广泛存在。运用"自我实施"的关系契约来分析长期合作竞争就显得非常适合。

关系契约本身可以营造建筑业内企业间长期共赢的合作氛围，创建一种行业合作潜规则，对合作竞争模式起到推动与促进的作用；同时，在合作竞争的市场环境中，关系契约会应市场需求而自我执行。合作竞争与关系契约相辅相成，共同维系着健康、有序的行业环境。

5.1.2　正式合同与关系契约之间的关系评价

1.建筑业正式合同

正式合同是以古典契约、新古典契约为代表的，注重客观评价的，通过合同书面形式签订的契约。《中华人民共和国合同法》（以下简称《合同法》）第3条规定："经济合同，除即时清结者外，应当采用书面形式。"第270条亦明确指出："建设工程合同应当采用书面形式。"因此，正式合同是建筑业法定的合同形式。

在合作竞争合同体系中，由于合同存在相对性，正式合同直接涉及利益双方，因此，在业主、承包商、分包商三者之间存在至少三份合同，即业主-承包商签订的建设工程合同、承包商-分包商签订的分包合同和业主-分包商签订的指定分包合同（存在指定分包的情况，本书不作研究）。

2.正式合同与关系契约的结合

李治国（2007）认为：正式合同基于多任务委托-代理模型，探讨如何解决代理人重视考核绩效与委托人关注产出价值之间的矛盾；关系契约基于重复博弈模型，探讨客观测度与主观判断以及短期收益与长期收益之间的矛盾。正式合同与关系契约的结合可以降低代理人所面对的激励扭曲，能够控制委托人违背承诺的诱因。在解决激励问题中应对正式合同和关系契约的合理运用进行综合权衡[1]。

由于委托人真正关心的产出价值并非总能被及时观测到，即便可观测也可能并不容易被证实，仅依赖可观测绩效制定的激励契约，无法完全解决激励过程中发生的委托代理问题。而主观评价在许多激励契约中扮演着重要角色，即使是在代理人当下实现的产出价值很容易测度，委托人也可能将主观判断引入到激励过程中，以便维持激励契约长期的有效性。引入主观评价的激励过程可以通过重复博弈和关系激励契约进行分析[2]，并且委托人与代理人是否能够完全观察代理人做出的贡献并不影响分析结果[3]。

由于建筑业契约以正式合同为主要形式，因此探讨正式合同与关系契约的关系，有助于引导行业企业间透过合同书面文本，建立以关系为导向的长期合作竞争模式。

3.模型分析[4]

交易当事人通过挖掘高质量的内部信息，来形成关系契约，而正式

① 李治国. 激励过程中的正式合同与关系契约：一个综述 [J]. 产业经济研究，2007（3）：62-67.
② BULL C. The existence of self-enforcing relational contracts [J]. Quart J Econom.1987，102：147-159.
③ BAKER G，GIBBONS R，MURPHY K. Subjective performance measures in optimal incentive contracts [J]. Quartly Economy，1994（109）：1125-1156.
④ 迪克希特. 法律缺失与经济学：可供选择的经济治理方式 [M]. 郑江淮，李艳东，等，译. 北京：中国人民大学出版社，2007：35-42.

合同则必须以低质量的公开可证实信息的行动为基础，其中可证实信息是在关系中的欺骗行为。贝克尔、吉本斯和墨菲（Becker、Gibbons 和 Murphy，1994、2002）已经建立了这样一个委托代理合约模型。阿维纳什·K.迪克希特（Avinash K. Dixit）（2007）以雇佣合约为例，通过模型分析委托人与代理人间签订正式合同与关系契约的数学关系，本书借鉴其模型，并用于建筑业业主、承包商与分包商的委托代理关系中正式契约与关系契约关系分析。

（1）模型

代理人的行动是 a，是一个 n 维向量，其他任何人都观察不到。代理人采取行动的成本设为：

$$C(a) = \frac{1}{2}a^{\mathrm{T}}a$$

代理人在这个委托合约之外的效用（保留效用）是 μ_0，委托人的外部机会（利润）标准化为 0。

代理人的行动带给委托人的结果是 y。它只取 0，1 两个值，y = 1 表示项目成功，y = 0 表示项目失败。成功的概率是代理人行为的线性函数：

$$p\{y = 1 | a\} = y^{\mathrm{T}}a$$

y 是与 a 同样维度的向量。y 的含义是行动的边际产量。y 的值是内在的，只能被委托人和代理人观察到，对他们来说是共有的信息。

这个代理行为的绩效为 x，可以由外部或公共机构所证实，只能取 0，1 两个值，x = 1 表示外部认可项目成功，委托人满意，x = 0 表示外部不认可项目，委托人不满意。成功的概率是：

$$p\{x = 1 | a\} = x^{\mathrm{T}}a$$

x 是与 a 有相同维度的另一向量，x 的含义是代理行为对绩效的边际产量。

贝克尔、吉本斯和墨菲（2002）假定所有的参数取值都保证所有相关层次行为的概率在（0，1）范围内，双方都是风险中性，都认为共同合作非常重要。在现有信息约束下，代理人的收益由三部分组成：

①正式契约所认定的支付 s，由委托人无条件支付，必要时可借助

法律手段执行；

②如果 x = 1，即当项目得到外部认可时，合作后的额外收益由委托人对代理人行为绩效予以客观评价后所支付的红利 ε，必要时可以借助法律手段执行；

③如果 y = 1，即当项目成功时，合作后的额外收益由委托人根据自身的满意程度，主观的评价代理人行为后支付的红利 η，这在委托人和代理人之间的重复博弈中是自我执行的，该博弈的贴现率为 r。

（2）最优反应

现假定每件事都是可执行的，代理人的预期收益是：

$$U = s + \varepsilon x^T a + \eta y^T a - \frac{1}{2} a^T a$$

代理人选择行动 a 使收益最大化，完整的表达式为：

$$U = s + \varepsilon \sum_{i=1}^{n} x_i a_i + \eta \sum_{i=1}^{n} y_i a_i - \frac{1}{2} \sum_{i=1}^{n} (a_i)^2$$

对任意一个 a_j 进行微分：

$$\frac{\partial U}{\partial a_j} = \varepsilon x_j + \eta y_j - a_j$$

从收益最大化的一阶条件得出一个解：

$$a_j = \varepsilon x_j + \eta y_j, \quad j = 1, 2, \cdots, n$$

或写成向量形式：

$$a = \varepsilon x + \eta y$$

代理人收益对 a 的二阶偏导都是负值：

$$\frac{\partial^2 U}{\partial a_j^2} = -1 \quad (j = 1, 2, \cdots, n)$$

交叉项的二阶偏导都为零，因此，二阶条件被满足。

把代理人的最优行动 a 代入效用表达式，得到最大效用或间接效用：

$$U = s + \frac{1}{2} (\varepsilon x^T + \eta y^T)(x\varepsilon + y\eta) = s + \frac{1}{2} (x^T x \varepsilon^2 + 2x^T y \varepsilon \eta + y^T y \eta^2)$$

选择单位向量，使得符号不变：

$$x^T x = 1 = y^T y$$

定义参数 K，设 $K = x^T y$，在几何意义上，把 x 和 y 视为 n 维欧式空间里的单位向量，那么 K 是它们之间夹角的余弦值，因此 $|K| \leq 1$。根

据柯西–舒瓦茨不等式，$K^2 \leq 1$，参见贝克尔（2002）的论述。K^2 的作用是衡量代理人行动对结果 y 的边际影响与代理人行动对绩效表现评价 x 的边际影响之间的相关关系，所以，K^2 被视为对绩效 x 的外部评价准确性的度量。

根据上述定义，代理人的最大化效用是：

$$U = s + \frac{1}{2}(\varepsilon^2 + 2K\varepsilon\eta + \eta^2)$$

委托人发现通过确定支付水平：

$$s = u_0 - \frac{1}{2}(\varepsilon^2 + 2K\varepsilon\eta + \eta^2)$$

来满足代理人的参与约束 $U \geq u_0$ 是最优的。则委托人的预期收益将是：

$$\Pi = y^T a - s - \varepsilon x^T a - \eta y^T a$$

把最优行动的表达式代入并简化，得到：

$$\Pi(\varepsilon, \eta) = (K\varepsilon + \eta) - \frac{1}{2}(\varepsilon^2 + 2K\varepsilon\eta + \eta^2) - u_0$$

以下求最优解：

继续假定每件事都是可执行的。委托人选择 ε 和 η 来最大化 Π，上式最大化的一阶条件是：

$$K - \varepsilon - K\eta = 0$$
$$1 - K\varepsilon - \eta = 0$$

二阶条件要求矩阵 $\begin{pmatrix} -1 & -K \\ -K & -1 \end{pmatrix}$ 是负半定的。这相当于要求 $K^2 \leq 1$。

一阶条件的解是 $\varepsilon = 0$，$\eta = 1$，如果 $K^2 \neq 1$，这是唯一解，直观的含义是，主观评价 y 反映委托人结果的完全准确的（事实上是直接的）指标，因此，如果它是可信的，就可以单独地用于计算。

在这个假设的最优情况下，委托人的收益是：

$$\Pi = \frac{1}{2} - u_0$$

总的合作额外收益是：

$$W^{FB} = \Pi^{FB} u_0 = \frac{1}{2}$$

如果 $\frac{1}{2} < u_0$，那么双方在外部机会中的收益比委托关系最优情况下

的收益更大，并且这里的分析变得无关紧要。因此，假定在所有情况下都有 $\frac{1}{2} > u_0$，或 $2u_0 < 1$。

（3）纯粹的正式合同

假定代理人得到的收益只能以外部的绩效评价 x 为基础，因此，委托人使得 $\eta \equiv 0$，并选择 ε 以使 $\prod$ 最大化。则一阶条件是：

$\varepsilon = K$

在纯粹的正式合同中，委托人的收益是：

$\prod = {}^{Ext}\frac{1}{2}K^2 - u_0$

合作产生的额外收益是：

$W^{Ext} = \frac{1}{2}K^2$

最优的外部红利 ε 等于行动对真实结果的边际产量和行动对外部绩效表现评价的边际产量之间的相关系数 K，对这一事实可以直观地加以理解。红利是用来激励代理人为提高绩效评价而行动的。如果 $K^2 > 2u_0$，则在没有更好的可供选择的方法时，双方将选择外部合约。如果委托人在持续关系中有欺骗行为，则相反。如果 $K^2 < 2u_0$，代理人将选择外部机会。

（4）在缺少正式合同时，关系契约的自我执行情况

现在不考虑以 y 为基础的合同可执行性的暂时假定。当 y = 1 时，委托人试图违背它支付 η 的承诺。在隐含合约或关系契约中，这样欺骗的代价是，在未来的所有时期委托人与代理人之间的博弈将逆转到不良结果。然而，在 $K^2 > 2u_0$ 时，在外部评价可以得到正式执行的基础上，双方进行交易的福利和断绝关系相比，是 Pareto 改进。因此，转向后者的威胁是不可置信的。依据纯粹的外部评价的正式合约是一种逆转的情形。

在最优时，委托人来自欺骗的直接收益是 1，随后每期的利益损失是：

$(\frac{1}{2} - u_0) - (\frac{1}{2}K^2 - u_0) = \frac{1}{2}(1 - K^2)$

因此，委托人遵守关系契约的条件是，1 要小于这些随后损失的资

本价值，或者 $1 \leqslant (1 - K^2)/2r$。

图5-1度量了外部评价 x 的不准确性。纵轴的上限 $1 - 2u_0$ 表示假设外部合约比合作完全破裂更好。OF线的现率是2，位于这条线左上方的区域FB表示最优情况都能自我执行，在这一区域，外部评价准确性 K^2 不断增加，虚线垂直向下移动，最终导致最优情况不可能达到，这是因为委托人转向正式合同的收益在不断增加，进而背离关系契约的动机也在不断增加。

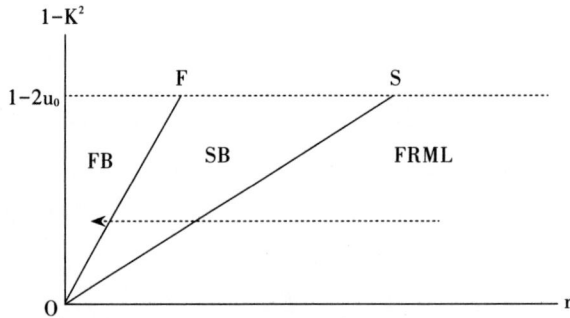

图5-1 外部绩效评价的准确性和关系契约的成功

以下求次优解：

委托人从背离关系契约的红利支付承诺中获得的收益是 η，未来每一期的损失是：

$$\eta \leqslant [\Pi(\varepsilon,\eta) - \Pi^{Ext}]/r$$

或者：

$$\Pi(\varepsilon,\eta) - r\eta - \Pi^{Ext} \geqslant 0$$

委托人选择 (ε,η) 使得 $\Pi(\varepsilon,\eta)$ 在这一约束条件下达到最大化。这产生了有关代理行为的次优关系契约。继续对图5-1进行分析，设定OF线斜率为2，OS线斜率为1，分别对区域FB、SB、FRML作以分析。

①区域FB。在这个区域外部评价相对不准确，将来相对重要（贴现率低），有一个以准确的绩效内部评价为依据的纯关系契约，自我执行并达到了最优，最终合作剩余为1/2。

②区域SB。正式合同以外的选择对关系契约构成了一个强有力的约束。最可行的关系契约是一个次优选择，采取正式合同和支付红利的关系契约的混合形式。绩效外部评价准确性的增加加强了对委托人不欺

骗的约束，因而减少了对完全准确的内部评价能力的依赖，合作剩余降低。

③区域 FRML。贴现率很高，外部评价准确，这些因素共同增强了对委托人的激励约束，以至于支付红利的关系契约不再被采用，仅仅采用外部合约。合作剩余是 $K^2/2$，它随着外部评价的准确性的增加而增加。当接近横坐标达到极限，K^2 趋近 1 时，结果达到最优。

结论：当交易方高度重视未来，并且外部绩效评价质量很低时，关系契约最有效。对于建筑业而言，当前，行业的外部绩效评价相对较弱，因此当业主、承包商和分包商高度重视未来发展时，关系契约模式将最为有效[①]。

5.1.3 完善建筑业合同，强化关系契约以促进合作竞争模式实现

1.建立标准的承包和分包合同，形成完备的合同系列

目前，我国只有一种使用较为广泛的建筑合同标准文本，即 1999年版的《建设工程施工合同（示范文本）》，对于分包实践尚无指导性合同范本。这些导致实践中分包合同不规范，分包商的合法权益得不到有效保护。此外，盲目使用国外示范文本，断章取义，造成合同文件内部的逻辑错误，甚至条款之间相互矛盾，无法操作和执行；或与中国法律的某些规定相抵触，而使某些条款形同虚设。

国际上知名的合同文本都已逐渐各自形成系列。比如，FIDIC合同经过四十多年特别是近十年的发展，形成了较为完备的合同系列。按照适用对象分为咨询服务合同、总承包合同和分包合同；按照承包商参与设计程度分为施工合同和设计加施工合同。又如，英国的 JCT合同文件，也已经达到足够详尽的系列化程度。它考虑了工程的规模，分为小型工程、中型工程、大型工程；考虑了分包的情况，分为指定分包、自定分包。JCT1998 主合同下有 DOM/1、DSC2002（最新）分包条款，最

---

① 这与麦克内尔的观点相一致，麦克内尔（Mcneill）的观点是 FRML、SB、FB 三个区域分别对应了古典合同、新古典合同和关系合同三种契约。随着合同履行时间的延长，合同复杂程度的增加，合同的不完性（contractual incompleteness）增长，古典合同将逐渐消亡，代之以新古典合同和关系合同，契约发展呈现出由古典合同、新古典合同向关系合同发展的趋势。

新版本的JCT标准建设合同（standard building contract）下，设有JCT05分包条款（sub-contract）。同时，在业主与承包商的承包合同下，还有就指定分包程序设置的合同体系：为了指定分包商，有关各方必须遵守严格的程序。由于合同体系相对完整，在实施项目时易于整合业主-承包商-分包商三方之间的资源和关系，各方义务易于界定，工作界面明确划分，从而避免了不必要的争议。对于易于发生争议的工程款支付问题，JCT合同一改传统的"pay when paid"，即"得到支付时予以支付"的做法，以工程进度为依据，对合同相对人进行中期支付或里程碑支付，有力解决了工程款拖欠，以及由此引发的争议问题。这样在合同示范文本系列化后，合同条款的完备性和释义性保持一致，避免不必要的纠纷发生。

因此，应积极着手建立适合我国国情的建筑业标准合同示范文本体系，尤其应制定分包合同示范文本，指导承包商的行业承包行为，规范分包商的合同履行行为，促进承包商与分包商的合作与交流，使分包模式得以规范。

本书认为可以借鉴JCT1998，设计分包合同示范文本，完善原建设合同示范文本，补充我国对于分包合同示范文本的空白，形成标准建设合同系列（见表5-1）。

表5-1 分包合同系列

文件名称	借鉴JCT1998条款
指定分包合同投标标准文本	NSC/T
分包合同示范文本包括	
第1部分：业主邀请分包商投标	第1部分
第2部分：分包合同标书	第2部分
第3部分：具体条件（承包商和被指定的分包商达成协议）	第3部分
承包商和指定分包商签署的指定分包合同条款标准文本	NSC/A协议书
指定分包合同标准条件	NSC/A条件
业主/指定分包商协议书标准文本	NSC/W协议书
对分包商下达的指定命令标准文本	NSC/N指定

2.完善合同内容

（1）规范合同风险的分担

建筑合同是合同各参与方在业主招标合同条件基础上，经过合同谈判达成的有关合同标的各种事宜的一致性意见，故合同文件体现出的风险责任分担状况本身已反映了合同各参与方在合同签订前风险管理的成果，以及各方实施阶段风险管理的主要思路和重点。

合同风险分担既是专业化分工的需要，也是业主和承包商风险管理的需要。由于合同发起方属于买方，建筑业是买方市场，买方居于主导地位，买方评价卖方的工作绩效并予以奖惩，通常使承包商和分包商的权益受到严重威胁。为了转移风险，承包商通常以牺牲分包商的权益为代价，强加其不平等条款，给予低价工程款，或者干脆拖欠工程款，分包商则以低劳动绩效作为回馈，这种恶性循环对建筑业发展十分不利。因此，应从合同文本上做出调整，从合同示范文本入手，体现合同风险分配的公平性，并作以示范和引导。

（2）补充相应担保条款

工程保证担保是项目风险管理的重要手段和工具，在合同管理中已引起了高度的重视，不少国际组织和一些国家的行业组织在标准合同条件中（如《世界银行贷款项目招标文件范本》、国际咨询工程师联合会《土木工程施工合同条件》、英国土木工程师协会《新工程合同条件》、美国建筑师协会《建筑工程标准合同》等），有详细的工程担保条款。相比之下，我国的《建设施工合同示范文本》（以下简称《示范文本》）第41条只简要列出发包人与承包人间的担保责任，欠明确，亟须完善。因此，应从以下三方面加以补充完善：

①进一步清晰约定"履约担保"

合同第41.1条规定：发包人、承包人为了全面履行合同，应互相提供以下担保：一是，发包人向承包人提供履约担保，按合同约定支付工程价款及履行合同约定的其他义务。二是，承包人向发包人提供履约担保，按合同约定履行自己的各项义务。

"履约担保"的含义及种类应进一步明确。发包人的业主责任类担保，以及承包人的工程责任类担保包括：业主支付担保、投标担保、履约担保、付款担保、预付款担保、维修担保、保留金担保等。合同中应当对主要约定的担保种类予以明确。

②明确界定担保模式

合同第41.2条规定：一方违约后，另一方可要求提供担保的第三人承担相应责任。对于第三人承担的责任的界限不明确。其实，按照《中华人民共和国担保法》（以下简称《担保法》）的规定，我国的工程保证担保属于无条件低保额担保，即见索即付的银行保函（详细论述请参见担保小节）。对于建筑工程中可否应用替补承包商模式以及美式的有条件高保额的担保模式，合同示范文本应予以指导，对于具体的适用，合同当事人应有权选择。

③加强业主责任担保

在建筑业内，由于业主责任类担保品种匮乏，承包商通常将担保作为取得项目的一种形式手段，在业主的强制下，不得不及时提供工程承包类担保，忽视担保对于自身利益的保护。加强业主责任类担保，尤其是业主支付担保，保护承包商、分包商的经济利益，提升担保重视程度是签订合同文本时应注意的问题。

工程担保种类繁多，且对于合同履行具有十分重要的意义。因此，应借鉴国际担保惯例，完善工程担保品种，在合同条款中明确具体的予以协定，这是非常必要的。

（3）强化分包管理

项目分包是专业化分工的需要，也是业主和承包商风险管理的必要选择，但另一方面，因分包商加入项目的实施，不可避免地加大了项目管理的管理难度，并带来一些新的问题，为强化项目管理和公平分担引入分包方式带来的风险，此部分内容在合同条件中必须有明确的规定。《示范文本》第38条关于工程分包的合同条款主要针对分包商的再分包、转包、肢解分包的责任予以规定，但并不充分。应从以下两个方面加以充实完善：

①进一步完善分包管理的约定

首先，对于分包商应承担的具体任务与工作约定应明晰，为了明确承包商的职责，便于分包管理，应在主合同中明确分包商具体的责任范围；其次，应强化对分包商的信誉管理，对于选定的分包商的资质状况、以往项目的履约情况应予以充分调查，之后再确定分包商，并应在合同中增加分包商信誉条款，加大对其的资信管理力度。

②适当加强对分包商的保护

首先，对承包商与分包商的工作界面的划定，施工责任应明确；其次，应明确对分包商的工程款支付，《示范文本》第38.4条规定：分包工程价款由承包人与分包单位结算。发包人未经承包人同意不得以任何形式向分包单位支付各种工程款项。业主是否承担对分包商的付款，承包商以业主支付为标准对分包商支付工程款，或是以实际工程进度为标准对分包商支付工程款应予以明确。

3.建立早期预警程序

当今世界建筑业的发展是以业主为动力来推动的，业主希望得到形成建筑产品的全过程服务，从工程前期策划、项目融资，到设计、施工到物业管理。在项目实施中，风险是固有的，合同双方既不能因为害怕承担风险而采取躲避或尽量把风险推向对方的态度，也不能熟视无睹，采取听之任之的消极态度。因此，在合同管理中，我们要引入新的理念，使业主与承包商之间的关系从"利益对抗"转变为"相互合作"，共同实现各自的商业目标，在工程项目实施中应提倡合作，强调"早期预警"。

早期预警程序最早源于英国土木工程师学会（ICE）制定的合同范本。ICE于1993年3月出版了《新工程合同》（New Engineering Contract，NEC），并于1995年出版《工程施工合同》（Engineering and Construction Contract，ECC）。2005年7月出版NEC合同最新版本NEC3，其中，"次要选项条款"X12条为伙伴关系的引入提供了专项内容。在该条款中规定，项目参与各方之间应建立一种多方"伙伴关系"，旨在促进工程项目上的多方合作。达成伙伴关系的各方包括合同的双方以及项目有关的其他各方。当合同各方之间仍然需要签订传统意义上的双方合同。该条款还指出，各参与方在履行各自的基本合同外，还应当承担X12条款所规定的义务。同时，对于伙伴关系的考核，X12引入了关键绩效指标（key performance indicator，KPI），各方在伙伴关系中的表现予以考核后，可以根据此条款予以奖励。此外，X12还规定了惩罚机制，如果由于伙伴关系中的某一方的过失而造成了损失，各方应通过各方之间存在的双方合同解决。X12选项并未对此做出规定。对于违反X12规定的一方的最终惩罚是将来不再给违约方达成伙伴关系的机会。

目前，我国使用的建设工程合同条件没有引入早期预警的概念，但有与此相关的类似规定。例如，《示范文本》第43.2条规定：承包商若遇到影响施工的地下障碍物时，承包人应于8小时内以书面形式通知工程师，同时提出处置方案，工程师收到处置方案后24小时内予以认可或提出修正方案。业主承担由此发生的费用，顺延延误的工期。虽然合同中未提到不作为可能造成的不利影响，实际上，这种费用的增加是通过索赔实现的，不作为即意味着丧失索赔。

我国现行的索赔程序规定：工程索赔由承包商的一方提出，如果承包商不申请索赔（或者超出规定的期限），则丧失索赔机会。而NEC的补偿事件非常宽泛，一旦有可能引起合同变动的情形出现，只要不是承包商的过错，均可算作补偿事件，而且双方均有义务提出。虽然补偿数额的决定权在业主手中，但它表明了业主和承包商之间的一种合作机制，即从项目本身出发，维护项目良性发展。

可以说，我国建设工程合同条件中，索赔条款实现的功能在NEC中是由早期预警和补偿事件两项程序来完成的。其区别是：在NEC中，由于早期预警的提出，使事态有可能消减在萌芽状态中，最终减少和控制补偿事件的发生，更有利工程项目的良好发展；而我国建设工程合同条件中规定，出现问题必须马上申请索赔，否则丧失索赔机会。由于没有一个缓冲阶段，这必将使业主和承包商时刻置于对立的位置，其不同的出发点往往导致双方产生分歧，从而影响工程的顺利实施。

在建设工程合同管理中，如果合同参与各方相互合作，共同预测及防范风险，那么，业主将从项目达到预期的目标而受益，承包商可以充分利用自身的技术优势来降低成本，增加利润。因此，本书认为可以借鉴NEC合同关于"伙伴关系"的规定，建立我国"伙伴关系"契约和早期预警程序。

（1）以互相信任、相互合作作为合同的核心原则之一。

（2）强调风险应由合同双方合理分担，鼓励共同预测风险，降低风险发生概率。

（3）使用"早期预警程序"防范风险。合同中明确业主应承担的6类风险、承包商应承担的风险，以及可补偿事件的处理方法。一方觉察到有影响工期、成本和质量的问题时，均有权要求对方参加"早期预警"会议，双方均有义务共同努力防范风险，降低损失。

（4）裁决人（Adjudicator）制度。裁决人由双方共同指定，如果承包商与项目经理或监理工程师产生争议，均可提交裁决人提出意见，如果不同意裁决结果，可在工程完工之后提交仲裁或诉讼。

4.建立适合中国建筑业特点的关系契约范本

（1）借鉴ACAPPC2000，形成关系契约单一合同轴心

英国咨询建筑师协会（ACA）于2000年出版了ACAPPC2000《项目伙伴关系标准合同格式》（Standard Form of Contract for Project Partnering），它是国际上第一个以项目伙伴关系命名的标准合同范本，它为项目各参与方营造了一个公平的合作竞争环境，它的问世为建设项目伙伴关系模式奠定了合同基础。PPC2000是一个多方合同，这一点不同于国际权威组织出版的其他合同范本。它虽然代表了一类革新，但其在实践中被验证有效，对项目建设乃至合同各方都有利。它被成功应用于公共项目与私人项目，项目规模从25万英镑至7亿英镑不等，PPC2000紧密结合实践，是具备优秀合作思想的合同文本。

本书认为，我国建立建筑业关系契约范本应借鉴ACAPPC2000，考虑以下几方面内容：

首先，应基于共同目标团队的多方参与人的单一合同轴心。倡导业主、承包商以及主要的专业分包商（或供应商）组成一个伙伴关系团队，要求团队成员必须拥有共同的项目目标，并以此为基础共同签署一份伙伴关系合同，这一合同约束团队成员，便于他们能够充分认识到彼此的角色和责任，并为成功地实施项目共同努力。它为合作团队展现出未来工作蓝图，允许所有参与人从同一目标出发签订合同，避免不相关的多份双边合同在整合执行过程中造成的延迟。

其次，应优化项目实施过程，明确安排时间进度。关系契约范本应

提供伙伴关系时间表，用以管理所有伙伴关系团队成员对伙伴关系活动所做的贡献。时间表中应规定管理现场开工后各项活动的时间安排。在施工前期，通过合作时间表可以避免项目延迟，同时有助于划分不同任务的旅行时间和地点，避免误解和分歧，有助于建立一项工作时间制度，使团队成员清楚地认识到用于不同工作的时间，辨别工作障碍。在开工协议签订后的施工阶段，应制定项目时间表，该时间表旨在控制团队中关键成员之间的工作协作与协调。

再次，重视资源整合与利益诉求，应从项目前期延伸至项目结束。关系契约范本应规定在项目早期选择伙伴团队的方法，鼓励团队各成员在开工前和施工过程中充分发挥自身作用，优化设计方案和项目实施方案，鼓励使用价值工程管理团队，尽可能地降低成本、减少风险、扩大效益。通过设定不同参与方实践性、清晰的共同协作的基础，根据协商的时间表，合作关系从项目前期一直延伸至项目结束。合作协议应贯穿项目始终，起初由业主与承包商签订开工协议，在选定分包商后，应通过签订加入协议，使分包商加入到合作团队中。

最后，应对投入的能力、技术和绩效进行客观衡量与综合评价，并鼓励承包商和分包商早期介入项目；可以通过早期预警系统合理控制风险，提前对可能的变更或干扰时间做出预测，提出解决方案和补偿方法，防止索赔带来额外成本；促进各参与方协作过程的信任与合作；建立一系列隐性激励方式，促进团队向共同目标迈进；通过设立伙伴关系顾问，运用团队建设的相关经验，能够对伙伴关系运行加以指导和帮助，协助解决争议问题。

针对具体项目的施工前期和施工期两阶段，关系契约所实施的过程可以做如下设计（如图5-2、图5-3所示）：

（2）借鉴SPC2000，将分包商融入关系契约中

在ACAPPC2000的基础上，ACA于2000年出版的又一个合作伙伴关系合同范本《项目伙伴关系专业分包标准合同格式》（The ACA Standard Form of Specialist Contract for Project Partnering，SPC2000）。它用于承包商与专业分包商签订的伙伴关系合同。它是第一份用于专业分包商参与项目合作关系的标准范本，为项目合作伙伴关系向分包商推进做出了贡

图5-2 关系契约在施工前阶段

献。SPC2000已经被实践检验可行并有益，它允许承包商与项目合作关系相一致的所有专业分包商签订该合同，它不但适用于合作关系团队中的分包工作，而且适用于不在团队中的分包工作，因此，它是覆盖性强并具有实用意义的，以全新的视角看待承包商-分包商关系的合同文本。

本书认为，我国建立建筑业关系契约范本应借鉴SPC2000，对合同履行过程应做出如下要求：

①在专业分包协议书中应列出专业分包档案列表，对专业分包工作、分包工作建议书和分包支付加以界定；

②专业分包应建立独立的时间表，对施工的关键阶段用明确的时间标示；

| 开工协议 | | 项目竣工 |

承包商同意与其他合作团队实施完成项目

使设计/供应包及价格解除完成

达成一致的进一步的合作协议

按协商后同意的最高支付价及调整支付承包商

按协商后同意的总价支付咨询机构

持续的风险管理/价值工程/价值工程管理

早期预警/对变更、迟延和争端的持续评估

对KPI履约/激励指标的估算

与项目时间表一致的所有行动

合作团队/设计团队/核心小组的所有行动

合作伙伴顾问被采纳的建议

达成一致的担保/缺陷责任保证期限 of Limitations

项目竣工后评价

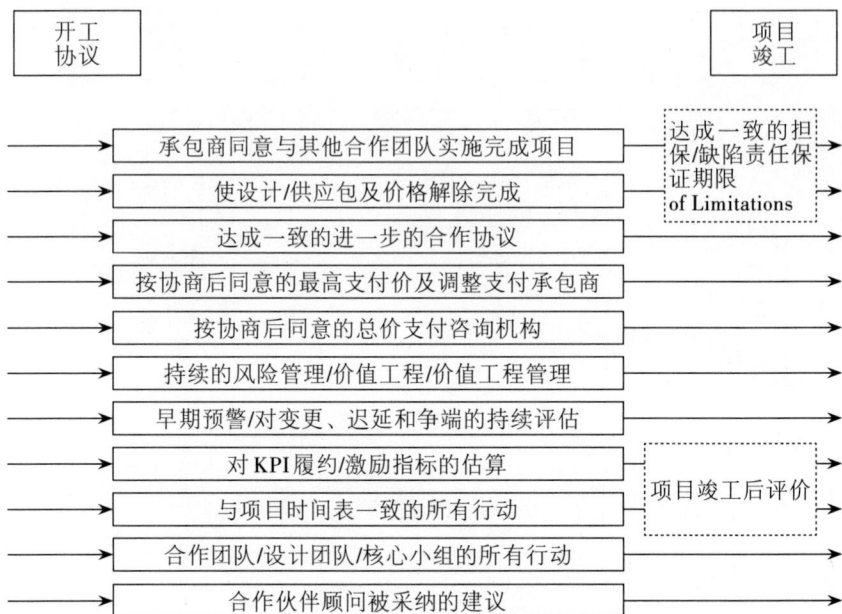

图5-3 关系契约在施工阶段和竣工阶段

③承包商与分包商须建立早期预警程序，至少三天召开一次项目会议；

④应制定与PPC2000相同的项目目标，并通过KPI指标予以及时评价和校正；

⑤承包商要适时地给予分包商关于健康、安全与紧急事件的指导，并且分包商应听从承包商的指导；

⑥允许分包商在价值工程管理阶段为项目设计献计献策，并就设计问题进行现场考察和调查；

⑦应为分包商提供分享节约资金或增加价值的激励措施；

⑧应允许分包商在自己的供应链下按照主合同的合作目标实行再分包；

⑨使用中期支付或里程碑支付方式。

此外，对于分包商的长期发展，应鼓励承包商和分包商实行共同激励，建立项目合作关系，进而发展为战略联盟，建立并履行与法律和规范相一致的KPI指标评价和专业条款评价体系。

通过上述分析和研究发现，将关系契约应用于建筑业实践，具有可行性和可操作性，正式合同与关系契约并不相斥，具有共存性，能够共同构成行业契约体系。项目参与人能够围绕单一合同轴心，基于共同目标，组建合作团队，在即期整合资源，开展合作竞争，高效地完成项目建设；在远期通过基于战略目标的关系契约，创造市场机会，实现长期利益最大化。因此，建立适合中国建筑业特点的关系契约范本是必要且可行的。

综上，建立与强化我国建筑业关系契约体系，必须从规范、完善建筑业正式合同文本入手，只有通过系列化标准建设合同示范文本；完善合同内容，明确合同风险分担、担保条款及合同中关于分包管理的规定；建立早期预警程序，鼓励合同参与各方相互合作，共同预测及防范风险，才能真正使建筑业关系契约体系得以建立，从而保障合作竞争机制的良性运行。

5.2 建立建筑业行业信任

在典型的市场经济体系中，信任是市场经济最根本的伦理特征，契约是市场经济最根本的制度性特征。从某种角度分析，上节探讨的关系契约建立在信任基础上。信任使得建筑业内部主体间的合作变得动态且迅速、稳定且牢固，因此，行业信任的引入是分析建筑业合作竞争机制的必要环节。

5.2.1 合作竞争模式下的信任制度分析

1.对信任的理解

信任（trust）、信誉（credit；prestige）和信用（trustworthiness；credit）等不同词语，其含义同中有异，异中有同，学术界对此没有达成共识。根据《韦伯斯特词典》《牛津现代高级英汉双解词典》的分析，信任可以理解为这一组概念的基础性概念①。

管理学将信任之与企业间的合作研究，在战略和营销的文献中，企

---

① credit 中存在 trust 的含义，见《牛津现代高级英汉双解词典》credit 词条第 8 条。也就是说，可以用 trust 来解释 credit 中的某类含义，由此推导出 trust 是更为基础的概念。参见张缨. 信任、契约及其规制［M］. 北京：经济管理出版社，2004：4.

业间信任是和一些好的结果相联系的，比如竞争优势、企业的绩效、冲突和机会主义的减少、满意度和其他的好的经济结果等，例如，Morgan和Hunt（1994）认为，信任是指合作的一方对另一方的可靠性和诚实度有足够的信心；Hosmer（1995）认为，信任是个体面临预期损失大于预期得益之不可预料事件时所做出的一种非理性选择行为，信任包括四个层次的内涵，即个人预期、人际关系、经济交易和社会结构信任；Maser（1995）认为，信任是指一方在有能力监控或控制另一方的情况下，宁愿放弃这种能力而使自己处于暴露弱点、利益有可能受到对方损害的状态。

经济学研究把信任看成一种理性的计算（Williamson，1993）或者制度因素（North，1990），这一观点是经济学关于信任研究的主流，为大量的后续研究提供了强有力的理论基础。Kramer（1999）对此指出如果将认为视为一种由于预期的积极结果，而进行选择的行为，那么这不过是另一种版本的经济交换，而如果信任的本质转变为经济交换，那么就无法有效解决机会主义行为和由此带来的风险。

社会学家认为信任是人与人之间或者制度之间的相互关系的嵌入性属性（Granovetter，1985；Zucker，1986）。Granovetter（1985）曾对此进行过精辟的论述，认为这种思路至多不过是将信任视为一种前社会化的概念，他们没有看到信任的社会影响因素。Granovetter在《经济行动和社会结构：嵌入性问题》一文中指出，一切经济行为都嵌入于社会结构，而社会结构的核心就是人们生活中的社会网络，嵌入的网络机制是信任。信任来源于社会网络且嵌入于社会网络之中，因此人们的经济行为也会嵌入于社会网络的信任结构之中。

信任是群体合作的基础，也是社会经济得以良好运行的前提条件[①]。在典型的市场经济体系中，信任是市场经济最根本的伦理特征，契约是市场经济最根本的制度性特征，它们共同构建了市场经济作为信用经济和法制经济的基石。

---

① 严进. 信任与合作——决策与行动的视角 [M]. 北京：航空工业出版社，2007：1.

2.建筑业正式信任制度——法律制度

Kreps（1990）在介绍信誉机制时提供了一个简单的信任博弈范式。以建筑业承包商与分包商的协作关系为例，对双方当事人在动态的博弈中的行为作以分析。博弈分两个阶段。第一阶段，承包商进行行为选择，可以信任也可以不信任分包商。如果承包商选择不信任，则博弈结束，双方收益均为0。如果承包商选择信任，博弈进入第二阶段。在博弈的第二阶段，分包商进行决策，可以选择诚实也可以选择欺骗。如果选择诚实，双方各得5个单位的收益；如果分包商选择欺骗，分包商得10个单位的收益，承包商损失5个单位的收益。博弈过程如图5-4所示。

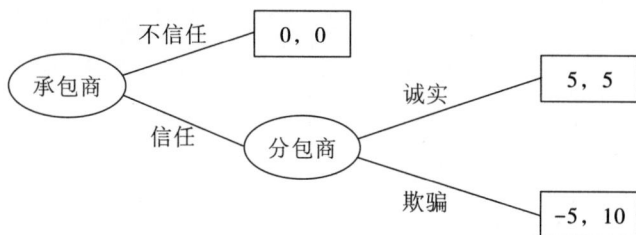

图5-4　承包商与分包商的信任博弈

当交易只有一次的时候，如果承包商在第一阶段选择信任，那么在第二阶段，分包商选择欺骗比选择诚实多得到5个单位收益，所以理性的分包商会选择欺骗。而由理性预期的承包商会意识到这一点，如果他选择不信任得到0个单位收益，而如果他选择信任，会损失5个单位的收益，所以承包商的最优选择是不信任。纳什均衡发生在（承包商不信任，分包商欺骗）。原本双方可以通过合作获得10个单位的收益，但机会主义行为导致最终双方选择不合作，总收益为0。

双方在单次博弈中会以欺骗告终，而对于信誉的保证则是通过法律制度的强有力约束和惩罚来实现。在法律机制的作用下，通过促使交易双方订立有法律约束力的正式合同，规范双方的交易行为，明确界定双方的权利、义务，并且一方不正确履行合同引发争议时，通过有法律强制力的诉讼程序解决争议，保证合同履行方得到应有的权利，使违约方得到惩罚。也就是说，在以短期交易为主要交易方式时，法律约束力和强制力为建筑企业交易信誉提供了一定的保证。

但是，正如张维迎（2003）指出的，在现实中，由于信息的不对称性，合同信息是不完全的，双方的行为通常不可证实，行为欺骗与否常常缺乏明确的界限，并且观察、证实对方行为的信息成本很高，导致法律执行者在执行中经济不可行，单纯地依靠法律制度无法解决全部的交易信誉问题。

3.建筑业非正式信任制度——信誉制度

许多经济活动常常涉及不同的时间，不固定的交易伙伴。因此，必须考虑这样一种情形，当事人很少和同一个人保持长期关系，但却始终是一个大团体的成员。这个团体要实现自我治理，必须做到其中任何一个成员欺骗了他的交易伙伴的信息，能够迅速地传递到其他任何可能在未来成为其交易伙伴的成员那里。欺骗者信誉的丧失直接导致其被驱逐出该团体，或者整个团体代表受害者的利益，采取其他行动，对欺骗者进行惩罚。因此，出于维护声誉的考虑，成员将克服机会主义行为。为了使这一机制奏效，一个社会需要良好的信息传播网络，以及可以置信的多边惩罚战略。

继续分析上述博弈例子，如果博弈是重复的，即使是有限次博弈，也就是说建筑业内企业间存在长期合作，那么信誉机制有可能得到自我执行。此时，在社会关系网络中，合作者之间存在较强的连带关系，获得长期收益成为企业长期生存的关键。因此，在博弈开始时，每个参与者会树立一个合作形象，只有在博弈可能不再发生时，才会一次性把过去建立的信誉利用尽。假定在每一次博弈结束前，双方都预期有 δ 的可能性有下一次交易的机会，并且每次博弈结果相同。当分包商选择诚实时，他的未来总收益总额为：

$$5\delta + 5\delta^2 + 5\delta^3 + \cdots = \frac{5}{1-\delta}$$

当 $\frac{5}{1-\delta} \geq 10$ 时，分包商的最优选择是诚实，则此时承包商与分包商的均衡策略为（信任，诚实）。

当合作成为建筑业发展的主流时，行业内企业间的交易行为重复发生，博弈重复进行，即交易关系长期化，社会网络连带性得到不断强化。行业信誉促使企业更多考虑的是合作的长期收益而非短期收益。这就是所谓的信誉制度。

通过上述分析看出，建筑企业间的长期合作将对信誉产生促进作用。因为合作面对长期收益而非短期收益，长期收益为信任机制培养提供了温室，或者说合作行为实际上有助于建立信任机制。在整个建筑业内，合作对于行业信任、行业规范和有序竞争提供了良好的环境。实现了企业个体的长期收益，大量注重通过合作促进长期收益的个体构建了一个能够形成长期收益、信任互利的行业。同时，信任进一步促进了建筑业内合作关系的维系和稳定。

5.2.2　信任促进建筑业合作

1.组织中的信任与合作

信任是促进合作的关键因素（Aneil K. Mishra，1995），信任是合作的基础，信任是合作的保证。合作是建立在信任的基础上的，项目团队是信任与合作的载体。或者说，是由于组织成员的信任而产生了合作行为的普遍化并进而形成了合作制度及其机制的组织形态。工程建设的复杂性一方面要求项目各参与方必须拥有独立处理问题的能力，另一方面又迫使他们采取共同行动。这两个方面看似矛盾，实则统一。在共同行动中，各方必须保持自己的独立性和自主性，只有建立在个体独立性和自主性基础上的共同行动，才是其价值确证①。

信任虽然不能减少复杂性，但它在复杂性的背后为项目的顺利建设构筑起一条合作的通道。如果在信任的基础上生成长期合作共生的社会网络关系，那么在应对复杂性和不确定性方面会表现出以往任何组织形态都不具有的无比优越性。因为，信任总是与合作联系在一起的，信任不仅能够为合作制组织的生成提供基本的资源，而且会在组织内部以及整个社会中生成一种合作的秩序。基于信任的合作秩序是不需要强制力去加以维护的，甚至也与那种互惠秩序有着根本的不同。互惠秩序主要是存在于以竞争为主的交换关系之中的，是保证利益互惠的秩序，由于

---

① 张康之. 论组织管理中的信任与合作［J］. 浙江学刊，2007（2）：124-130.

竞争主体在利益追求中表现不同，有的行为会损害公共利益甚至他人利益。所以，互惠秩序并不是自由自觉的秩序，它需要得到强制力的支持。合作秩序则不同，它不需要外在的强制性力量来维持，而是根源于人的内在的道德价值，是由于道德价值的力量促进了人们之间的信任，并因为信任而自觉地与他人合作，在交往活动中确立起普遍的合作关系。此外，项目参与方关系越密切，彼此越信任，合作效率也就越高。

2.建筑业中的信任与合作

在建筑业合作竞争过程中，信任的作用体现为：增强合作关系的持久性和灵活性；树立企业信誉，推进建筑业健康有序发展。

（1）信任能增加建筑业合作关系的灵活性

伙伴关系弥补了建筑业内各企业在资源和能力方面的不足，增强了整体实力，但共同投入决定了共同决策，而共同决策又决定了其决策过程相对繁琐和耗时。每当项目环境发生变化需要对原有的合作安排进行调整时，都意味着新一轮谈判的开始。由于决策是合作各方共同协商指定的，必须同时满足各方的需求，在信任度较低的情况下，当环境发生变化时，往往会出现由于各方对环境变化后果的判断不一致以及相互猜疑而延误了决策调整的最佳时机的局面，使合作利益受到损失。较高程度的信任则有利于合作各方采取灵活的态度，推动决策的迅速形成，使合作关系能将环境变化的要求及时地反映出来。

（2）成员间相互信任可树立建筑业企业在伙伴组织内外的良好声誉

相互信任的合作经历可为建筑业企业带来良好的声誉，成为其宝贵的无形资产。不仅为伙伴后续合作创造了良好的条件，而且还可以在更广阔的范围内树立企业良好的商誉和品牌形象，使企业获得持续的竞争优势。

（3）建筑业关系网络中的信任

建筑业关系网络是指以建筑企业为核心展开的社会关系状态，关系网络不是通过竞争，而是通过排他，通过成员认同和长期回报机制而获得资源和效益，由此可以成为资源的载体。建筑业关系网络在资源获得中居于重要地位，企业为了获得资源，会将行业关系网络工具性。此时，行业关系网络就成为能够带来更多资源的一种特殊的社会资源，成为社会资本。

在关系网络中，网络成员之间持久的交往，会逐渐形成网络特有的资源结构，关系网络的基础是成员之间交往时的相互信任[①]。

5.2.3 建立建筑业行业信任，保障合作竞争顺利开展

1.我国建筑业信任缺失问题

信任缺失现象在建筑领域表现得非常突出，而且非常普遍：不仅某一个建筑市场信任主体信任缺失严重，业主、承包商、分包商等绝大多数建筑市场主体都不同程度地存在着信任缺失问题；不仅某一个建筑生产环节中存在信任缺失问题，在设计阶段、施工准备阶段、施工阶段等绝大多数建筑生产环节中都存在失信现象；信任缺失问题不仅影响了建筑业的健康发展，而且对我国整个国民经济的发展和社会的稳定都产生了消极的影响。目前整个建筑业已经形成了一种"无信经营"的整体环境，建筑业信任缺失的典型表现包括以下4个方面。

（1）业主拖欠承包商工程款

中国企业联合会雇主工作部主任刘鹏在"2006年诚信兴商宣传月"新闻发布会上透露，中国企业每年因为信用缺失而导致的直接和间接经济损失高达6 000亿元，排名首位的失信现象是拖欠款。考虑建筑业情况，在工程进展的过程中，业主拖欠承包商工程款的问题非常严重。资料显示，到2001年年底，全国建筑业企业被拖欠工程款达2 787亿元，占当年建筑业总产值的18.1%，比1996年拖欠总数1 360亿元增加了一倍多。此后建筑行政主管部门大力推行"清欠"活动，拖欠工程款情况有所好转。自2004年启动清欠建设领域拖欠工程款和农民工工资工作以来，截至2007年1月19日，各地已偿付建设领域历史拖欠工程款1 834亿元，清理历史旧欠达到预期目标[②]。由于工程款被大量拖欠，承包商资金周转困难，严重影响了企业生产设备的更新和技术进步，并造成企业骨干和技术人才大量流失。而且拖欠工程款不仅仅存在于业主与承包商这一环节，拖欠还在往下延伸，形成了业主拖欠承包商工程款、承包商又拖欠分包商的工程款、材料设备供应商的货款、建筑工人工资

① 张缨. 信任、契约及其规制 [M]. 北京：经济管理出版社，2004：140.
② 佚名. 中国三年清欠建设领域拖欠工程款1 800多亿元 [EB/OL]. [2019-03-18]. http：//news.xinhuanet.com/fortune/2007-01-26/content_5657968.htm.

和国家税款、银行贷款的债务链。由于建筑工人的组成多为城市下岗职工及乡村赋闲劳动力，劳务费是他们的主要甚至唯一生活来源，劳务费的拖欠使得他们的基本生活都得不到保障，从而为社会安定埋下隐患。

（2）"阴阳合同"现象严重

在工程中标后，招标人与投标人为了各自利益，通常私下另签含有不平等条款的协议，致使交易中的一方背负不平等的经营风险。但为了应付国家规定的备案要求，签订一份符合法律法规的标准文本用于备案，这就导致了"阴阳合同"现象。

（3）挂靠、违法分包等问题严重

我国建筑市场实行资质管理为主的市场准入制度，施工企业、招标代理以及造价咨询机构等从事相应的业务必须具有相应资质，不得超越资质或无证经营。但在承揽业务时，各方为了自身利益，无视相关法律法规。某些资质级别较高的单位接受任务委托后，将任务再委托给资质级别较低的单位或挂靠在本单位的施工队伍，甚至委托给个人，从中收取管理费而忽视了对项目的审核与管理。资质级别较低的单位或个人，由于自身管理松散和技术力量薄弱，很难保证业务完成的质量，表现为设计质量低劣、监理力量薄弱、造价咨询水平低下等现象，为项目建设埋下隐患。

（4）项目进展过程中运作不规范、舞弊现象严重

不合理的招投标所引发的问题在项目实施过程中逐渐暴露，随着项目的进展，项目的各方为了自身利益，与其他项目参与方相互串通。运作不规范、舞弊现象也时有发生。施工企业在施工过程中偷工减料、以次充好。微利甚至赔本中标的施工单位，在工程施工过程中往往降低建筑材料和设备标准，导致工程出现质量问题。

建筑业的信任缺失现象不仅造成了建筑市场混乱和资源浪费，也给建筑企业和行业发展带来巨大信任风险。因此，建立和完善行业信任至关重要。

2.建立行业信任，促进行业合作竞争的措施

张维迎（2002）讲信誉机制的作用条件时提出，在以下四方面条件成熟时，信誉机制会发挥作用。

（1）博弈是重复的，或者说交易关系必须有足够高的概率维持下去。

（2）当事人必须有足够的耐心，即δ要足够大，一个只重视短期利益的人不值得信任。

（3）当事人的欺骗行为能被委托人即时观察到，即信息观察不能滞后。

（4）当事人要有足够的积极性和可能性对交易对手的欺骗行为进行惩罚，不能原谅欺骗行为。

因此，建立建筑业行业信任，应从以下几方面入手：

1.制定统一规范的信任标准评定制度

制定统一规范的信任标准是建立建筑业行业信任的关键所在。信任标准应明确的主要内容包括：

（1）信任标准的要素：信任可以定义为履行经济责任的能力及其可信任程度，信任标准的要素应该体现对信任概念的理解。

（2）信任标准的指标：即体现信任标准要素的具体项目，一般用指标表示。指标的选择必须以能充分体现信任标准评定的内容为条件。通过几项主要指标的衡量，充分揭示企业信任的某一方面情况。

（3）信任标准的等级：即反映信任等级高低的符号和级别。可以采用等级制，可以用 A^+、A、A^-、B^+、B、B^-…表示，但不宜过多分级，避免差异过于接近，而失去比较价值，建议等级设置在五级至十级之间。

（4）信任标准的指标界定：要把信任状况划分为不同的级别，这就要对每一项指标定出不同级别的准则，以便参照定位。明确准则是建立信任标准评级指标体系的关键。

（5）信任标准评定的方法：主要包括内部评价和外部评价两种，其中，内部评价方法主要指自我评议；外部评价方法包括公众评议和专家评议。可以由独立的专业评估机构评级，多由专家评议；可由政府机关统一组织评级；亦可采用自我评议、公众评议和专家评议相结合的方法。具体的评级方法可采用定量分析方法或定性分析方法，也可两者结合运用。

（6）信任标准的权重：指在评级指标体系中各项指标的重要性。信任标准评定的各项指标不应被等同看待，某些指标处于更为重要的地位，对企业信任等级起到决定性作用，其权重就应大一些；有些指标的作用较小，其权重就相对要小。

2.完善建筑业信息平台

信任的基础是信息，建立完善的信息平台，使信任信息在建筑市场内充分流通，才能有效地解决建筑业交易信息不对称的问题，从而解决建筑业行业的信任问题。同时，完善的行业信息平台会使信息能够及时被观察，不存在滞后问题。目前发达国家良好的信任水平，正是得益于其强大的信任信息平台。

2007年，我国建筑业市场信用体系建设取得重要进展。2007年1月，建设部出台《建筑市场诚信行为信息管理办法》，发布《全国建筑市场各方主体不良行为记录认定标准》。2007年12月7日，"长江三角洲区域建筑市场信用信息平台"开通启用。2008年1月7日，"全国建筑市场诚信信息平台"开通启用，将统一对外发布全国建筑市场各方主体诚信行为信息。信用信息平台的建立意味着建筑市场信用体系的建设进入了实质性工作阶段。

全国建筑市场诚信信息平台的主要功能是：运用现代化、信息化的网络手段，采集各地诚信信息数据，发布全国建筑市场各方主体诚信行为记录，重点对失信行为进行曝光，并方便社会各界查询；整合表彰奖励、资质资格等方面的信息资源，为信用良好的企业和人员提供展示风采的平台；普及和传播信用常识，及时发布行业最新的信用资讯、政策法规和工作动态，为全国建设行业提供信用信息交流平台；推动完善行政监管和社会监督相结合的诚信激励和失信惩戒机制，营造全国建筑市场诚实守信的良好环境。

全国建筑市场诚信信息平台的开通对于建筑业合作竞争机制的建立和良性运行具有重要推动作用。第一，这有利于解决建筑市场信息不对称的问题。通过信用信息平台将信用信息记录下来，并向全社会公开，有关企业和个人在市场交易过程中都可查询彼此的信用状况，共享信息资源，将大幅度地减少信息不对称状况，信用信息的公布将有效遏止失信行为的发生。第二，这有利于提供建筑市场的监管效率。借助于信用信息平台强大的动态数据库系统，实现建筑市场与工程现场的管理联动，达到全方位、全过程的管理。通过对信用信息的分析、加工和处理，政府有关部门还可以进行市场预测，制定行业政策，加强市场引导，使监督工作有的放矢。第三，有利于促进长效信用机制的完善。信用信息平台通过对不良行为信息的公布披露，使各方主体失信行为曝光于市场之中，失信的企业或个人在建筑市场中将无容身之地，并将最终被清出市场，这是对失信者最有效最严厉的惩罚。市场各方主体将从被动遵守规则转为主动信守承诺。

3.建立建筑业信息披露制度和奖惩制度

建立有效的行业信息披露制度，提高交易行为的透明度，通过有形建筑市场的信息平台，业主与建筑企业可以查询对方的交易历史记录、资信状况，以及有无严重的信誉问题。通过有效的信息披露，市场保护了优质企业的生存和发展，同时对信誉低劣的企业予以惩罚。此外，政府相关行政主管部门应对资信状况优良的企业予以奖励，并对资信低劣的企业予以惩罚。

可以借鉴中国香港建筑业推行的分包商注册制①。中国香港临时建造业统筹委员会2003年11月26日起在建筑业推行分包商注册制度，以确认工程分包商的资历和专业水平。分包商注册制度并非强制性执行，中国香港建筑业内41个工种的分包商，只要在过去5年里至少完成过一项工程，又无严重失当，便可登记注册。注册制度已得到中国香港特别行政区政府、大型地产发展商和地铁、机管局等的支持。制度开始实施后，这些单位的大型工程与建筑公司签署合约时，将包括"必须聘用注册分包商"的内容。工程在挑选承建商时，也将给已注册的分包商以额外加分。中国香港建筑市场目前流行承建商将工程另判给分包商的做法，因此出现二判、三判、四判的情况。这种做法的弊端是，分包商一旦在施工中犯错，便会抬腿走人，换个公司名称再进市场。实行注册制度后，分包商必须提供公司股东资料，试图行骗

---

① 佚名. 香港建筑业推行分包商注册制［N］. 中国建设报，2003-12-02.

的公司便无可遁形。

4.营造长期共赢的建筑业行业氛围

通过提高交易频率，即合作重复发生，博弈重复进行，建筑企业不得不注重企业未来的市场发展机会，不以短期利益为主，而更加注重长期发展机会，此时行业的信任度得以提高。因此，通过营造并鼓励业主与企业、企业间的合作氛围，可以增加博弈发生的次数，从而促进行业信誉建设。

信任是市场经济最根本的伦理特征和构建基础。建立建筑业行业信任是解决目前我国建筑业内部存在诸多问题的关键所在，亦是建筑业合作竞争机制顺利运行的有力保障。长期来看，建筑业行业信任的建立、保持和完善对于整个行业的持续、有序、稳定发展具有重大促进作用，因此，建立建筑业行业信任既是当前解决行业内存在问题的途径，亦是保证建筑业长远发展的必由之路。

5.3 重视建筑业工程保证担保

工程担保最早起源于美国。1894年，美国国会通过了《赫德法案》，要求所有公共工程必须事先取得工程担保。1908年，美国成立了担保业联合会。1935年，美国国会通过了《米勒法案》，要求签订10万美元以上的联邦政府工程合同时，承包商必须提供全额的履约担保及付款担保。美国财政部负责审批担保商的营业资格，公布审查合格的担保商名单，每年定期对其业绩进行评估。1942年，美国的许多州也规定州政府投资兴建的公共工程项目须取得担保，被称为《小米勒法案》。

由于工程担保运用信用手段加强工程各方之间的责任关系，有效地转移工程风险，保障工程建设的顺利完成，许多国家都相继在法律中对工程担保做出了规定。工程保证担保制度的建立和完善对于建筑业行业秩序的有序起到很好的推动作用，有效保护了建筑业各主体的合法权益，同时也保障了建筑业合作竞争机制的运行。

5.3.1 工程承包类和业主责任履行类保证担保的阐释与比较

1995年10月1日起施行的《中华人民共和国担保法》规定了五种合同担保方式：抵押、质押、保证、定金、留置，其中第2章第6条指出："保证，是指保证人和债权人约定，当债务人不履行债务时，保证人按照约定履行债务或者承担责任的行为。"邓晓梅（2003：12）认为工程保证担保是由第三方保证人保证被担保人如约履行合同义务；或担保主合同的其他各方因被担保人不能履行合同义务而造成的损失得到弥补。

1.工程承包类保证担保

工程承包类保证担保主要包括投标担保、履约担保、付款担保、预付款担保、维修担保、保留金担保等。

（1）投标担保（bid/tender guarantee/bond）

投标担保，是投标人在投标报价前或同时向业主提交投标保证金或投标保函等，保证一旦中标，即签约承包工程。投标担保金额一般为标价总额的1%～2%，小额合同可按3%计算，在报价最低的投标人有可能撤回投标的情况下可高达5%。实行投标担保，由于投标人一旦撤回投标或中标后不与业主签约，须承担业主的经济损失，因而可促使投标人认真对待投标报价，防止轻率投标。同时，担保人为投标人提供担保前，会严格审查其承包能力、资信状况等，这就有效限制了不合格的承包商参加投标活动。

（2）履约担保（performance guarantee/bond）

履约担保，是担保人为保障承包商履行工程合同所作的一种承诺，其有效期通常截止为承包商完成工程施工和工程缺陷修复之日起一段时间。中标人收到中标通知书后，须在规定时间内签署合同协议书，连同履约担保一并送交业主，然后再与业主正式签订承包合同。通常，履约担保是由承包商向业主提交，而分包商向上级承包商提交的保函又称分包担保（subcontract bond）①。银行履约保函一般只担保合同价的10%~25%。由承包商提供履约保证金的做法，优点是操作简便，缺点则是承包商的一笔现金被冻结，不利于资金周转。通过履约担保，使承包商认真履行合同，保障业主的合法权益。

（3）付款担保（payment bond）

付款担保起源于美国，即由担保人担保承包商将按时支付工人工资和分包商、材料设备供应商的工程款及费用，付款担保一般附于履约担保之内，也可以作专门的规定。通过《米勒法案》（Miller Act），工人、分包商、供应商，以及分包的工人、供货商和下一级分包（但不包括供货商的分包）获得工程款的权利得以保护。英国于1996年在政府项目中开始推荐使用一种被称为清偿保护担保（insolvency protection bond）的新担保品种，以保护分包商和材料供应商不因总包商破产而蒙受经济损失，与付款担保为同一类保函，但不强制执行（邓晓梅，2003：26）。付款担保可以使业主避免不必要的法律纠纷和管理负担。因为，一旦承包商没有按时付款，债权人有权起诉，则业主的工程及其财产很可能会受到法院的扣押。

（4）预付款担保（advance/pre-payment guarantee/bond）

一些工程的业主往往先支付一定数额的工程款供承包商周转使用。为了防止承包商挪作他用、携款潜逃或宣布破产，需要担保人为承包商提供同等数额的预付款担保，或提交银行保函。随着业主按照工程进度支付工程价款并逐步扣回预付款，预付款担保责任随之减少直至消失。预付款担保金额一般在工程合同价的10%~30%之间。

（5）维修担保（maintenance guarantee/bond）

维修担保也称质量担保，是担保人为保障在工程保修期（国际上亦称缺陷责任期）内出现质量缺陷时，承包商应当负责维修而提供的担保。保修担保可以包含在履约担保之内，也可以单独列出，并在工程完成后替换履约担保。有些工程则采取暂扣合同价款的5%作为维修保证金。

---

① WELCH J W, MORELEWICZ J F, RUCK A J, et al.Contract surety, AFSB 152 [M]. Insurance Institute of America, 1992: 132.

（6）保留金担保（retention bond）

保留金担保，即业主按月给承包商发放工程款时，要扣一定比例的金额作为保留金，以便在工程不符合质量要求时用于返工。预扣保留金的比例及限额通常在工程合同中约定，一般从每月验工计价中扣10%，以合同价的5%为累计上限。在签发工程验收证书时，咨询工程师将向承包商发还一半的保留金；在工程保修期满后，再发还全部余额。承包商也可以通过担保人提供保留金担保，换回在押的全部保留金。

2.业主责任履行类保证担保

这一类担保的共同特征是担保的受益人为政府，由业主在向政府申领执照、申报许可时提交。他们所担保的可能仅涉及业主责任中的某一个方面，但一个共同特点是业主责任的履行与公共利益相关。

（1）回垦担保（reclamation bond）

回垦担保是为了保护公共环境，政府要求业主提交的担保。

（2）管辖地担保（subdivision bond）

管辖地担保是使开发商保证按照城市规划和相关法律要求完成项目与市政公共设施相关部分工作。

（3）完工担保（completion bond）

为了避免因承包商延期完工后将工程项目占用而使业主遭受损失，业主还可要求承包商通过担保人提供完工担保，以保证承包商必须按计划完工，并对该工程不具有留置权。如果由于承包商的原因，出现工期延误或工程占用，则担保人应承担相应的损失赔偿责任。

（4）特许经营权担保（concession bond）

为了保护关系到公众切身利益的大型市政项目，政府通过委托私人投资者以特许经营权吸引资金建设项目，并通过设定特许经营权担保保证项目按时完工。

目前，工程承包类保证担保与业主责任履行类保证担保相比较，承包类保证担保已被公认和应用，效果明显。由于处于相对劣势，承包商在履行合同时不敢怠于履行职责，加之有工程担保，业主的权利得到很好保护。然而，相比之下，业主在支付工程款方面存在大量遗留问题，怠于履行支付义务造成大量工程项目的工程款拖欠问题严重。因此，在合同法律地位中应当平等对待业主与承包商间、承包商与分包商间应具有的相互制约的担保要素，在客观地强调工程履行方的责任和义务的同时，应强调相对方的付款义务，当付款义务无法正常履行时，履行方应保留一定的权利维护自身合法利益。

5.3.2 业主支付担保、留置权与承包商付款担保探析

1. 业主支付担保及在我国的试行现状

业主支付担保是指担保人向承包商保证，业主将履行合同中规定的一切条款，确保工程费用及时支付到位，一旦业主违约，担保人将代为履行的一种担保方式。业主支付担保实质上是业主的履约担保，一般应与承包商履约担保对等实行。由于业主位于工程建设资金链的上游，其所拨付的工程款能否及时到位，直接影响承包商对分包商、材料供应商的工程款及工人工资的拨付。因此，确保业主及时支付工程款对于整个建筑业的有序运行有重要意义。

目前，我国"双拖欠"问题已成为社会关注的焦点，业主拖付工程款，承包商拖欠工人工资现象普遍存在，极大影响了行业发展及社会稳定。因此，确保业主支付工程款，并积极推行业主支付担保有重要的现实意义。

目前，深圳、厦门等地已试行此项担保业务。邓晓梅、王春阳（2006）[①]对深圳、厦门业主支付担保制度的试行效果进行了试点调查，结果显示：两地业主支付担保的试点情况并不理想。尽管推行业主支付担保以来，两地并无因业主拖欠工程款而保函被承包商索赔的情况，工程款拖欠现象有所缓解，但承包商和业主，都认为业主支付担保对解决工程款拖欠问题并无实质性意义，原因在于：其一，强制性业主支付担保制度因普遍存在的规避行为而被严重削弱；其二，承包商普遍缺乏对保函索赔的意愿，保函对业主方行为的威慑和约束效果有限。

尽管如此，业主支付担保所体现出的政府治理工程款拖欠问题的决心是显而易见的，近年来政府高层和社会各界对农民工工资问题的高度

---

① 邓晓梅，王春阳. 工程履约担保制度在公共工程中的试行效果及发展前景分析——基于对深圳、厦门工程担保制度的试点调查 [J]. 建筑经济，2006（5）：20-23.

关注形成的强大舆论压力和一系列切实的措施，也强化了业主诚信履约意识。

2.业主支付担保背后的留置权分析

关于如何保证业主支付担保的有效性，邓晓梅（2003）提出美国之所以能确保业主支付担保的有效性在于法律规定了"建设者留置权"。工程留置（lien on the works）属于法定担保，是解决业主拖欠款问题最为直接有效的担保形式。当业主拒付或拖欠工程款时，承包商可针对已完成的建设工程或业主的机械设备保持留置权，直至业主付清应当支付的所有款项为止。否则承包商有权将属于业主的工程或机械设备折价、拍卖或变卖，并拥有优先受偿权。

在美国，建设者留置权的权利人可以是企业和工人个人，即法律赋予了"建设者留置权"的同时，赋予了"技工留置权"（mechanic's lien）。美国马里兰州规定的建设者留置权的权利人范围很广，除了与业主有直接合同关系的总包商、与总包商有合同关系的分包商以外，还包括那些实际提供劳动或者材料的人，如从事出租设备、园艺、安装等工作的工人。其对于分包商的理解是，只要不与业主或者业主的代理人发生合同关系，都可以称为分包商。鉴于对劳动提供者个人的保护，法律规定分包商的雇员也可以主张留置权。

在英美法系国家中，留置权可以成立于不动产，因业主违约，承包商拥有相应工程的留置权是法律所允许的。比较发现，我国《担保法》规定，留置权只能成立于债务人的动产，由此，将建设工程排除在留置权的标的物之外，这是一种传统计划经济体制下不分投资来源，粗放管理造成的惯性思维。而留置权的缺位正是造成我国工程款拖欠屡禁不止的制度性原因。尽管1999年启用的新《合同法》第286条通过设定承包商对工程款的"优先受偿权"试图部分弥补这一缺陷，但"优先受偿权"对承包商的保护效力远远不及"建设者的留置权"，分包商及农民工也无法籍由这一"优先受偿权"，得到如同"建设者的留置权"那样有效的保护（张蕊等，2005）。我国工程款优先受偿权的权利人为承包商，虽然没有明文规定仅为总承包商，但没有规定明确说明分包商可以直接向发包人主张优先权；而且，当总承包商不履行对分包商的支付价款义务时，分包商是没有权利依据优先权的规定向总包商主张权利的；同时，无论总承包还是分包企业中的工人，都不能以个人的名义主张优先受偿权[1]。

通过比较美国建设者留置权和我国承包商优先受偿权[2]，可以得出结论，美国的建设者留置权与我国的工程款优先受偿权的共同之处在于，都源于法律的直接规定，目的是保护劳动者和劳动价值，使得为工程形成价值和使用价值付出过劳动、提供材料设备的那些人得到应有的支付，从而使建筑业良性发展，使建筑业从业人员的生活有保障。我国为推动优先受偿权的实施，根据《担保法》、《合同法》确立的法律原则，1999年年底，建设部、国家工商行政管理局重新修订了《建设工程施工合同文本》。新的合同文本第33.4款规定，发包人收到竣工结算报告及结算资料后28天内不支付工程竣工结算价款，承包人可以催告发包人支付结算价款。发包人在收到竣工结算报告及结算资料后56天内仍不支付的，承包人可以与发包人协议将该工程折价，也可以由承包人申请人民法院将该工程依法拍卖，承包人就该工程折价或者拍卖的价款优先受偿。这一规定符合我国法律的基本原则，并针对《合同法》第286条提供了详细的合同依据，具有可操作性。

但是必须承认，两种权利在保护承包商权利方面存在明显差异，无论从对承包商获得支付权利的保护角度而言，还是从对确保农民工工资支付的保障角度而言，我国的工程款优先受偿权规定有效性较低，无法给予承包商、分包商和建筑工人强有力的保护。转变施工企业的弱势地位和充分保障农民工基本工资支付，从而保障他们的生存权，是建设良性运转的中国建筑业，维护社会的公正和稳定，实现构筑和谐社会的必由之路。我国可以借鉴美国建设者留置权的合理成分，进一步完善我国承包商工程款优先受偿权的法律制度，从而使工程款拖欠问题得到有效遏制。

---

[1] 对于《合同法》第286条工程款"优先受偿"问题存在学术争议，此条规定赋予的权利存在疑问，有学者认为是法定抵押权、工程留置权，还有认为是优先受偿权。参见孟宪海《关于设立法定抵押权、工程留置权、优先受偿权的研究》的讨论。本书从"优先受偿权"说。

[2] 张蕊，邓晓梅. 我国工程款优先受偿权与美国建设者留置权的对比研究 [J]. 建筑经济，2005（8）：45-48.

3.基于留置权的承包商付款担保

承包商付款担保是指承包商对分包商和材料供应商的及时拨付工程款的保证。造成当前承包商拖欠工程款的主要原因有两个：一是合同条款"pay when paid"，承包商只有在得到业主的工程款支付时，才有能力向分包商、材料供应商及工人支付工资；二是带资承包，资金能力低，承包商通常都要垫资承包工程建设，自身资金能力受到限制，当业主无力发放工程款时，承包商就无力支付资金。因此，付款担保可以在一定程度上缓解承包商付款问题。

付款担保是在合同责任履行期间设置的一种高保额担保品种，源于美国。设定付款担保的目的是为分包商和材料供应商提供保障，它在政府投资项目领域是一种法定担保，亦可应用于私人项目。付款担保的设定与美国法律中的"建设者留置权"（mechanic's lien）有着极深的关系。建设者留置权是一种法定权利，它规定承包商、分包商、材料供应商以至普通工人，只要他对建设工程投入了合同要求的劳动或提供了材料设备，而未得到合同要求的付款，就可对承建的建筑物行使留置权，通过对在建工程的拍卖，所得款项优先支付所欠工程款和材料款。

在美国，有留置权这一法定标的物的担保措施对承包商在私人项目中获得支付的权利给予了保障，所以对承包商向分包商和材料供应商的支付责任提供担保的风险主要在于承包商的信用和自身的财务清偿能力（邓晓梅，2003：89）。

承包商付款担保之所以受到越来越多的重视，是因为它对于弥补国际惯例的工程建设的总分包体系的缺陷具有重大意义（邓晓梅，2003：87）。总分包体系成为国际工程建设的惯例，原因在于它有助于建筑业专业化分工的形成，提高了建筑业的整体生产率。在总分包体系下，业主所挑选和控制的是总承包商，而所要求的实际施工任务的大部分都由分包商来完成。最终建筑产品的质量掌握在分包商手中，但却在业主控制范围之外。分包商通常是中小企业，清偿能力极为有限，难以获得银行信贷支持，抗风险能力差，而其大多只能在工程完成后才得到支付，因此，增强分包商履约能力的一个重要手段就是帮助他们增强清偿能力。付款担保不仅能加速总承包商向分包商和材料供应商的支付，而且有付款担保保护的分包商和材料供应商可以更方便地从供货商处得到商业信用，这极大地缓解了分包商资金周转的压力，增强了分包商的履约能力。

5.3.3　重视建筑业工程保证担保，为合作竞争提供保证

1.我国建筑业工程保证担保现状分析

目前，我国建设行政主管部门将重视和推行工程担保，作为长期内控制工程风险，保证工程质量，遏制拖欠工程款和农民工工资，以及减少或避免工程建设安全事故的一项重要举措，也是其整顿规范建筑市场经济秩序的一项重要部署。1999年，原建设部启动了建筑业工程担保的试点工作，北京、天津、深圳等城市建设主管部门先后出台了一系列关于工程担保的管理办法，使工程担保在工程设计、监理、施工总承包等领域得以广泛应用。许多国家重点工程（如北京国家大剧院和奥运会场馆等）都实行了工程担保。同时，我国政府在制度上对推行工程保证担保也做了规定。2004年，原建设部下发了《关于在房地产开发项目中推行工程建设合同担保的若干规定（试行）》（以下简称《规定》）的通知，要求各地方根据实际情况进行贯彻。按《规定》，工程造价在1 000万元以上的新建、改建、扩建的房地产项目，在工程投标、业主工程款支付、承包商履约、承包商付款的环节上都需要进行担保，当债务人不履行债务时，担保人需要代为履行或承担责任。投标人须交纳保证金或以担保人保证方式进行担保，方可参加项目投标。如果投标人在投标有效期内撤回投标文件或中标后不签署工程建设合同，由担保人按照约定履行担保责任。业主在签订工程建设合同时，如无担保人向工程承包商提供工程款提供担保，视作开发商建设资金未落实，则不具有开工资格。而承包商也需保证人向业主提供按照合同进行建设的履约担保，向分包商、材料设备供应商、建设工人按约定提供支付各项费用和价款以及工资等款项的担保。

虽然，我国政府从制度上对推行工程担保提供了保障，且由于工程担保的制度优势，在我国工程建设领域全面推行已成大势所趋。但

目前工程担保仍存在较多亟待解决的问题，如工程担保机构发育不够健全、工程担保形式单一、现金担保比例过大、反担保形式单一和信用担保机制远未建立等。为此，原建设部于2005年把"加快推进建设领域信用体系得建设，大力推行工程担保制度"作为今后工作重点之一。

2.完善工程保证担保制度，促进建筑业合作竞争的对策

（1）加快完善建筑业有关工程担保的立法

目前，我国对于工程担保方面的法律法规相对欠缺。《合同法》第286条对建设工程优先受偿权只是作了原则性规定，其法律属性等问题在理论界还存在诸多的争议，仍未对留置权问题予以明确，而留置权恰恰是保护提供劳动和材料的债权人不被拖欠工程款的有力的法律武器。我国现行的《担保法》规定，留置权的标的物必须是动产，这就使承包商在被拖欠工程款后得不到应有的保障。在英、美、法、日等发达国家均规定留置权可以成立于不动产，若业主违约，承包商拥有相应工程的留置权，并被法律赋予优先受偿权，日本将此称为"先取特权"。不动产留置权已成为《合同法》第286条争议的焦点问题。多数学者认为第286条的规定实质上是对不动产可以设置留置权的默认，其执行条件符合留置权的执行。不动产留置权可以从制度上解决我国工程拖欠款问题。因此，在286条工程款优先受偿权基础上设定不动产留置权是保证工程担保顺利实施的法律依据①。

同时，目前我国《中华人民共和国建筑法》（以下简称《建筑法》）并没有明确规定工程担保制度，颁布已十年的《担保法》主要为了资金融通和商品流通而设定，也没有对工程类担保做出明确规定。有关工程担保的规定仅在原建设部于2004年8月发布的《关于在房地产开发项目中推行工程建设合同担保的若干规定》中提出："工程建设合同造价在1 000万元以上的房地产开发项目要实行工程建设合同担保。"各地出台的办法或意见也没有将此项制度上升到法律的高度，另外，部门规章和地方性法规之间也缺乏有效衔接。

---

① 王龙华. 关于建立我国建筑业工程保证担保制度的研究［D］. 重庆：重庆大学，2005（4）：51-57.

《中华人民共和国招标投标法》（以下简称《招标投标法》）第46条规定："招标文件要求中标人提供履约保证金的，中标人应当提交。"第60条规定："中标人不履行与招标人订立的合同的，履约保证金不予退还，给招标人造成的损失超过履约保证金数额的，还应当对超过部分予以赔偿。"但在我国，保证金制度并不具有强制性，招标人在招标采购中可以根据招标项目的特点，自由决定是否采用履约保证金制度。同时，根据我国《招标投标法》的规定，如果招标人决定采用履约保证金制度，那么首先需要在招标文件中做出明确规定，否则就不能采用。《招标投标法》规定，"如果招标文件要求中标人提交履约保证金的，中标人负有提交的义务"，但是却没有规定招标人拒绝提交履约保证金的后果。在这种情况下，招标人将有充分理由取消投标人的中标资格，并没收其投标保证金，招标人可将合同授予次低评标价格的投标人或重新招标。但是鉴于我国招标投标法对此并无明确，所以招标人在采用履约保证金制度时，需要在招标文件中对投标人不提交履约保证金的法律后果予以明确规定①。

此外，我国现行建筑法对工程分包有严格的限制，目的在于控制分包风险，但这并不符合国际惯例，也不利于建筑业专业化分工的形成，通过强制性的付款担保可以解决这一问题。因此，应尽快从立法上解决工程担保的法律依据、行为规范问题。在最近一次的《建筑法》的修改中，原建设部对于工程担保问题已经提出了明确的意见，如果在位阶与效力仅次于宪法的《建筑法》中，明确对工程担保做出规定，对于工程担保制度在我国的推行和完善将具有重要意义。

（2）充分发挥政府在推行工程保证担保制中的作用

①政府应采取强制措施，全力推动实行工程保证担保制度

世界银行对贷款国工程担保提出强制性要求，使得工程保证担保成为国际惯例。发达国家实行工程担保时均采取了强制方式。在美国，如果没有相应的保证担保就无法取得合同。

目前我国建筑市场各方主体还未成熟，行为不规范的问题较为严

---

① 张茜. 建筑工程担保制度研究［D］. 成都：西南政法大学，2006.

重，因此建设行政主管部门应运用强有力的行政手段，采取规定提供工程保证担保为办理施工许可证的前提条件等措施，全力推动工程保证担保制度的实施。

②担当市场监管主体，做好监督管理工作

政府担当市场监管主体对保证担保市场实施监管的核心目标是维护社会信用体系的正常运行。具体监管措施包括：

首先，对保证人的资格进行审查。政府应成立专门的监管机构，对担保公司的资质进行严格管理，定期对其资格进行审查，淘汰不合格的担保公司，杜绝因保证担保公司无法赔付而给工程项目带来损失。

其次，对保证担保公司的费率标准进行监管。禁止担保公司对不同承包商采用歧视性的保费标准。担保公司承保的重要前提是对投保人的履约信用的认可，担保公司的承保是建立在预期风险不发生的基础上的，担保公司不应以保费数额决定是否承保。如果默认或允许保证担保公司对承包商实行差别费率，则担保公司就存在操纵招投标结果的可能性。

我国工程保证担保市场刚刚起步，缺乏充分的市场竞争，担保公司可利用自身垄断地位制定高额的保费，造成对公众的剥削。解决这一问题的根本途径是保持市场的竞争性。我国可以借鉴美国经验，在对担保公司的审批中，不对担保公司进行数量上的控制，而是设定一系列客观标准，满足条件的公司都可以参加担保业的竞争。保持充分的市场竞争，是避免过高费率的有效手段。

最后，推行业主支付担保，强化业主担保责任。政府作为建筑业的监管主体，通过业主支付保函面使业主责任的履行得到强化，使参与项目建设的各方免于因项目投资不足而被拖欠工程款。同时，政府还应试点并引导业主责任担保的应用，强化业主应承担的担保责任，保护承包商和分包商的合法利益。

③营造公平的市场竞争环境

由于在业主主导机制作用下，业主可以凭借自己在承发包中的优势地位使承包商接受不尽公平的担保条件，政府作为公共投资项目的业主，在推行工程保证担保制度中须率先遵守公平性原则。政府在确定担保模式、设置担保品种以及制定保函文本的具体内容中都要贯彻公平性原则，以维护市场公平性机制，应营造出公平的市场竞争环境。

（3）积极培育专业工程保证担保机构

工程保证担保市场的建立有赖于相当数量的担保主体，但目前我国较为缺乏这样的主体。我国工程担保市场的保证人主体主要包括银行和担保公司。银行是我国工程担保市场最大的保证人主体，几乎垄断了我国工程担保市场的全部业务量。但银行开展工程担保业务的最大问题在于专业性不强，缺乏保证按合同规定的履约意识和工程风险管理的监管力量，只注重保证金的数额。

按照国际惯例，工程保证担保的保证人是接受金融监管的金融机构。它可以是银行，也可以是经营担保业务的保险公司。专业化和制度化程度很高的美国现代注册公司制保证担保是一种非常值得注意的模式，它具有其他担保模式无法比拟的社会功能，包括：积淀建筑业企业成功发展的经验，保证所担保的企业走向成熟和实现平稳的发展；帮助建筑业企业探明风险，为所担保的企业相关的市场领域拓展创造条件，增强了企业的竞争力；充当市场宏观经济风险的蓄水池和减震器，减轻建筑业市场波动对相关行业造成的冲击。

建筑业工程保证担保是一项专业性很强的业务，要求银行配备庞大、专业的队伍。按照《关于在房地产开发项目中推行工程建设合同担保的若干规定（试行）》（以下简称《规定》）的要求，"中华人民共和国境内注册的具有资格的银行业金融机构或专业担保公司才能作为保证人进行担保，同时专业担保公司担保余额的总额不得超过净资产的10倍；单笔担保金额不得超过该担保公司净资产的50%。不符合该条件的，可以与其他担保公司共同提供担保"。目前，保函在银行的整个业务量中占极大的部分，难以满足《规定》的要求。我国应着力培育专业工程保证担保公司，专业工程保证担保公司要求既具有赔偿能力，又具有理赔能力；既有资金实力，又有建设工程招投标管理、工程项目承发包合同管理、工程造价管理等方面的实力，以及具有很强的承保风险评判能力。

由于目前我国处于起步阶段，可以对设立专业保证担保公司的资本金数额的要求放宽，并适当给予资金方面的支持，鼓励民营投资，但对其从业人员数量和专业资质水平应严格要求。应大力培育专业保证担保公司，同时鼓励保险公司积极开展工程保证担保业务，鼓励银行与专业保证担保公司、保险公司共保，优势互补，风险共担。

（4）建立和强化社会信用制度

社会信用制度不完善导致对承包商缺乏一套行之有效的资信审查与管理办法，这是建设工程承包市场中的突出问题。现行的资信审查与管理往往流于形式，担保公司的承保工作是基于对投保人信用状况全面掌握的基础上的。因此，建立社会信用制度，将成为一种客观需要。应由建设主管部门牵头，建立数据库和建立信用管理、评估系统，尽量向各工程保证担保主体提供相关承包商和业主的各种有关资料，使其对承包商和业主的信用状况做出正确判断。建立完善社会信用制度，对推进我国工程保证担保制度的健康发展具有重要意义。

（5）规范和完善工程担保市场的信息披露

规范和完善工程担保市场的信息披露是建筑业市场成熟的重要标志。工程担保市场面临的不确定风险因素多，风险程度大，信息披露显得尤为重要。工程保证担保是以向建筑市场提供信用来实现自己的功能目标的，这要求工程保证担保自身具有很高的信用。工程担保市场若想获得工程建设各方的认可，除了加强市场参与主体自身的自律，还必须接受社会的监督，这样才能更好地控制市场的整体信用风险，因此，强化工程担保市场信息披露对建立和推广工程保证担保制度而言是一项重要举措。工程担保市场的信息披露可以借助和运用现代网络信息等技术，从政府管理机构的信息披露、工程担保机构的信息披露和社会信用调查机构的信息披露等三方面开展。

（6）建立结合工程进度的付款担保制度

在我国，工程款的拨付通常以业主的资金状况为前提条件，业主在资金充足时拨付给承包商一定数额的工程款，常以季度、月份结算。而当业主无力支付时，将会延迟支付甚至拖欠工程款。而对于处于资金链下端的分包商，承包商没有接收到款项意味着分包商更无从得到支付，进而导致"双拖欠"问题。对于这一问题，考虑到承包商没有理由将业主的信用风险转移给与业主没有直接关系的分包商和材料供应商，我国可以借鉴英国经验，结合工程进度付款，承包商所提供的担保也以进度款的100%而不是合同造价的100%设定付款担保的保额，并在业主支付款项时由承包商向业主提交。

（7）发展工程保险，满足工程保证担保配套需要

工程保险和工程保证担保通常是作为配套的风险管理措施面被统一应用，工程保证担保市场的发展对保险业提出了许多配套要求。但我国现阶段工程保险处于起步阶段，工程保险市场发展十分缓慢，开展不普及，因此重视推行我国工程保证担保制度必须同时大力发展工程保险。

5.4 完善建筑业行业协会

行业协会发达与完善是市场经济高度成熟的显著体现。在发达国家，行业协会有着几百年的发展历史，已形成了一套既定的社会规范，在发展本国经济中起着不可替代的作用。私立制度与行业协会在本质上、功能上及作用范畴上具有同一性，可以说，私立制度是行业协会的前身。建筑业协会是协调企业间利益关系的有效途径，其就行业一些重要问题采取民主协商的方法达成共识，使民主协商机制得以贯彻。对于建筑业内部各主体之间的经济行为，其发挥着协调、处理、规范的作用，并以达到协调和维护企业之间合理有序竞争为目的，是建筑业合作竞争机制的重要保障。

5.4.1 行业协会及其私立制度前身

美国的《经济学百科全书》中的定义是：行业协会是一些为达到共同目标而自愿组织起来的同行或商人的团体。1997年国家经贸委印发的《关于选择若干城市进行行业协会试点的方案》指出：行业协会是社会中介组织和自律性行业管理组织。在社会主义市场经济条件下，行业协会应是行业管理的重要方面，是联系政府和企业的桥梁、纽带，在行业内发挥服务、自律、协调、监督的作用。同时，又是政府的参谋和助手。中国工业经济联合会认为：行业协会是同行业企事业单位在自愿基础上，为增进共同利益，维护合法权益，依法组织起来的非营利性、自

律性的社会经济团体。不难发现，我国的行业协会主要的发展目标是实现行业自律，实现部分行业管理职能，是政府和社会公众利益角度的团体。

私立制度是行业协会的前身，源于11世纪地中海沿岸、欧洲大陆的贸易开始复兴，跨国交易出现。跨国交易是没有跨国政府的，这时就出现了私人的法律机构律商，他们为商人提供信息和仲裁服务（Trakman，1983）。商人做生意之前，先到律商机构咨询，查看对方有无不良记录，如果没有，可以继续交易，做完生意，如果被对方欺骗，可以到律商机构报告，进行裁定。裁定没有法律效力，但商人间都遵守这个裁定。这个机构把不良行为的信息都集中起来，为商人间交易提供信誉信息，一旦某个商人曾有过不良记录，意味着此后可能失去了再次做生意的机会。中世纪律商机构为交易双方提供信用信息，避免了欺诈的发生。这个制度后来发展成为现代的商法。

5.4.2　英国建筑业行业协会借鉴

建筑业行业协会是指从事房屋和土木工程建筑、建筑安装、建筑装饰施工及工程咨询服务活动，以及从事工程准备、提供施工设备服务等其他工程建筑活动的企业和其他相关经济组织自愿组成的自律性、非营利性社会团体[①]。

1.英国建筑业协会[②]

英国建筑业协会、学会，对建筑业的发展起着重要的作用。他们不仅对建筑业进行管理，还制定本行业的各种规范，参与政府制定建筑业的有关行业法规。

按照行业协会与政府的相互关系，行业协会大致可分两类：以团体（指机构）会员为主体的协会和以个人会员为主的协会。从行业协会活动划分，一种是完全以企业自发组织和自发活动为纽带的行业协会模式，称"水平模式"，如英国的特许建造学会（CIOB）等组织；另一种是"垂直模式"，即大企业起主导作用，中小企业广泛参与，发挥行业

---

①　项睿，郝生跃. 我国建筑业行业协会的发展研究［J］. 北京交通大学学报：社会科学版，2005（6）：51-54.
②　叶晓甄，许伟. 中英建筑业协会管理模式比较［J］. 建筑经济，2004（9）：27-30.

规范竞争作用的建筑业协会，如英国建筑业委员会（CIC）等协会。

英国建筑领域的学会、协会较多，但获得皇家特许资格（指行业政府承认的，起着行业管理作用）的学会却很少，共有七个，它们是：测量师学会、土木工程师学会、建造学会、建筑师学会、规划师学会、建筑设备工程师学会和结构工程师学会。英国建筑领域主要有4大专业学会，即测量师学会（10万名会员），土木工程师学会（8万名会员），特许建造学会（4万名会员），以及建筑师学会（3.5万名会员）。

英国行业组织在行政管理上始终强调其独立性，与政府完全分开，是独立于政府之外的机构。以英国建筑业委员会、皇家特许建造学会为例：英国建筑业委员会所从事的活动涉及建筑管理的各个领域，如政治、工程实践、行业与市场、科学研究、建筑教育、职业发展与行业环境等，其使命是支持各委员会制订的各项计划的实施，协助政府制定国家建筑领域职业标准、行业技术标准等，如英国建造师国家职业标准（NVQ）由CIC的标准委员会（CICSC）制定。

2.英国建筑业行业协会发挥的作用分析

（1）保护建筑业企业利益

在英国，建筑业协会是协调企业间利益关系的有效途径，就行业一些重要问题采取民主协商的方法达成共识。协会的领导是会员民主选举的。协会的主要工作，都由会员决定，协会的工作体现了大多数会员的意志，力求会员满意。

同时，行业协会有助于政府与建筑业企业关系的沟通。行业协会是政府与建筑业企业之间的桥梁和纽带。政府部门制定的有关建筑业方面的政策、法规、规则，一般要通过行业协会贯彻到会员企业；而会员企业则要通过行业协会把自己的要求和意见反映到政府有关部门。

（2）协调建筑业内技术与组织行为

会员遇到解决不了的问题就会力求协会的帮助，如果是与其他组织部门的协调问题，协会就出面代表企业协调。如果出现技术方面的问题，协会通过自身信息的优势加以攻克。会员都认为加入协会的益处远远大于其所付的会费。

（3）处理建筑业内的问题与纠纷

协会可以降低企业交易活动费用，提高交易效率，提高企业经营管理水平。在经营活动中，企业必然遇到各种繁杂的纠纷等，企业在具体办理时，会遇到各种困难，此时就十分需要行业协会出而解决各类问题，以求公正、快捷地解决好纠纷。

（4）行业规范

协会维护建筑业企业之间公平的市场竞争关系，创造良好的市场竞争秩序。在市场经济条件下，各行业之间，以及行业内部企业之间的激烈竞争，是市场经济规律的内在体现和客观现实。要想正确处理、协调和规范这种竞争关系，避免行业、企业之间的不合理的竞争，就需要协会发挥协调、处理、规范的作用，达到协调和维护企业之间合理有序竞争的目的。

协会通过制定建筑业规划和组织行业协调来达到规范行业行为的目的。行业协会拥有类似政府部门编制规划的职能，规划的主要内容包括：建筑业的发展趋势和规划；产品和技术的发展方向；市场动向和趋势等。组织行业协调是协会根据政府制定的总体经济规划，配合政府部门对建筑业的企业结构、产品结构、生产计划进行组织和协调。

（5）咨询与培训

咨询的内容包括：分析国内外的经济形势和动向；应企业邀请进行实地调查，针对企业存在的问题提出建议或改进方案；为企业提供利用外资事项的咨询服务；在企业引进技术、设备，开发新产品时为企业提供专项咨询；对企业劳资关系进行咨询协调等。

此外，协会帮助会员企业培训员工。行业协会能够根据建筑业的特点选择有效或编制适合本行业的培训教材，组织会员企业的员工进行培训。

（6）提供信息平台

①提供信息服务

为会员服务，为建筑业企业提供信息是行业协会的主要职能，其提供的信息内容包括：市场信息如建筑业的产量、质量、品种、利润、消耗、设备、生产能力等生产方面的信息；销售量、销售对象、销售渠道、国内外市场、销售趋势及市场占有率等销售方面的信息；供求关系、价格变动、竞争潜力等外部环境方面的信息。技术信息方面主要是本行业与相关行业的新产品、新技术、新工艺的开发应用情况及国内外技术专利；技术、设备现状及未来发展趋势等信息。

②推广科技成果

发达国家建筑业协会在推广科技成果方面尤其突出。协会积极建设与国内外协会及企业的信息渠道和网络，协会作为一个行业团体，具有这方面的优势，使之成为会员的信息中心，逐步建立起全国性商业信息网络平台，以现代化信息技术为手段，广泛收集、加工和传播有关的经济、科技以及市场信息，让科技、信息资源最大限度地转化为社会财富，在国内外激烈多变的市场竞争中为成员企业提供最新、最有价值的科技信息，促进企业技术和管理水平持续提升，提高企业竞争力。

③发挥信誉信息平台作用

首先建筑业行业协会是一个信息库。当协会中企业准备与某一未曾有过往来的企业订立合同时，它可以从协会的信息库内查询该企业是否有不良记录。当然一个管理优良的行业协会所收集的信息远不止于此。一个信誉良好的行业协会可以受托去调查违约投诉的真实性，以免冤枉"好人"。这时的行业协会扮演的是一个信誉评价中介和投诉甄别中介的角色。

综上，英国建筑业行业协会对本国建筑业的发展起着重要的推动作用。它参与建筑业管理，制定行业内相关规范，并参与政府制定建筑业的有关行业法规，很大程度上维护了本国建筑业的有序竞争，同时，对于我国建筑业完善行业协会制度，促进行业内有序合作竞争的开展，具有重要借鉴作用。

5.4.3　完善建筑业行业协会，保障合作竞争的实现

1.我国建筑业行业协会管理模式现状及存在的问题

我国建筑业行业协会经过了20世纪80年代的启动阶段和20世纪90年代的较大发展阶段，目前正处在变革和建设的新阶段。随着我国加入WTO需借鉴国外建筑业行业协会等组织的建设经验，适应建筑市场新

的挑战。但现阶段，我国建筑业行业协会存在严重体制缺陷。

（1）政府干预过度，行业协会无法实现真正意义上的自律

行业协会必须是依法成立的，《中共中央关于建设社会主义市场经济体制若干问题的决定》中明确规定："中介组织要依法通过资格认定，依据市场规律，建立行业自律运行机制，承担相应法律和经济责任，并接受有关政府部门的管理和监督。"我国建筑业行业协会的结构沿袭了过去政府对建筑企业实行部门管理的模式，条块分割，实行"一业一会"制。这种单一的、层层划分的线性行业协会结构在很大程度上制约了其自身的发展。我国建筑业行业协会以本部门、本系统的国有企业居多，跨部门、跨地区、跨所有制的较少；而且多是各地自行组建的，跨地区及全国性的行业协会规模还不够，它们在种类和数量上均缺乏代表性。而且同一行业层层设立地方性协会，各协会呈平等而非垂直关系，全国性的行业协会不控制地方性的行业协会。协会的最高权力机构一般是由协会的主要领导和秘书处的领导组成的班子。这些领导一般由政府行业主管部门推荐或确定，有些还由政府的现任领导兼职。因此，我国的建筑业行业协会带有浓厚的政府干预色彩，受相关政府部门的管理监督。

我国建筑业行业协会的症结在于政府没有真正与协会脱离，行业协会无法代表企业利益，不能为企业谋利，无法得到行业企业的认可，也就没有会费来源，企业不需要协会为其服务，可以说，行业协会代表了政府的利益，而非企业的利益。

（2）双向领导组织管理体制及机构设置对行业协会作用的制约

建筑业行业协会的领导组织建设按照党的干部政策、国家对社团管理的法规，进行社团负责人的推荐和人选的考核工作；依照章程进行改选，实行协会的民主管理，这体现了行业协会的特点。行业协会专职行政管理人员为1/3，同时要求行业协会的领导成员中，企事业会员单位的代表不能少于2/3，社团的专职领导要按照国家对干部的要求进行正常的考核等。

中国建筑业协会按照《建设部社会团体机构管理办法》和有关规定完善了秘书处内设机构，理顺了工作委员会、专业委员会（分会）的关

系，为社团发展提供了组织保证。但省市一级建筑业协会，各专业学会与建筑业协会、其他专业协会通常是相互独立分设，各自开展其专业领域活动，这与英国建筑业委员会下设专业委员会的关系不同。

（3）行业协会工作人员水平参差不齐

目前，我国建筑业行业协会的高层管理人员素质较高，一般都是专业背景和工作实践背景均较强的技术类领导干部；但下属协会中层管理和一般工作人员专业知识与管理背景普遍偏低，缺乏专业与职业标准资格的综合素质人员，普遍存在严重"老龄化"问题。高层管理人员和一般工作人员极少是从社会公开招聘的。协会的其他工作人员所学专业比较单一，没有法律、公共关系、社会学等每个行业协会所必备的专业人才。

（4）行业协会基本职能单一

由于建筑业行业协会功能的单一性，以及目前政府职能转变的不到位，各层次建筑业协会功能差异性较大。以重庆市为例，建筑业行业协会的主要工作是评优创先、参与政府制定行业规划、参与政府建设法规的调整、协调各企业的一部分关系，代表行业向政府反映企业利益，从而协调市场与政府的关系等。

当会员单位的利益与政府主管部门或其他政府部门的利益产生矛盾时，行业协会不能有效地保护会员的利益，这样必然失去会员的信任。许多行业协会的服务少、规模小，不能形成规模化、专业化配套服务，不能为企业提供必要的帮助，致使企业对行业协会没有认同感。同时，行业协会的市场主要功能如市场信息功能、维护与协调行业市场秩序功能、行业技术进步与创新功能、组织职业资格考试和人员教育与培训功能、建筑教育发展指导功能等目前无法开展或涉及，尤其是保护建筑企业利益、提供行业信誉平台的作用欠缺。

（5）行业协会没有真正成为行业利益的代表

目前我国建筑业行业协会没有真正成为代表建筑企业会员利益的组织，行业组织的社会合法性、自治机制难以形成。行会章程形同虚设，管理缺乏民主，会员单位的权利得不到保障。协会的服务功能淹没在组织管理功能之中，完全用行政的手段来开展工作，忽视了自愿、民主的协会特色。

2.充分发挥建筑业行业协会功能，促进合作竞争的对策

（1）政府在合适的范围内放松管制

①政府脱离行业协会

政府将在机构改革中加快职能转移的步伐，把一些在市场经济条件下不属于政府的职能分离出来交给建筑业行业协会承担。如承担政府部门授予的政策调研前期工作，提出建筑业发展规划和设想，供政府与企业制订发展计划时参考；为企业提供信息服务；制定建筑业的统一规格和技术标准，促进行业有序发展等项微观事务。在日常工作中，业务主管部门要尊重建筑业行业协会的自主权，凡是涉及协会职能范围内的工作，由协会办理，不要任意干预；及时向行业协会通报国家及有关部门的政策、法规以及重大改革措施和市场信息等，关心和指导协会工作的开展；支持和鼓励行业协会从事符合协会宗旨的有偿服务活动以弥补经费的不足等。行业协会应当在政府的领导下，依法开展活动，注重自身改革，强化自身素质，在充实职能和提高管理水平方面狠下功夫，行使好组织服务、沟通协调和管理监督等职能①。

②赋予行业协会一定的行政管理权力

通过授予行业统计，收集、分析和发布行业信息；参与国家标准的制定和修改以及对建筑项目质量检查和安全检查的权力，强化行业协会的权威性，积极推进行业协会在建筑业的管理地位，并通过协会帮助国家了解到行业状况和问题，及时出台相应政策、制定规范，提高行政管理效率。

（2）充分发挥行业协会的自律功能

实行"自愿入会、自理会务、自筹资金"。实现由官办到民办的转变，实现由政府部门的行业管理向为企业和行业发展提供服务的转变，把应属于行业协会的行业自律等社会职能和适宜行业协会承担的行业管理职能转交给行业协会。

行业自律是行业协会社会管理职能的最核心内容，它用自己的行规

---

① 戴吉林. 谈行业协会的培育与发展［J］. 温州瞭望，2001（1）：14-17.

行约规范市场时可以起到一些政府行政管理所起不到的作用。首先，协会要加强从业人员的道德建设，提高从业人员的素质。其次，对于已经吸收到行业协会中的会员企业，一旦发现违规、违法经营，损害同业企业的利益和行业形象的企业，行业协会应该予以干预和处罚。这种处罚不同于政府机构的行政处罚，它属于行业自律的范畴，如取消会员资格等。对于还未吸收到行业协会中的企业，行业协会应严格审查它们既往的市场行为。这样，加入行业协会就会成为企业拥有良好信誉的标志。再次，行业自律还应体现在对外代表本行业协会会员企业的利益，保护本行业的权益不受损害。最后，行业自律还应体现在信息服务方面[①]。行业协会通过提供市场信息可以帮助同业企业更好地识别市场风险和不确定因素，减少盲目行为，增进企业间的合作；通过建立信用信息系统，公正客观地反映同业企业和从业人员的经营业绩和从业表现。这种"声誉信息"可以有效地约束二者的市场行为和执业行为，进一步强化行业自律作用。

（3）构建兼顾水平模式与垂直模式的行业协会

参照英国建筑业行业协会模式，构建"水平"与"垂直"的行业协会体系。"水平模式"的行业协会横向联结了具有相似资质的企业，增强了企业的连带强度，强化了建筑企业的弱势地位及讨价还价的能力，形成一张大的行业关系网络；"垂直模式"整合了不同专业、不同资质能力的企业所拥有的资源，促进了行业内的纵向合作竞争，保护了中、小企业的生存，为其发展提供了更多的市场机会。

（4）调整行业协会人员结构，提高执业素质

英国建筑业协会的工作人员来自社会公开招聘。从高层管理人员到一般工作人员都来自于专业领域，特别是从事建筑技术管理、教育培训和专业行政管理的工作人员，一般具有大学本科以上的知识背景、专业技术资格或职业资格的背景。行业协会工作者所学专业包罗万象，其中法律、公共关系和社会学等专业人才是每个行业协会所必备的。由于从全社会人才资源中引进人才，确保了行业协会职业工作者的质量，使协

---

① 郑一军，等. 中国建筑业改革与发展研究报告 [J]. 中国建筑周刊，2003（1）.

会在经济运行中的职能得到充分保证。相比之下，我国的建筑业行业协会人员素质较差，因此，提高行业协会人员素质，大力开展协会工作是今后应加强的措施之一。

（5）加强立法，简化审批制度

政府应加强建筑业行业协会的立法，简化现行的行政审批体制，从法律角度上定义行业协会的机构、职能、地位、作用等。立法过程中，要积极倾听行业协会的意见和建议，让行业协会参与相关法律、法规、法令的起草和制定。

虽然地方立法无权对国家法律、法规做出突破性规定，但为了推进行业协会的改革发展，可试行推出适应本地区的行业协会暂行条例，使其发展和管理法制化、规范化、有法可依。

5.5　本章小结

在建筑业内，合作竞争机制更多地需要各经济主体的自发行为进行维护，从这一角度分析，建筑业合作竞争机制的保障更多依赖于私立保障，即运用私立秩序对合作竞争机制的运行进行保证和维护。私立秩序是一种非正式制度的社会安排，包括长期关系、仲裁、散布信息的社会网络，交易中奉行的准则、盈利性合约执行，超越或补充了来自于政府的弱经济治理模式。在建筑业，长期的合作竞争关系若要得以维系，必须通过关系契约的执行、交易中奉行的信任准则、工程担保保障方式以及散布信息的行业协会网络共同构建。建筑业合作竞争机制的私立保障路径的建立和完善应充分考虑强化关系契约、建立行业信任、重视工程保证担保和完善行业协会等四个方面。

1.关系契约问题

建筑业以正式合同为法定合同方式，关系契约的维系和执行无法与正式合同的订立分离。若要维系良好的关系契约，委托人应做出一定的努力。

当前建筑业外部绩效评价相对较弱，没有建立良好的信息平台，社会公众及政府无法做出公正的行业评价，因此当行业内各企业高度重视未来发展时，关系契约模式将最为有效，这与麦克内尔的观点相一致。

从建筑业的国际惯例演变历程看，国际标准合同体系正逐渐从传统的以风险分担为主的正式合同向以合作竞争为主的关系契约演变，以建筑业发展较为成熟、完善的英国为代表。尤其是 2000 年后，ACAPPC2000《项目伙伴关系标准合同格式》和 SPC2000《项目伙伴关系专业分包标准合同格式》颁布后，长期关系合作的国际趋势更为明显。

强化我国建筑业关系契约以促进合作竞争模式实现，主要从系列化标准建设合同示范文本，完善合同内容，建立早期预警程序等方面入手。

2.行业信任问题

信任是群体合作的基础，也是社会经济得以良好运行的前提条件。行业信任主要通过作为正式制度的法律制度和作为非正式制度的信誉制度得以体现。通过分析发现，在以短期交易为主要交易方式时，法律约束力和强制力为建筑企业交易信誉提供了一定的保证；当行业合作成为行业发展的主流时，企业间的交易行为重复发生，博弈重复进行，即交易关系长期化，社会网络连带性得到不断强化，信誉制度促使企业更多地考虑合作的长期收益而非短期收益。

面对我国建筑业信任的诸多问题：工程款拖欠问题、"阴阳合同"现象、挂靠、违法分包问题、项目进展过程中运作不规范、舞弊现象严重等。应积极建立统一的信任标准，完善行业信息平台，建立行业信息披露制度和奖惩制度，营造长期共赢得行业氛围，以促进建筑业合作竞争。

3.工程保证担保问题

工程保证担保主要由工程承包类保证担保与业主责任履行类保证担保构成。二者相比较，承包类保证担保已被公认和应用，效果明显。由于处于相对劣势，承包商在履行合同时不敢怠于履行职责，加之有工程担保，业主的权利得到良好保护，然而，相比之下，业主在支付工程款方面存在大量遗留问题，怠于履行支付义务造成大量工程项目的工程款拖欠问题严重。因此，在合同法律地位中应当平等考虑业主与承包商间、承包商与分包商间应具有相互制约的担保要素，在客观地强调工程履行方的责任和义务的同时，应强调相对方的付款义务，当付款义务无法正常履行时，履行方应保留一定的权利维护自身合法利益。

对于业主支付保证担保的有效性，涉及"留置权"问题。在英美法系国家，留置权可以成立于不动产。因业主违约，承包商拥有相应工程的留置权是法律所允许的。我国《担保法》规定，留置权只能成立于债务人的动产。如果我国在立法时赋予动产留置权，业主支付担保将有效，同时，基于留置权的承包商付款担保能够使承包商对分包商和材料供应商的及时拨付工程款的保证。

目前，我国应加快不动产留置权立法的步伐，完善《建筑法》；积极培育专业保证担保机构；充分发挥政府在推行工程保证担保制中的作用；建立社会信用制度，规范和完善工程担保市场的信息披露；建立结合工程进度的付款制度；发展工程保险，满足工程保证担保配套需要，维护建筑业的运行秩序，促进建筑业公平、有序竞争。

4.行业协会问题

在英国，建筑业行业协会发挥着保护建筑企业利益，技术、组织协调，处理问题与纠纷，行业规范，咨询与培训，提供信息平台的作用。相比之下，我国的建筑业行业协会还存在政府干预过度、协会无法实现自律，双向领导组织管理体制与机构设置，协会还没有成为行业利益的代表等诸多问题。今后，建筑业监管部门应力求放松管制，充分发挥行业自律功能，构建水平模式与垂直模式的行业协会，提高行业协会人员素质，加强立法、改变审批制度，以促进行业协会自律、自强，维护建筑业合作竞争关系的长期发展。

6 结论与展望

6.1 结论

改革开放40多年来，我国建筑业在吸取大量国外施工管理经验的基础上取得了可喜的成绩和巨大的发展，建筑业产值平稳增长，行业总体规模持续扩大，建筑业总产值和增加值均稳步增长，建筑业在国民经济中的支柱产业地位日益显著。当前，我国仍处于经济转轨时期，建筑业尚存在较多问题，尤其体现在建筑业市场机制不健全方面，由此引发建筑市场竞争秩序混乱，严重阻碍了建筑业有序、健康、稳定、持续地发展。

为了保证建筑业持续稳定的发展，进一步发挥国民经济支柱产业作用，并在新一轮经济振兴规划中发挥重要的推动作用，必须深入探讨建筑业存在的竞争机制方面的问题，重视建筑业的无序竞争、恶性竞争和非法竞争等问题，提出具有现实可行性的对策建议。在此背景下，从合作竞争角度研究、解决我国建筑业的无序竞争等问题，并提出相应完善措施，既具有必要性又具有现实紧迫性。

然而，目前国内外学者对于"竞争"的提出多见于从产业经济学角度研究建筑业竞争问题，而对建筑业竞争机制研究甚少。国内理论界对我国建筑业竞争无序问题反思不够充分，对于行业内竞争与合作的关系尚无涉猎，这使得对建筑业合作竞争问题的理论研究格外重要。

合作竞争问题属于管理学研究领域，对于合作竞争的含义，理论界始终是一种模糊的界定，认为合作竞争是介于合作与竞争两极端的中间过程，在商业运作的不同阶段体现出不同的特性。自1996年正式提出合作竞争这一概念至今，国内外学者已对企业范围内的合作竞争问题做出大量的研究，但却始终没有将其应用于建筑业。现有的对建筑业合作问题的研究成果主要针对业主与承包商间合作伙伴关系的培育和完善，却忽视了充当建筑业主要生力军的分包商的作用，缺乏对作为行业主体的承包商与分包商的合作研究。鉴于此，本书提出建筑业合作竞争问题，并对建筑业合作竞争加以定义，即在建筑业内部，围绕业主项目或长期战略目标，以承包商与分包商的合作为核心，通过合作，承包商与分包商共同创造市场机会，获得竞争优势，并通过衡量合作中不同企业的边际贡献，对合作剩余予以分配的过程。建筑业合作竞争过程是一个较为长期的过程，合作机会的产生源于企业在行业内的网络资源以及信誉。由于建筑业承包商与分包商间的合作竞争行为完全基于业主项目而展开，因而，对此问题的研究不能脱离业主及建设项目，业主对承包商与分包商间的合作竞争具有一定的影响。因此，在对建筑业合作竞争问题加以研究时，应以承包商与分包商的合作竞争为核心，同时涵盖业主，将合作竞争模式扩展为二阶问题，即承包商–分包商，业主–承包商两部分，从而形成承包商–分包商合作竞争模式，进而形成业主–承包商–分包商合作竞争模式。

本书讨论建筑业合作竞争机制问题，具有一定的前沿性和开拓性。通过对我国建筑业合作竞争机制的生成机理、运行条件及私立保障路径的分析和设计，在一定程度上填补了相关研究领域的空白，并为后续的深入研究提供了可借鉴的思路和方法。具体来看，本书所作的主要研究包括：

1.拓展了建筑业合作竞争问题的理论

合作竞争问题属于管理学，尤其是战略管理学研究范畴，其理论基础以管理学理论为主。本书对合作竞争理论做出细致研究后发现：合作与竞争问题离不开行业环境与企业个体，以及企业个体间的密切关联，即合作竞争问题的研究理论应包含以社会学为背景的经济理论。作者通过查阅大量文献后发现，社会网络理论（尤以格兰诺维特为代表的新经济社会学理论）是合作竞争问题深层次的理论渊源。同时，对于企业间交易过程中的经济问题，新制度经济学理论提供了较为有效的分析思路。因此，本书以建筑业合作竞争问题作为研究的出发点和归结点，较为深层次地挖掘其理论基础，以社会网络理论、新制度经济学以及管理学相结合的方式，拓展了以往研究的理论。

2.运用博弈论方法对建筑业合作竞争机制加以分析，并得出结论

博弈论是现代经济学研究的有效分析工具，但在管理学领域，尤其在对建筑业经济管理问题研究时运用较少。本书对于建筑业对抗性竞争问题以及合作竞争机制的建立均运用了博弈论技术方法。在提出合作竞争机制前，首先运用非合作博弈对现阶段建筑业对抗性竞争过程中，业主-承包商-分包商模式下存在的逆向选择和道德风险问题做出分析；进而在分析合作竞争机制时，运用合作博弈构建了合作竞争框架下的合作的促进机制、利益分配机制、互为监督的监督机制、奖惩机制、信誉机制及剩余分配的激励机制，并得出以下结论：

（1）在承包商与分包商间构建一个促进合作的机制是合理并可行的。

（2）合作利益在承包商与分包商间可以进行有效分配。

（3）互为监督的监督机制在一定条件下可行并有效。

（4）罚金与监督方式构成有效的奖惩机制。

（5）信誉将成为企业长期生存的关键指标，没有信誉的企业会被淘汰。

（6）团队内剩余份额的分配比例与承包商、分包商在团队产出中的相对重要性相一致。

3.构建了建筑业合作竞争机制理论的框架

在详细分析并构建合作竞争机制后，本书提出通过虚拟建设可以将建筑业合作竞争虚拟化，并由项目型合作竞争走向战略型合作竞争，提升了建筑业以及建筑企业对于自身长足发展的战略眼光。项目型合作竞争有利于项目团队建设，并充分发挥企业层次的核心竞争力；战略型合作竞争不仅可以对企业的核心竞争力形成战略弹性，避免核心刚性，而且可以形成长期持续竞争优势，提高企业的生存和发展能力，促进行业持续、健康发展。合作竞争的虚拟化过程是建筑企业通过虚拟建设途径可持续发展的过程。

4.设计了建筑业合作竞争的私立保障路径

由于建筑业合作竞争是以长期的共同利益为目标，因此它的实现必须依赖有效的保障路径。本书认为构建有效的私立秩序是建筑业合作竞争机制长期实现的有效保证。私立秩序主要是指非正式制度对行业的影响，对于建筑业，契约、信任、担保以及行业协会是构成私立秩序的主体。本书认为建筑业合作竞争问题的保障应通过强化关系契约、建立行业信任、重视工程保证担保体系和完善行业协会来实现，进而设计了建筑业合作竞争机制的私立保障路径。

（1）通过建立正式合同与关系契约模型，得到当业主、承包商和分包商高度重视未来发展时，关系契约模式将最为有效的结论。

（2）通过对建立在重复博弈基础上的信任机制的分析，得到作为建筑业非正式制度的信誉制度优于正式法律制度的结论。

（3）通过对工程承包类和业主责任履行类保证担保的比较分析发现，只有强化业主的付款责任，设立法定留置权，才能由承包商付款担保保障分包商合法权益。

（4）通过对英国建筑业协会的借鉴发现，建筑业行业协会可以发挥更为有力的行业规范作用。

6.2 展望

建筑业合作竞争模式在我国建筑业尚未实践，大致存在两方面原因：其一，目前国内外管理学理论界仍未提出系统的、能被广为认同的关于建筑业合作竞争的理论。可以说，合作竞争模式本身尚未得以构建。理论探讨甚少，言及指导实践则更为困难。本书以此为出发点，力图在建筑业领域内构建较为理想的合作竞争模式和运行机制，做出较为粗浅的尝试。其二，其中存在更为深层次的制度障碍。目前我国处于计划经济向市场经济的过渡期，市场经济体制尚未健全，建筑业尚无法完全实现市场自主运作，行业规则和制度自我调节与自我执行，无法为合作竞争模式的建立和运行提供良好的培育环境及行业氛围。经济转轨之路历久维艰，冀望短期内实现诸多改革目标，既是不现实的，亦是不理性的，必须将实现建筑业合作竞争的目标置于一个相对较长的时期内考虑，避免冒进与急功近利。可以预见，未来建筑业合作竞争机制的建立、运行和稳定完善将面临诸多困难与障碍，其中包括建筑企业的参与障碍、行业自主运行障碍与规范调节障碍等。应对这些障碍的措施应从政府放松监管，行业协会自主调节，规范行业合作竞争规则以及建立有效激励机制与信息披露机制等方面入手。由于本书将论证重点置于应如何构建建筑业合作竞争模式并使之有效运行，从而未对该模式未来将面对的障碍和应执行的应对措施做出深入研究，这个课题具有较高的研究价值和现实意义，亦会在后续研究中不断深入探讨，并加以完善。

虽然在写作过程中不断督促自己抱着严谨、审慎的态度完成本书，但是仍对一些问题存在困惑，希望能在后续研究中继续深入分析。

1.对于合作竞争问题本身

目前，大多数学者对合作竞争概念本身尚无明确的界定。合作竞争是合作与竞争两极端的中间过程，那么二者孰为主导，尚无定论。合作竞争如同一个黑匣子，在这个匣子中，合作与竞争二者的构成比例使人困惑。在写作过程中，结合建筑业的特点，在对建筑业的现状分析的基础上，发现对于建筑业而言，应更多地强调合作，原因在于就以往经验分析，一味地强调竞争必然导致无序竞争和恶性竞争的不利局面。但是对于建筑业的合作程度或合作净效益的分析尚显欠缺，还需在今后的研究中不断深入。

2.对于建筑业合作竞争问题

在制造业，不少学者将供应链上游企业与下游企业相互整合，着重分析上下游企业间的合作问题，力求促进"纵向一体化"。在某些行业，学者们对处于行业同一层面的不同企业间的竞争问题和合作问题进行研究，力求促进"横向一体化"。但对于建筑业而言，其自身的独有特性使得在研究方向上既不能采用完全"纵向一体化"的思想，也不能采用完全"横向一体化"的思想。从合作竞争角度对建筑业承包商、分包商予以研究，使原本不具备抗衡能力的二者建立起合作关系的现实适用性如何，有待实践加以检验。同时，随着建筑业的不断变化和发展，以其为构建基础的合作竞争机制必然发生变化和调整，因此，将建筑业合作竞争机制置于动态发展中，应是未来对此问题研究的方向之一。

3.对于合作博弈分析方法的运用问题

博弈论不仅仅是研究现实经济问题的主流方法，更应体现为一种思想和观念。本书在应用合作博弈论进行研究时，更多地注重其思想范畴的启示和解释。除利益分配模型外，模型的构建多参见现有研究成果，目的在于通过引入全新的研究方法，表达对核心问题的理解。博弈论作为经济学主流研究方法，具有高度的价值，希望通过后续的学习和研究，对合作博弈理论有更深的认识和掌握，并在运用此方法的基础上，深入分析建筑业合作竞争问题。

参考文献

[1] 安强身，张守凤.合作竞争的企业柔性战略 [J]. 统计与决策，2006（6 下）：155-157.

[2] 戴跃强，黄祖庆，达庆利.供应链中一种基于营销创新的合作竞争博弈模型 [J]. 系统管理学报，2008（4）：156-159.

[3] 曹征，孙虹.组织隐性知识传递合作竞争关系研究 [J]. 统计与决策，2011（11）：54-56.

[4] 陈晓.Partnering模式的理论与应用研究 [D]. 南京：河海大学，2005（3）.

[5] 陈耀.联盟优势——21世纪企业竞争新形态 [M]. 北京：民族出版社，2003：39-69.

[6] 陈宝军，等.建设项目施工承包合同管理与案例. [M]. 北京：中国铁道出版社，2006：175-211.

[7] 邓晓梅.中国工程保证担保制度研究 [M]. 北京：中国建筑工业出版社，2003.23-115.

[8] 邓文潇，张汉江.市场需求不确定情况下的供应链合作竞争机制设计 [J]. 系统工程，2008（11）：47-51.

[9] 范冰辉，高志瀚，陈栋灿.闽台建筑企业伙伴评估模式构建 [J]. 福建建筑，2011（12）：99-101.

[10] 范建亭.中国建筑业发展轨迹与产业组织演化 [M]. 上海：上海财经大学

出版社，2008.209-311.

[11]　高璟.供应链企业间合作关系博弈研究［J］.上海应用技术学院学报：自然科学版，2010（9）：164-168.

[12]　桂萍，谢科范，何山.企业合作竞争中的风险不守恒［J］.武汉理工大学学报，2002（1）：81-84.

[13]　龚敏，张婵.从战略联盟到企业生态群：企业合作竞争的形态演进研究［J］.科技与管理，2003（4）：42-45.

[14]　高和荣.现代西方经济社会学理论述评［M］.北京：社会科学文献出版社，2006.

[15]　高辉，杨高升，胡宁.伙伴模式关键影响因素研究［J］.建筑管理现代化，2006（3）：57-59.

[16]　郭鸿雁.基于系统经济学的合作竞争分析［J］.上海经济研究，2008（7）：40-48.

[17]　国家统计局固定资产投资统计司.中国建筑业统计年鉴（2006）［R］.北京：中国统计出版社，2007.

[18]　国家信息中心中国经济信息网.中国行业发展报告——建筑业（2004）［R］.北京：中国经济出版社，2005.

[19]　衡朝阳.企业合作竞争研究［J］.中央财经大学学报，2004（2）：55-67.

[20]　何伯森.工程项目管理的国际惯例［M］.北京：中国建筑工业出版社，2007.

[21]　洪华.基于合作竞争的合作剩余研究［D］.南京：南京理工大学，2004（6）.

[22]　纪建宇，仲伟俊，梅姝娥.电子商务中价格确定的合作竞争模型［J］.系统工程学报，2003（4）：373-376.

[23]　建设部政策研究中心，建设部工程质量安全监督与行业发展司.中国建筑业改革与发展研究报告（2005）［M］.北京：中国建筑工业出版社，2005.

[24]　建设部政策研究中心，建设部工程质量安全监督与行业发展司.中国建筑业改革与发展研究报告（2006）［M］.北京：中国建筑工业出版社，2006.

[25]　建设部政策研究中心，建设部工程质量安全监督与行业发展司.中国建筑业改革与发展研究报告（2007）［M］.北京：中国建筑工业出版社，2007.

[26]　建设部政策研究中心，建设部工程质量安全监督与行业发展司.中国建筑业改革与发展研究报告（2008）［M］.北京：中国建筑工业出版社，2008.

[27]　金维兴，等.21世纪中国建筑业管理理论与实践［M］.北京：中国建筑工业出版社.2006：3-39.

[28]　柯华庆.合同法基本原则的博弈分析［M］.北京：中国法制出版社，2006：2-149.

[29] 李振华，赵黎明.企业合作竞争系统自组织演化的动力学模型 [J]. 天津大学学报，2006 (6)：293-297.

[30] 李向东，夏云飞.企业竞争新理念——合作竞争 [J]. 软科学，2002 (6)：89-93.

[31] 李娟，高爱雄.网状供应链上企业间合作竞争优势分析 [J]. 经济与管理，2007 (6)：53-56.

[32] 李振华，赵黎明，温遇华.基于价值网模式的企业合作竞争博弈研究 [J]. 软科学，2008 (1)：22-31.

[33] 李小冬.中国建筑业组织及其合理化研究 [M]. 北京：中国水利水电出版社，知识产权出版社，2006.24-26.

[34] 李进峰.转型期中国建筑业企业问题 [M]. 北京：中国社会科学出版社，2006.

[35] 罗家德.社会网分析讲义 [M]. 北京：社会科学文献出版社，2005：4-30.

[36] 吕文学，陈茜，宋俊，等.项目伙伴关系管理模式在建筑企业间的应用机理分析 [J]. 天津大学学报：社会科学版，2007 (5)：211-213.

[37] 吕文学，马萍萍，张连营.国际工程项目管理新模式——伙伴关系——解析香港建设业伙伴关系项目管理模式 [J]. 国际工程与劳务，2003 (7)：43-45.

[38] 陆绍凯，阎洪.中国内地工程项目伙伴关系评估模型 [J]. 深圳大学学报：理工版，2007 (4)：177-182.

[39] 孟宪海，李誉魁.国际项目管理新模式——Partnering [J]. 建筑经济，2006 (4)：48-50.

[40] 孟宪海，李誉魁，李小燕.Partnering模式的组织结构与实施流程 [J]. 建筑经济，2006 (8)：35-38.

[41] 毛友全.工程项目伙伴关系管理模式研究 [D]. 成都：西南交通大学，2004 (2).

[42] 阮亚杰，李金玉. 基于战略网络的企业竞争优势研究 [J]. 改革与战略，2010 (10)：52-55.

[43] 宋冬梅，张云宁.企业合作竞争的进化博弈分析 [J]. 价值工程，2004 (7)：44-46.

[44] 孙利辉，徐寅峰，李纯青.合作竞争博弈模型及其应用 [J]. 系统工程学报，2002 (6)：211-215.

[45] 孙皓琦.基于虚拟组织的工程项目伙伴关系研究 [D]. 天津：天津大学管理学院，2006 (6).

[46] 宋宗宇，等.建设工程合同范式．[M].上海：同济大学出版社，2007.45-76.

[47] 唐文哲，强茂山，等.基于伙伴关系的项目风险管理研究 [J]. 水利发电，2006（7）：1-4.

[48] 王达，吕文学.建设项目伙伴关系管理中的冲突解决机制分析 [J]. 项目管理技术，2008（6）：21-24.

[49] 王晓明，贺昌政.建筑业并行工程伙伴选择研究 [J]. 2010 International Conference on Future Information Technology and Management Engineering .2010：135-139.

[50] 王新东.企业虚拟化经营理论与实践 [M]. 北京：经济科学出版社，2006.23-153.

[51] 王卓甫，简迎辉.工程项目管理模式及创新 [M]. 北京：中国水利水电出版社，2006.

[52] 王孟钧.建筑市场信用机制与制度建设 [M]. 北京：中国建筑工业出版社，2006：1-31.

[53] 吴昊，杨梅英，陈良猷.企业间合作竞争关系的自组织分析 [J]. 北京航空航天大学学报：社会科学版，2004（12）.

[54] 吴文盛.企业核心竞争力的文化根源 [M]. 北京：中国经济出版社，2007：19-32、57-61.

[55] 文豪.合作竞争——一个理论分析框架 [J]. 内蒙古财经学院学报，2006（3）：31-34.

[56] 魏喆.Partnering模式：一种新型工程管理模式 [J]. 贵州工业大学学报，2005（2）：51-53.

[57] 万礼锋.工程项目伙伴关系模式及信任问题研究 [D]. 天津：天津理工大学，2007（1）.

[58] 吴晓伟,楼文高．基于社会网络分析的企业合作竞争研究及其实证分析 [J]. 情报理论与实践，2010（5）：52-57.

[59] 夏明进.工程建设承包与发包实务手册 [M]. 北京：中国电力出版社，2006：264.

[60] 肖渡，沈群红，等.知识时代的企业合作经营 [M]. 北京：北京大学出版社，2000.

[61] 薛丹丹."竞合"理论述评 [J]. 重庆与世界，2011（3）：54-56.

[62] 严进.信任与合作——决策与行动的视角 [M]. 北京：航空工业出版社，2007：1-26.

[63] 闫莹.基于合作竞争的网络组织演化研究 [D]. 天津：天津大学，2010（8）.

[64] 赵宪博，王姚.构建集成化项目伙伴关系团队研究［J］.建筑经济，2009
       （2）：33-36.

[65] 钟映丽，侯先荣.合作竞争的系统学原理［J］.科技进步与对策，2002
       （11）：19-21.

[66] 赵宪博.工程项目伙伴关系合同形式的研究［J］.建筑管理现代化，2008
       （4）：66-68.

[67] 赵振宇，刘伊生.基于伙伴关系的建设工程项目管理［M］.北京：中国建
       筑工业出版社，2006.

[68] 曾肇河.建筑公司战略管理［M］.北京：中国建筑工业出版社，2005：
       114-121.

[69] 张检身.工程项目承包与管理［M］.北京：机械工业出版社，2006：12-
       15、337.

[70] 张晶.产业集群内部企业间的竞合博弈［J］.企业管理，2011（6）：
       89-91.

[71] 张彤，顾庆良.量子合作竞争演化与仿真［J］.系统工程理论与实践，2010
       （9）：1607-1614.

[72] 张缨.信任、契约及其规制［M］.北京：经济管理出版社，2004：4-140.

[73] 张维迎，柯荣住.诉讼过程中的逆向选择及其解释——以契约纠纷的基层法
       院判决书为例的经验研究［J］.中国社会科学，2002（2）.

[74] 张维迎.博弈论与信息经济学［M］.上海：上海人民出版社，1996.

[75] 张维迎.信息、信任与法律［M］.上海：三联书店，2003：1-271.

[76] 张朋柱，等.合作博弈理论与应用——非完全共同利益群体合作管理［M］.
       上海：上海交通大学出版社，2006.11-124.

[77] 张连营，王争朋，张杰.伙伴关系模式的发展以及对中国建筑业的启示［J］.
       中国工程科学，2006（8）：7-11.

[78] 郑其兵，赵修卫，王米娜.项目建设的新方式：Partnering 模式（伙伴关
       系）［J］.建筑管理现代化，2005（1）：12-14.

[79] 卓翔芝，王旭，王振锋（2010）.基于 Volterra 模型的供应链联盟伙伴企业合
       作竞争关系研究［J］.管理工程学报，2010（1）：134-137.

[80] 迪克希特.法律缺失与经济学：可供选择的经济治理方式［M］.郑江淮，
       等，译.北京：中国人民大学出版社，2007.

[81] 埃德，合作的艺术［M］.2 版.唐艳，王倩芳，译.北京：中信出版社，
       2003：1-21.

[82] 罗杰斯.创新的扩散［M］.辛欣，译.北京：中央编译出版社，2002.

[83] 威廉姆森，马斯滕.交易成本经济学［M］.李自杰，蔡铭，译.北京：人民

出版社，2008.

[84] 内勒巴夫，布兰登赫格.合作竞争 [M].王煜全，王煜民，译.合肥：安徽人民出版社，2000.

[85] 克利兰.项目管理——战略设计与实施 [M].杨爱华，等，译.北京：机械工业出版社，2003：357-521.

[86] 诺斯.制度、制度变迁与经济绩效 [M].上海：三联书店，1994：31.

[87] 塔洛克.寻租——对寻租活动的经济学分析 [M].李政军，译.成都：西南财经大学出版社，2000.

[88] 西蒙.西蒙选集 [M].黄涛，译.北京：首都经济贸易大学出版社，2002.

[89] 阿罗.社会选择、个性与多准则、个性与多准则 [M].钱晓敏，孟岳良，译.北京：首都经济贸易大学出版社，2000.

[90] 洛根，斯托克斯.合作竞争——如何在知识经济环境中催生利润 [M].陈小全，译.北京：华夏出版社，2005.

[91] 格兰诺维特.镶嵌——社会网与经济行动 [M].罗家德，译.北京：社会科学文献出版社，2007：1-37、67-97.

[92] 奇达夫，蔡文彬.社会网络与组织 [M].王凤彬，等，译.北京：中国人民大学出版社，2007.

[93] 纪廉，等.新经济社会学——一门新兴学科的发展 [M].姚伟，译.北京：社会科学文献出版社，2007：177-204.

[94] Rodney TJ.项目中的合同管理 [M].戚安邦，等，译.天津：南开大学出版社，2005：71-72.

[95] 施蒂格勒.产业组织 [M].王永钦，薛锋，译.上海：三联书店，2006.

[96] 斯科特.社会网络分析法 [M].2版.刘军，译.重庆：重庆大学出版社，2007.

[97] 马丁.高级产业经济学 [M].2版.史东辉，译.上海：上海财经大学出版社，2003.

[98] 金本良嗣.日本的建设产业 [M].关柯，等，译.北京：中国建筑工业出版社，2002.

[99] 霍布斯.利维坦 [M].黎思复，黎延弼，译.北京：商务印书馆，1985.

[100] 沃克，威尔基.工程施工商务管理 [M].路晓村，等，译北京：中国建筑工业出版社，2004：4-99.

[101] 斯密.国富论 [M].方华文，贺宽军，译.西安：陕西人民出版社，2006.

[102] AHMAD I U，SEIN M K. Construction project teams for TQM：a factor-element impact model [J]. Construction Management & Economics，1997，15（5）：457-467.

[103] AKERLOF G A. The market for "lemons": Quality uncertainty and the market mechanism [M] //Uncertainty In Economics. Cambridge: Academic Press, 1978: 235-251.

[104] ANDERSON J C, NARUS J A. A model of distributor firm and manufacturer firm working partnerships [J]. Journal of Marketing, 1990, 54 (1): 42-58.

[105] ARROW K J, LIND R C. Uncertainty and the evaluation of public investment decisions [M] //Uncertainty in Economics. Cambridge: Academic Press, 1978: 403-421.

[106] BALA-SUBRAHMANYA M H. Industrial subcontracting and structure in Japan: evolution and recent trends [J]. Journal of Management History, 2008, 14 (1): 23-38.

[107] BARLOW J. Innovation and learning in complex offshore construction projects [J]. Research Policy, 2000, 29 (7-8): 973-989.

[108] BARLOW J, CHOEN M, JASHAPARA A. Towards positive partnering: revealing the realities in the construction industry [M]. Bristol: Policy Press, 1997.

[109] BARLOW J, JASHAPARA A. Organisational learning and inter-firm "partnering" in the UK construction industry [J]. The Learning Organization, 1998, 5 (2): 86-98.

[110] BENGTSSON M, KOCK S. Cooperation and competition in relationships between competitors in business networks [J]. Journal of Business & Industrial Marketing, 1999, 14 (3): 178-194.

[111] BENGTSSON M, KOCK S. Co-operation and competition among horizontal actors in business networks [J]. 6th Work-shop on Interorganizational Research, Oslo, August, 1996: 23-25.

[112] BENNETT J, JAYES S. The seven pillars of partnering: a guide to second generation partnering [M]. London: Thomas Telford, 1998.

[113] BENNETT J, JAYES S. Trusting the team: the best practice guide to partnering in construction [M]. London: Thomas Telford, 1995.

[114] BENNETT J, Flanagan R, Norman G. Capital & counties report: Japanese construction industry [M]. Centre for Strategic Studies in Construction, Reading: University of Reading, 1987.

[115] BENNETT J. International construction project management: general theory and practice [M]. Oxford: Butterworth-Heinemann, 1991.

[116] BIAN Y. Guanxi and the allocation of urban jobs in China [J]. The China Quarterly, 1994, 140: 971-999.

[117] BIAN Y, ANG S. Guanxi networks and job mobility in China and Singapore [J]. Social Forces, 1997, 75 (3): 981-1005.

[118] BLACK C, AKINTOYE A, Fitzgerald E. An analysis of success factors and benefits of partnering in construction [J]. International Journal of Project Management, 2000, 18 (6): 423-434.

[119] BRESNEN M, MARSHALL N. Partnering in construction: a critical review of issues, problems and dilemmas [J]. Construction Management and Economics, 2000, 18 (2): 229-237.

[120] BRESNEN M, MARSHALL N. Building partnerships: case studies of clientcontractor collaboration in the UK construction industry [J]. Construction Management and Economics, 2000, 18 (7): 819-832.

[121] BRISCOE G, DAINTY A R J, MILETT S. Construction supply chain partnerships: skills, knowledge and attitudinal requirements [J]. European Journal of Purchasing & Supply Management, 2001, 7 (4): 243-255.

[122] BURT R S. Structural holes: The social structure of competition [M]. Cambridge: Harvard university press, 2009.

[123] CHAN A, TAM C. Partnering a win-win approach to project management [C] //Beijing: 1996 CIB Beijing International Conference. 1996: 21-24.

[124] CHAN A P C, CHAN D W M, HO K S K. An empirical study of the benefits of construction partnering in Hong Kong [J]. Construction Management and Economics, 2003, 21 (5): 523-533.

[125] CHEN C C, CHEN X P, MEINDL J R. How can cooperation be fostered? The cultural effects of individualism-collectivism [J]. Academy of Management Review, 1998, 23 (2): 285-304.

[126] CHEN C J. The effects of environment and partner characteristics on the choice of alliance forms [J]. International Journal of Project Management, 2003, 21 (2): 115-124.

[127] CHENG E W L, LI H. Development of a conceptual model of construction partnering [J]. Engineering, Construction and Architectural Management, 2001, 8 (4): 292-303.

[128] CHENG E W L, LI H, Love P, et al. A learning culture for strategic partner-

ing in construction [J]. Construction Innovation, 2004, 4 (1): 53-65.

[129] COASE R H. The Nature of the Firm: Origin, Meaning, Influence [J]. Journal of Law, Economics, and Organization, 1988, 4 (1): 3-47.

[130] COOK E L, HANCHER D E. Partnering: contracting for the future [J]. Journal of Management in Engineering, 1990, 6 (4): 431-446.

[131] COULSON-THOMAS C. Encouraging partnering and collaboration [J]. Industrial and Commercial Training, 2005, 37 (4): 179-184.

[132] DAINTY A R J, BRISCOE G H, MILLETT S J. Subcontractor perspectives on supply chain alliances [J]. Construction Management and Economics, 2001, 19 (8): 841-848.

[133] DEUTSCH M. Trust and suspicion [J]. Journal of Conflict Resolution, 1958, 2 (4): 265-279.

[134] DUBOIS A, GADDE L E. Supply strategy and network effects—purchasing behaviour in the construction industry [J]. European Journal of Purchasing & Supply Management, 2000, 6 (3-4): 207-215.

[135] DULAIMI M F, LING F Y Y, BAJRACHARYA A. Organizational motivation and inter-organizational interaction in construction innovation in Singapore [J]. Construction Management and Economics, 2003, 21 (3): 307-318.

[136] DRUCKER P. Managing in a time of great change [M]. Abingdon-on-Thames: Routledge, 2012.

[137] ERIK E P. Cooperation and partnering in facilities construction empirical application of prisoner's dilemma [J]. Facilities, 2007, 25 (1/2): 7-19.

[138] ERIC E P, DICKINSON M, KHALFAN M M A. The influence of partnering and procurement on subcontractor involvement and innovation [J]. Facilities, 2007, 25 (5/6): 203-214.

[139] ERRASTI A, BEACH R, OYARBIDE A, et al. A process for developing partnerships with subcontractors in the construction industry: An empirical study [J]. International Journal of Project Management, 2007, 25 (3): 250-256.

[140] FLANAGAN R. The features of successful construction companies in the international construction market [C] // Haifa: Strategic Planning in Construction: Proceedings of the AJ Eekin International Seminar on Strategic Planning in Construction Companies, Israel. 1994: 8-9.

[141] FLANAGAN R, INGRAM I, MARSH L. A Bridge to the Future: Profit-

able Construction for Tomorrow's Industry and it ［ie Its］ Customers
［M］. London: Thomas Telford, 1998.

［142］ FORTUNE C, SETIAWAN S. Partnering practice and the delivery of con-
struction projects for housing associations in the UK ［J］. Engineering,
Construction and Architectural Management, 2005, 12 (2): 181-193.

［143］ FUKUYAMA F. Trust: The social virtues and the creation of prosperity
［M］. New York, NY: Free press, 1995. (中译本, 福山. 信任——社
会美德与创造经济繁荣 ［M］. 海口: 海南出版社, 2001.)

［144］ GADDE L E, DUBOIS A. Partnering in the construction industry—Prob-
lems and opportunities ［J］. Journal of Purchasing and Supply Manage-
ment, 2010, 16 (4): 254-263.

［145］ GAMBETTA D. The Sicilian Mafia: the business of private protection
［M］. Cambridge: Harvard University Press, 1996.

［146］ GRANOVETTER M. Economic action and social structure: The problem
of embeddedness ［J］. American Journal of Sociology, 1985, 91 (3):
481-510.

［147］ HACKER M E, KLEINER B M. Identifying critical factors impacting virtu-
al work group performance ［C］ //Vancouver: IEMC 96 Proceedings. In-
ternational Conference on Engineering and Technology Management.
Managing Virtual Enterprises: A Convergence of Communications,
Computing, and Energy Technologies. IEEE, 1996: 196-200.

［148］ HALEY G. Lessons to be learned from the Japanese construction indus-
try ［J］. International Journal of Project Management, 1994, 12 (3):
152-156.

［149］ HANSEN M T. The search-transfer problem: The role of weak ties in
sharing knowledge across organization subunits ［J］. Administrative Sci-
ence Quarterly, 1999, 44 (1): 82-111.

［150］ HARVEY R C, ASHWORTH A. The construction industry of Great Britain
［M］. Open Library: Newnes, 1997.

［151］ HAUSKEN K. Cooperation and between-group competition ［J］. Jour-
nal of Economic Behavior & Organization, 2000, 42 (3): 417-425.

［152］ HELLIWELL J F, PUTNAM R D. Economic growth and social capital in
Italy ［J］. Eastern economic journal, 1995, 21 (3): 295-307.

［153］ HELLARD R. The partnering philosophy a procurement strategy for satis-
faction through a team work solution to project quality ［J］. Journal of

Construction Procurement, 1996, 2 (1): 41-55.

[154] HELLARD R B. Project partnering: principle and practice [M]. London: Thomas Telford, 1995.

[155] HICKSON D J, PUGH D S. Management worldwide: The impact of societal culture on organizations around the globe [M]. London: Penguin Books, 1995.

[156] HIMES P E. Partnering in the construction process: the method for the 1990s and beyond [J]. Facilities, 1995, 13 (6): 13-15.

[157] HINZE J, TRACEY A. The contractor-subcontractor relationship: the subcontractor's view [J]. Journal of Construction Engineering and Management, 1994, 120 (2): 274-287.

[158] HOSMER L T. Trust: The connecting link between organizational theory and philosophical ethics [J]. Academy of Management Review, 1995, 20 (2): 379-403.

[159] HUI E Y Y, TSANG A H C. The inter-organizational relationship in a multi-contractor business network [J]. Journal of Quality in Maintenance Engineering, 2006, 12 (3): 252-266.

[160] HUMPHREYS P, MATTHEWS J, KUMARASWAMY M. Pre-construction project partnering: from adversarial to collaborative relationships [J]. Supply Chain Management: An International Journal, 2003, 8 (2): 166-178.

[161] JONES K, KALUARACHCHI Y. Operational factors affecting strategic partnering in UK social housing [J]. Engineering, Construction and Architectural Management, 2007, 14 (4): 334-345.

[162] KHALFAN M M A, MCDERMOTT P. Innovating for supply chain integration within construction [J]. Construction Innovation, 2006, 6 (3): 143-157.

[163] KNACK S, KEEFER P. Does social capital have an economic payoff? A cross-country investigation [J]. The Quarterly Journal of Economics, 1997, 112 (4): 1251-1288.

[164] KRACKHARDT D, NOHRIA N, ECCLES B. The strength of strong ties [J]. Networks In the Knowledge Eeconomy, 2003, 82.

[165] KRAMER R M. Trust and distrust in organizations: Emerging perspectives, enduring questions [J]. Annual Review of Psychology, 1999, 50 (1): 569-598.

参考文献

[166] KREPS D M. Game theory and economic modelling [M]. Oxford: Oxford University Press, 1990.

[167] KUMARASWAMY M, DULAIMI M. Empowering innovative improvements through creative construction procurement [J]. Engineering, Construction and Architectural Management, 2001, 8 (5/6): 325-334.

[168] LADO A A, BOYD N G, HANLON S C. Competition, cooperation, and the search for economic rents: a syncretic model [J]. Academy of Management Review, 1997, 22 (1): 110-141.

[169] LARSON E. Project partnering: results of study of 280 construction projects [J]. Journal of Management in Engineering, 1995, 11 (2): 30-35.

[170] LAZAR F D. Partnering—New benefits from peering inside the black box [J]. Journal of Management in Engineering, 1997, 13 (6): 75-83.

[171] LEVY S M. Japanese construction: an American perspective [M]. Berlin: Springer Science & Business Media, 2012.

[172] LI H, CHENG E W L, LOVE P E D. Partnering research in construction [J]. Engineering, Construction and Architectural Management, 2000, 7 (1): 76-92.

[173] LI H, CHENG E W L, LOVE P E D, et al. Co-operative benchmarking: a tool for partnering excellence in construction [J]. International Journal of Project Management, 2001, 19 (3): 171-179.

[174] LORAINE R K. Project specific partnering [J]. Engineering, Construction and Architectural Management, 1994, 1 (1): 5-16.

[175] LOVE P E D, IRANI Z, CHENG E, et al. A model for supporting interorganizational relations in the supply chain [J]. Engineering, Construction and Architectural Management, 2002, 9 (1): 2-15.

[176] MAI C, PENG S. Cooperation vs. competition in a spatial model [J]. Regional Science and Urban Economics, 1999, 29 (4): 463-472.

[177] MATTHEWS J, TYLER A, THORPE A. Pre-construction project partnering: developing the process [J]. Engineering, Construction and Architectural Management, 1996, 3 (1/2): 117-131.

[178] MATTHEWS J, PELLEW L, PHUA F, et al. Quality relationships: partnering in the construction supply chain [J]. International Journal of Quality & Reliability Management, 2000, 17 (4/5): 493-510.

[179] MCNEILL F M, Thro E. Fuzzy logic: a practical approach [M]. Cam-

bridge: Academic Press, 2014.

[180] MILLER C J M, PACKHAM G A, THOMAS B C. Harmonization between main contractors and subcontractors: a prerequisite for lean construction? [J]. Journal of Construction Research, 2002, 3 (01): 67-82.

[181] MIRRLEES J A. The optimal structure of incentives and authority within an organization [J]. The Bell Journal of Economics, 1976: 105-131.

[182] MORGAN R M, HUNT S D. The commitment-trust theory of relationship marketing [J]. Journal of Marketing, 1994, 58 (3): 20-38.

[183] NAM C H, TATUM C B. Noncontractual methods of integration on construction projects [J]. Journal of Construction Engineering and Management, 1992, 118 (2): 385-398.

[184] NG S T, ROSE T M, MAK M, et al. Problematic issues associated with project partnering—the contractor perspective [J]. International Journal of Project Management, 2002, 20 (6): 437-449.

[185] NGOWI A B. The competition aspect of construction alliances [J]. Logistics Information Management, 2001, 14 (4): 242-249.

[186] OLORUNNIWO F, HARTFIELD T. Strategic partnering when the supply base is limited: a case study [J]. Industrial Management & Data Systems, 2001, 101 (1): 47-52.

[187] OUCHI W G. Markets, bureaucracies, and clans [J]. Administrative Science Quarterly, 1980: 129-141.

[188] PACKHAM G, THOMAS B, MILLER C. Partnering in the house building sector: a subcontractor's view [J]. International Journal of Project Management, 2003, 21 (5): 327-332.

[189] PETERS L A. Partner the project—6 C's for excellence in project delivery [J]. Journal of Legal Affairs and Dispute Resolution in Engineering and Construction, 2011, 3 (4): 147-151.

[190] PHUA F T T, ROWLINSON S. How important is cooperation to construction project success? A grounded empirical quantification [J]. Engineering, Construction and Architectural Management, 2004, 11 (1): 45-54.

[191] PIETROFORTE R. Communication and governance in the building process [J]. Construction Management & Economics, 1997, 15 (1): 71-82.

[192] POLANYI K. The Great Transformation: The Politic and Economic Origins of Our Time [J]. New York: Rinehart, 1994: 243-270.

[193] PRAHALAD C K, DOZ Y L. The multinational mission: Balancing local demands and global vision [M]. New York City: Simon and Schuster, 1987.

[194] PUTNAM R. The prosperous community: Social capital and public life [J]. The American prospect, 1993, 13 (Spring), Vol. 4. Available online: http: //www. prospect. org/print/vol/13 (accessed 7 April 2003) .

[195] RAWLS J. Reply to Alexander and Musgrave [J]. The Quarterly Journal of Economics, 1974, 88 (4): 633-655.

[196] RONCO W. Improving partnering results: Managing alliances for optimum outcomes [J]. Journal of Corporate Real Estate, 1999, 1 (1): 29-34.

[197] ROTTER J B. A new scale for the measurement of interpersonal trust 1 [J]. Journal of Personality, 1967, 35 (4): 651-665.

[198] RUSSELL J S. Surety bonds for construction contracts [C]. Reston: American Society of Civil Engineers (ASCE), 2000.

[199] SAAD M, JONES M, JAMES P. A review of the progress towards the adoption of supply chain management (SCM) relationships in construction [J]. European Journal of Purchasing & Supply Management, 2002, 8 (3): 173-183.

[200] SHAMMAS-TOMA M, SEYMOUR D, CLARK L. Obstacles to implementing total quality management in the UK construction industry [J]. Construction Management & Economics, 1998, 16 (2): 177-192.

[201] SJØHOLT O. Construction Management in Japan-notes from a short visit [R]. Trondheim: Norwegian Building Research Institute, Byggforsk, 1999.

[202] SMITH K G, CARROLL S J, ASHFORD S J. Intra-and interorganizational cooperation: Toward a research agenda [J]. Academy of Management journal, 1995, 38 (1): 7-23.

[203] STEPHENSON R J. Project partnering for the design and construction industry [M]. Hoboken: John Wiley & Sons, 1996.

[204] SUI P L. The extension of construction partnering for relationship marketing [J]. Marketing Intelligence & Planning, 1999, 17 (3): 155-162.

[205] TIENARI J, TAINIO R. The myth of flexibility in organizational change

[J]. Scandinavian Journal of Management, 1999, 15 (4): 351-384.

[206] TRAKMAN L E. The law merchant: the evolution of commercial law [M]. New York City: William S. Hein & Co., Inc., 1983.

[207] TSAI W. Social structure of "coopetition" within a multiunit organization: Coordination, competition, and intraorganizational knowledge sharing [J]. Organization Science, 2002, 13 (2): 179-190.

[208] VICKREY W. Utility, strategy, and social decision rules [J]. The Quarterly Journal of Economics, 1960, 74 (4): 507-535.

[209] VOLBERDA H W, RUTGES A. FARSYS: a knowledge-based system for managing strategic change [J]. Decision Support Systems, 1999, 26 (2): 99-123.

[210] WILLIAMSON O E. Transaction cost economics meets posnerian law and economics [J]. Journal of Institutional and Theoretical Economics (JITE) /Zeitschrift Für Die Gesamte Staatswissenschaft, 1993, 149 (1): 99-118.

[211] WALKER D H T, HAMPSON K, Peters R. Project alliancing vs project partnering: a case study of the Australian National Museum Project [J]. Supply Chain Management: An International Journal, 2002, 7 (2): 83-91.

[212] WONG A. Sustaining company performance through partnering with suppliers [J]. International Journal of Quality & Reliability Management, 2002, 19 (5): 567-580.

[213] XIAO H, PROVERBS D. The performance of contractors in Japan, the UK and the USA: An evaluation of construction quality [J]. International Journal of Quality & Reliability Management, 2002, 19 (6): 672-687.

[214] XIAO H, PROVERBS D. Construction time performance: an evaluation of contractors from Japan, the UK and the US [J]. Engineering, Construction and Architectural Management, 2002, 9 (2): 81-89.

[215] YATES J K, MUKHERJEE S, NJOS S. Anatomy of construction industry competition in the year 2000 [M]. Austin: Bureau of Engineering Research, University of Texas at Austin, 1991.

[216] ZUCKER L G. Production of trust: Institutional sources of economic structure, 1840-1920 [J]. Research in organizational behavior, 1986, 8: 53-111.